Muttersprache 9

Herausgegeben von Viola Oehme

Erarbeitet von
Thomas Hopf, Brita Kaiser-Deutrich,
Sylke Michaelis, Viola Oehme, Gerda Pietzsch,
Bianca Ploog, Cordula Rieger, Adelbert Schübel,
Ute Schultes, Carola Schumacher,
Wiebke Schwelgengräber, Bernd Skibitzki,
Viola Tomaszek

Volk und Wissen

Zu diesem Buch gibt es ein passendes **Arbeitsheft** (ISBN 978-3-06-061777-7).

Herausgeberin, Autoren und Redaktion danken Thomas Brand (Berlin), Kristina Bullert (Sachsen-Anhalt), Simone Fischer (Sachsen), Hannelore Flämig (Brandenburg), Petra Schonert (Thüringen), Silvia Teutloff (Sachsen-Anhalt) und Bernd Skibitzki (Sachsen) für wertvolle Anregungen und praktische Hinweise bei der Entwicklung des Manuskripts.

Redaktion: Gabriella Wenzel
Bildrecherche: Angelika Wagener
Illustration: Andrea Peter, Bern und Berlin
Umschlaggestaltung: werkstatt für gebrauchsgrafik, Berlin
Umschlagillustration: Dorina Teßmann, Berlin
Typografisches Konzept, Satz und Layout:
Farnschläder & Mahlstedt, Hamburg

www.cornelsen.de

Die Links zu externen Webseiten Dritter, die in diesem Lehrwerk angegeben sind, wurden vor Drucklegung sorgfältig auf ihre Aktualität geprüft. Der Verlag übernimmt keine Gewähr für die Aktualität und den Inhalt dieser Seiten oder solcher, die mit ihnen verlinkt sind.

Dieses Werk berücksichtigt die Regeln der reformierten Rechtschreibung und Zeichensetzung. Bei den mit [R] gekennzeichneten Texten haben die Rechteinhaber einer Anpassung widersprochen.

1. Auflage, 1. Druck 2012

Alle Drucke dieser Auflage sind inhaltlich unverändert und können im Unterricht nebeneinander verwendet werden.

© 2012 Cornelsen Verlag / Volk und Wissen Verlag, Berlin

Das Werk und seine Teile sind urheberrechtlich geschützt. Jede Nutzung in anderen als den gesetzlich zugelassenen Fällen bedarf der vorherigen schriftlichen Einwilligung des Verlages. Hinweis zu den §§ 46, 52a UrhG: Weder das Werk noch seine Teile dürfen ohne eine solche Einwilligung eingescannt und in ein Netzwerk eingestellt oder sonst öffentlich zugänglich gemacht werden. Dies gilt auch für Intranets von Schulen und sonstigen Bildungseinrichtungen.

Druck: Mohn Media Mohndruck, Gütersloh

ISBN 978-3-06-061727-2

Inhalt gedruckt auf säurefreiem Papier aus nachhaltiger Forstwirtschaft.

Inhalt

Was weißt du noch aus Klasse 8? 6

Zuhören – Sprechen – Schreiben

Gespräche führen 8
Was habe ich gelernt? 13

Diskussionen führen 14
Was habe ich gelernt? 16
Ergebnisprotokolle schreiben 17

Prüfungssituationen meistern 18
Was habe ich gelernt? 19

Vorstellungsgespräche führen 20
Was habe ich gelernt? 24

Sich schriftlich mit Problemen auseinandersetzen – Erörtern 25
Kontroverse (dialektische) Erörterungen schreiben 25
Was habe ich gelernt? 31
Erörterungen in Schreibkonferenzen überarbeiten 32

Erzählen 33
Geschichten um- und weiterschreiben 33
Eindrücke wiedergeben – Schildern 38
Was habe ich gelernt? 40

Kreatives Schreiben 41

Beschreiben 43
Historische Vorgänge verstehen und beschreiben 43
Was habe ich gelernt? 45

Berichten und Protokollieren 46
Exkursionsberichte schreiben 46
Was habe ich gelernt? 49
Exkursionen protokollieren 50
Was habe ich gelernt? 52

Präsentieren 53
Was habe ich gelernt? 57
Handouts erstellen 58
Aktiv zuhören und mitschreiben 59

Mitteilungen verfassen 60
Was habe ich gelernt? 63

Sich bewerben 64
Wunschberufe finden 64
Bewerbungen schreiben 67
Was habe ich gelernt? 69

Facharbeiten schreiben 70
Was habe ich gelernt? 74

Mit Texten und Medien umgehen

Mit literarischen Texten umgehen 75
Epische Texte analysieren 75
Literarische Figuren charakterisieren 79
Inhaltsangaben zu literarischen Texten verfassen 80
Textbeschreibungen zu literarischen Texten verfassen 81
Was habe ich gelernt? 85
Literarische Texte interpretieren 86

Sachtexte erschließen 88
Elemente zur Steuerung des Textverstehens erkennen 88
Diskontinuierliche Texte erschließen 92
Textinhalte vergleichen 96
Textbeschreibungen zu Sachtexten verfassen 98
Was habe ich gelernt? 99
Teste dich selbst! 100
Exzerpte anfertigen 102
Konspekte anfertigen 103

Mit Medien umgehen 104
Fernsehprogramme untersuchen 104
Was habe ich gelernt? 110

Über Sprache nachdenken

Wortarten und Wortformen 111
Verben 111
    Die Modusformen des Verbs 111
    Aktiv und Passiv 119
Grammatische Proben nutzen 122
Die Wortarten im Überblick 124

Satzbau und Zeichensetzung 125
Der einfache Satz 125
    Die Satzglieder 125
    Kommasetzung im einfachen Satz 127
Der zusammengesetzte Satz 129
    Die Satzreihe (Parataxe) 129
    Das Satzgefüge (Hypotaxe) 131
Die Kommasetzung im Überblick 137
Satz- und Textgestaltung 138
    Mittel der Verknüpfung von Sätzen und Teilsätzen 138
    Stilistische Mittel 141
    Mittel der Verdichtung und Auflockerung 145
Zitieren 148

Wortbedeutung 152

Sprache im Wandel 156
Sprachvarianten 156
Zur Geschichte der Sprache 162
Teste dich selbst! 166

Richtig schreiben

Fehlerschwerpunkte erkennen – Fehler korrigieren 168
Mit Rechtschreibprogrammen arbeiten – Regeln nachschlagen 168
Fehlerschwerpunkte in Bewerbungen erkennen – Fehler vermeiden 171
Was habe ich gelernt? 172

Groß- und Kleinschreibung 173
Nominalisierungen/Substantivierungen 173

Getrennt- und Zusammenschreibung 178

Fremdwörter 183
Teste dich selbst! 188

Merkwissen 190   Lösungen zu den Tests 214
Quellenverzeichnis 219   Sachregister 221

Was weißt du noch aus Klasse 8?

1 Lies den folgenden Text.

Schaulust und Langeweile
Warum haben Sendungen wie »DSDS«, »Germany's Next Topmodel« oder »Popstars« einen so großen Erfolg bei Jugendlichen? Ist es Neugier, Schaulust, Schadenfreude oder Zeitvertreib? In einer im Frühjahr und Sommer 2009 durchgeführten Studie haben Wissenschaftler mehr über die Nutzung, Funktion und Bedeutung der RealityTV-Formate für Kinder und Jugendliche herausbekommen und ihre Ergebnisse vorgestellt.
»Ich sehe mir Castingshows an, weil ...«
Hier werden Antworten auf die Frage geboten, warum Jugendliche sich Castingshows ansehen. Jugendschützer, die diese Sendungen immer wieder wegen menschenverachtender Szenen abmahnen, werden sich nun freuen, denn auf Platz 1 der angeklickten Antworten steht tatsächlich: »weil man sich über viele Kandidaten lustig machen kann«. Am zweithäufigsten wurde geantwortet, »weil ich die Sendungen lustig finde«, an dritter Stelle »um Langeweile zu überbrücken« und an vierter Stelle »weil ich wissen will, wer alles rausfliegt«; also wieder einmal: Motivation Schadenfreude? Fest steht jedenfalls: Als aufregende oder gar lehrreiche wertvolle Abendbeschäftigung kann man die Sendungen weniger bezeichnen. »Spannend« fanden nämlich nur 43 % der Jugendlichen die Sendung. Erst an letzter Stelle findet sich die Antwort »weil ich aus den Sendungen etwas für mein Leben lernen kann«.

Beratungssendungen gegen Langeweile
Auch Ratgeber- und Beratungssendungen waren Gegenstand der Befragung und scheinen bei Jugendlichen nicht unbeliebt zu sein. So war jedenfalls die Annahme, wobei die Umfrage ein ganz anderes Bild ergibt: Die meisten – und zwar Jungen *und* Mädchen – sehen sich diese Coachingsendungen nicht aus übermäßigem Interesse an, sondern »um Langeweile zu überbrücken« (70 %) oder »weil ich nichts Besseres zu tun habe« (58 %). Das Interesse an Problemen anderer Menschen oder an den Hilfsmöglichkeiten, die sich ihnen anbieten, ist dagegen eher nachrangig (ca. 40 % gesamt). Schaut man sich die Antworten getrennt nach Mädchen und Jungen an, ist der

Hilfsaspekt aber für Mädchen durchaus wichtig: Auf Platz 3 der Antworten findet sich die Aussage: »... weil ich wissen will, wie den Hilfesuchenden geholfen wird«. Glücklicherweise spielt der bei Castingshows so wichtige Aspekt der Schadenfreude oder des
40 Sich-lustig-Machens kaum eine Rolle bei Beratungssendungen. Die sind für Jugendliche deswegen interessanter, weil sie aus ihnen »etwas fürs eigene Leben lernen« können, sagten ca. 34 %.

2 Ordne die folgenden Aussagen nach der Häufigkeit des Anklickens.

Jugendliche sehen sich Castingshows an, ...
1 weil sie die Sendungen lustig finden.
2 weil sie sich damit die Zeit vertreiben können.
3 um die gescheiterten Kandidaten zu sehen.
4 um sich über die Teilnehmer lustig zu machen.

3 Im Text wird eine bestimmte Meinung zu Castingshows zum Ausdruck gebracht. Notiere eine Textstelle, an der sie deutlich wird.

4 Schätze ein, welche Funktionen der Text hat: appellieren, informieren bzw. werten. Begründe deine Entscheidung, indem du mindestens zwei Textbeispiele nennst.

5 Bestimme die Subjekte, Prädikate und Objekte in den folgenden Sätzen.

1 Die Sendungen »DSDS«, »Germany's Next Topmodel« oder »Popstars« erreichen bei Jugendlichen hohe Einschaltquoten.
2 Meinungsforscher haben Jugendliche nach ihren Fernsehvorlieben gefragt.
3 Großer Beliebtheit bei Jugendlichen erfreuen sich auch Ratgeber- und Beratungssendungen.

6 Setze die geforderten Modalverben ein. Forme die Sätze entsprechend um.

1 Ich langweile mich nicht. (Wunsch)
2 Nicht jeder nimmt an Castingshows teil. (Erlaubnis)
3 Viele Jugendliche singen. (Fähigkeit/Möglichkeit)
4 Die Teilnehmer von Castingshows sind gut. (Aufforderung)

Gespräche führen

1 Miteinander sprechen ist ein Bestandteil unseres Alltags.

a Überlegt, in welchen Situationen ihr mit anderen Menschen sprecht.

b Tauscht euch darüber aus, ob eure Eltern bzw. andere Erwachsene noch weitere Situationen erleben.

> **!** Menschen kommen in verschiedenen geplanten und ungeplanten Situationen miteinander ins Gespräch, wie z. B. beim Einkaufen, mit Nachbarn oder Freunden, bei Vorträgen, Diskussionen oder Vorstellungsgesprächen. Solche **mündlichen Kommunikationssituationen** sind durch unterschiedliche Bedingungen geprägt, wie z. B. durch die Zeit, den Ort, das Thema (den Inhalt), die beteiligten Personen und den Zweck des Gesprächs.

2

a Tauscht euch in der Klasse darüber aus, ob und warum ihr Wetterberichte verfolgt.

b Bildet euch eine Meinung zu den folgenden Fragen.

1 Warum wird häufig über das Wetter gesprochen?
2 In welchen Situationen wird z. B. über das Wetter gesprochen?
3 Warum kommt es dabei immer wieder zu Meinungsverschiedenheiten?

3

a Lest die folgenden Aussagen übers Wetter.

A ... überquert ein Frontensystem mit Schnee und Regen Deutschland südostwärts. Im Bergland kommt es zu schweren Sturmböen, in der zweiten Tageshälfte im Harz und in den östlichen Mittelgebirgen auch zu orkanartigen Böen. Vor allem in Lagen oberhalb 600 m besteht Glättegefahr, zunächst durch überfrierende Nässe und zeitweiligen Schneefall, später oberhalb 800 m verbreitet erhebliche Schneeverwehungen in Verbindung mit dem Starkwind.

B ... ist es besonders im Westen und Südwesten häufig heiter und sonnig. Und das bei Traumtemperaturen von bis zu 27 Grad im Alpenvorland. Im Norden bleibt es etwas kühler, in Nordfriesland klettert das Thermometer nur auf 16 Grad. Insgesamt ist es sehr mild. Nur vereinzelt fällt geringer Regen. Sonst scheint im Osten und Südosten gebietsweise länger die Sonne und es bleibt trocken.

C Nach den ersten fünf Januartagen ist der Monat im Bundesdurchschnitt sensationelle 6,5 Grad zu warm. Viele Wetterstationen im Süden und Osten registrierten sogar Abweichungen vom langjährigen Mittel um sieben und mehr Grad. Auch bei den Niederschlägen drohen uns Rekorde: 16 Prozent des Monats-Solls wären jetzt eigentlich das Normale. Wir haben aber bundesweit bereits mehr als das Dreifache, nämlich 57 Prozent.

b Überlegt, in welchen Gesprächssituationen hier über das Wetter geredet wird, wer daran beteilig ist und welche Funktionen diese Berichte haben.

> **!** Besonders wichtig für das Gelingen eines Gesprächs ist die Berücksichtigung der so genannten
> - **Sachebene** (Was ist der Inhalt des Gesprächs? Um welche Sache geht es?) und der
> - **Beziehungsebene** (Wer ist am Gespräch beteiligt? In welchem Verhältnis stehen die Gesprächspartner zueinander? Wie verhalten sich Sprecher und Zuhörer?).

4

a Lies folgende Äußerungen zum Wetterbericht B (Aufgabe 3 a). Begründe, warum die Gesprächsteilnehmer so unterschiedlich reagieren.

Paul sitzt mit seiner Familie vor dem Fernseher.
Paul Ein Glück, kein Regen! Da ist das Spielfeld morgen beim Fußballmatch nicht so glitschig.
Vater Und ich kann morgen in Ruhe im Garten umgraben und den Rasen mähen.
Lilly Ich will mich mit Anna zum Stadtbummel und Eisessen beim Italiener treffen.
Mutter Es könnte schon mal wieder regnen, sonst wächst bald nichts mehr in unserem Garten.

Mias Vater ist seit mehreren Jahren Bio-Bauer.

Mia Super, Papa, der Wetterbericht sagt, morgen gibt es wieder Traumtemperaturen!

Vater Traumtemperaturen! Ob die mal drüber nachdenken, dass es jetzt fast zwei Wochen nicht geregnet hat? Und das nicht nur in diesem Jahr! Wenn wir unser Gemüse nicht jeden Tag beregnen würden, könnten wir kaum etwas ernten!

b Bestimme in beiden Gesprächen die Sachebene.

c Beschreibe die Beziehungsebene in beiden Gesprächen. Beantworte dazu folgende Fragen.

  1 Was sagt die Sprecherin / der Sprecher über sich?
  2 Was sagt die Sprecherin / der Sprecher inhaltlich?
  3 Welche Beziehung hat die Sprecherin / der Sprecher zu den anderen bzw. haben diese zu ihr/ihm?
  4 Was will die Sprecherin / der Sprecher bei den anderen bewirken?

d Überlege, wie Mias Vater anders auf Mias Äußerung reagieren könnte. Formuliere verschiedene Antworten.

Für dich sind Traumtemperaturen etwas Schönes, aber für mich …

5 Aus den Wetterberichten (S. 8, Aufgabe 3 a) und den Meinungsäußerungen (S. 9, Aufgabe 4 a) ergeben sich verschiedene Fragen, die sich nach Sach- und Problemfragen unterscheiden lassen.

a Lies den Merkkasten und gib den Unterschied zwischen Sach- und Problemfragen wieder.

> **!** **Sachfragen** kann der Befragte entsprechend seines Kenntnisstandes beantworten. Sie sind meist als **W-Frage** formuliert, z. B.:
> *Welche Auswirkungen hat die globale Erwärmung auf unser Klima?*
> **Problemfragen** erfordern ein längeres Nachdenken und Abwägen, unter Umständen eine Diskussion und Meinungsbildung zum Sachverhalt. Sie sind meist als **Entscheidungsfragen** formuliert, die mit Ja oder Nein zu beantworten sind, z. B.:
> *Hat die globale Erwärmung Auswirkungen auf unser Klima?*

Gespräche führen **11**

b Ordnet die folgenden Beispiele nach Sach- und Problemfragen.

1. Hat die globale Erwärmung Einfluss auf unser Wetter?
2. Wie waren die Temperaturen im Januar?
3. Besteht ein Zusammenhang zwischen dem Wetter und der globalen Erwärmung?
4. Welche Folgen hat das Auftreten von starkem Wind?
5. Wodurch kommt es zu erhöhten Temperaturen im Januar?
6. Ist die Niederschlagsmenge für den Januar normal?

c Wählt eines der folgenden Gesprächsthemen aus und formuliert dazu Sach- und Problemfragen.

Ist ...?

Warum ...?!

1. Musik ist Geschmackssache
2. Graffitis sind die reinste Umweltverschmutzung
3. »Internet-Fasten« ist eine super Idee

6 Bereitet Gespräche vor und gestaltet sie. Geht dazu so vor:

TIPP
Auch wenn ihr euch (noch) nicht eindeutig entscheiden könnt, ist das ein begründbarer Standpunkt.

a Wählt ein Thema und eine Problemfrage aus Aufgabe 5 aus. Befasst euch zuerst mit dem Inhalt (Sachebene): Denkt über das Problem nach, notiert Pro- und Kontra-Argumente und bildet euch einen Standpunkt.

b Denkt euch eine Gesprächssituation mit bestimmten Gesprächspartnern aus, z.B. mit Eltern, Freunden oder Bekannten, zu Hause, auf dem Pausenhof oder auf der Straße. Beschreibt die Beziehungsebene.

c Denkt über mögliche Konflikte in Gesprächen nach. Wann muss man Konflikte lösen und wie sollte man sich dabei verhalten? Vergleicht eure Ergebnisse mit dem folgenden Merkkasten.

! Um in Gesprächen **Konflikte** zu **vermeiden oder** zu **lösen**, sollte man die Gesprächspartner ansehen, stets sachlich und ruhig auf sie eingehen und ggf. einen Kompromiss vorschlagen. Geeignete sprachliche Mittel sind z.B.:
Ich kann verstehen, dass ...   *Ich könnte dir zustimmen, wenn ...*
Das ist zwar richtig, aber ...   *Wir könnten uns einigen, indem ...*
Habe ich dich richtig verstanden, ...?
Ich habe mich auch schon gefragt, ...

d Sammelt weitere sprachliche Wendungen, um einen Konflikt zu lösen oder einen Kompromiss vorzuschlagen.

e Überlegt verschiedene Möglichkeiten, auf die folgenden Killerphrasen zu reagieren, damit es gelingt, das Gespräch sachlich weiterzuführen.

1. *Wir diskutieren hier schon seit einer Stunde!*

2. *Das geht mir mächtig auf die Nerven!*

3. *Von dir lasse ich mir schon gar nichts sagen!*

4. *Das ist doch alles Unsinn.*

f Probt euer Gespräch und stellt es anschließend in der Klasse vor. Die anderen beobachten die Gespräche genau und beurteilen anschließend ihren Inhalt und Verlauf.

Beobachtungskriterien
– Inhalt:
  Welche Standpunkte …
– Verlauf:
  Wie gingen die Teilnehmer …

> **!** Aus dem Fernsehen kennt man **Talkshows** als eine spezielle Form von Gesprächen. Hier werden ebenfalls verschiedene Sachverhalte und Probleme besprochen.
> Dabei kommt der **Moderatorin** / dem **Moderator** eine wichtige Funktion zu. Sie/Er stellt die Beteiligten vor, führt in das Thema ein und lenkt das Gespräch. Dazu bringt sie/er z. B. Fragen, allgemeine Aussagen, aktuelle Ereignisse, persönliche Erfahrungen, Zitate, Fakten oder Definitionen in das Gespräch ein.
> Im Unterschied zur Diskussionsleitung muss man sich vor einer Moderation gründlich mit dem Thema bzw. Problem beschäftigt haben.

7 Gestaltet eine Talkshow als Rollenspiel. Nutzt dafür die Sach- und Problemfragen aus den Aufgaben 5 b und c (S. 11).

a Legt fest, wer die Rolle des Moderators übernimmt und wer als Teilnehmer welchen Standpunkt vertritt.

b Formuliert die Aufgaben eines Moderators. Berücksichtigt dabei die folgenden Aspekte:
- Gesprächsleitung und Ablauf,
- Umgang mit Störungen und Konflikten, Einhalten von Regeln,
- Zeitmanagement.

c Vereinbart Regeln, die für das Gelingen eines Gesprächs unabdingbar sind. Haltet sie schriftlich fest.

d Führt die Gespräche und wertet das Rollenspiel danach aus. Was ist euch gut gelungen, was könnt ihr noch besser machen? Woran hat das möglicherweise gelegen?

8

a Überlegt, warum spontan zustande kommende Gespräche mitunter eine Herausforderung sind. Bezieht eure eigenen Erfahrungen ein.

TIPP
Denkt dabei sowohl an die Sach- als auch an die Beziehungsebene.

b Tauscht euch darüber aus, was ein ernsthaftes Gespräch von einer lockeren Unterhaltung (Small Talk) unterscheidet.

> Ein **Small Talk** (engl. *small talk* – Geplauder) ist eine lockere, beiläufige Unterhaltung über Alltägliches. Small Talk wird meist verwendet, um eine angenehme Atmosphäre zu schaffen, d. h., nur die Beziehungsebene ist in diesem Gespräch entscheidend, z. B.:
> **A** *Ach, das Wetter diesen Sommer ist ja fürchterlich!*
> **B** *Ja, da haben Sie Recht. Voriges Jahr war der Sommer …*

c Erprobt verschiedene Möglichkeiten im Rollenspiel. Wie könnte ein Small Talk beim Bäcker, auf dem Wandertag mit dem begleitenden Erwachsenen, beim Warten an der Bushaltestelle ablaufen?

Was habe ich gelernt?

9 Überprüfe, was du über das Führen von Gesprächen gelernt hast. Beantworte dazu die folgenden Fragen.

1. Wodurch unterscheiden sich mündliche Kommunikationssituationen?
2. Was bezeichnen die Begriffe *Sach-* und *Beziehungsebene*?
3. Welche Aufgaben hat eine Moderatorin / ein Moderator?

Diskussionen führen

Eine Diskussion planen

→ S.190 Merkwissen

1 Wiederholt, was ihr bisher über Diskussionen und das Vorbereiten eines Diskussionsbeitrags gelernt habt.

2 Bereitet eine Diskussion vor.

→ S.10 (Sach- und Problemfragen)

a Wählt eine Problemfrage zur Diskussion aus.
1 Sollte Musikunterricht Pflicht- oder Wahlfach sein?
2 Wie lassen sich unerwünschte Graffitis an Schulgebäuden verhindern?
3 Ist der Führerschein mit 17 sinnvoll?
4 Sollten soziale Netzwerke im Internet stärker überwacht werden?
5 Welche Bedeutung hat ein Unterrichtsfach Musik?

b Formuliert selbst eine Problemfrage, die ihr diskutieren wollt.

c Notiert Sachfragen, die mit der Problemfrage verbunden sind.

3 Wiederhole mithilfe des Merkkastens, worauf es bei einem Diskussionsbeitrag zu Problemfragen ankommt.

> **!** Ein **Diskussionsbeitrag zu einer Problemfrage** dient vor allem dem Meinungsaustausch und der Meinungsbildung. Dazu stellt man seinen eigenen **Standpunkt** zum diskutierten Problem dar und begründet ihn durch **Argumente (Begründungen + Beispiele)**. Ist man noch unentschieden, kann man auch Pro- und Kontra-Argumente vortragen. Wenn möglich, sollte man abschließend seinen Standpunkt zusammenfassen und ggf. Vorschläge oder Schlussfolgerungen ableiten, z.B.:
> *Ich bin also der Meinung, …   Darum schlage ich vor, …*
> *Somit habe ich begründet, …   Insgesamt sollte man also …*

Einen Diskussionsbeitrag vorbereiten

→ S.102 Exzerpte anfertigen

4 Bereite deinen Diskussionsbeitrag vor.

a Beschäftige dich gründlich mit dem Thema. Sammle Informationen in verschiedenen Medien, z.B. in Zeitschriften, Büchern oder im Internet, und fertige beim Lesen Exzerpte an.

Diskussionen führen **15**

→ S.148 Zitieren

These: …
Arg.1: …
Arg.2: …

b Notiere Argumente (Begründungen + Beispiele). Nutze dazu deine Exzerpte und verwende direkte oder indirekte Zitate.

c Formuliere deinen Standpunkt zur Frage, die diskutiert werden soll, als Behauptung (These).

d Ordne die in Aufgabe b gefundenen Argumente nach ihrer Wichtigkeit.

e Formuliere einen Schluss deines Diskussionsbeitrags. Fasse deine Meinung zusammen und leite Vorschläge oder Schlussfolgerungen ab.

Einen Diskussionsbeitrag halten

5

a Denke über die Beziehungsebene in der Diskussion nach. Wer nimmt teil? Welche Beziehungen haben die Teilnehmer zueinander? Wie präsentiere ich mich als Sprecher? Was will ich bei den Zuhörern erreichen?

b Übe deinen Diskussionsbeitrag zu Hause vor Zuhörern, z. B. vor deinen Eltern oder Geschwistern. Lass dir ein Feedback geben und überarbeite deinen Diskussionsbeitrag entsprechend.

→ S.59 Aktiv zuhören und mitschreiben

c Wiederhole deine Kenntnisse über aktives Zuhören und Mitschreiben.

6 Führt die Diskussion nun durch. Entscheidet, wer sie leiten und protokollieren soll. Wertet die Diskussion dann aus. Geht dabei auf Inhalt und Verlauf ein. Was ist gelungen? Was kann man verbessern?

→ S.12 (Merkkasten)

7 Bestimmt eine Moderatorin / einen Moderator. Tauscht euch darüber aus, worin sich ein Moderator von einem Diskussionsleiter unterscheidet. Führt die Diskussion anschließend durch und wertet sie aus.

8 Führt eine Diskussion zu einer Problemfrage. Geht dabei so vor:
- Formuliert die Problemfrage und informiert euch über das Thema.
- Denkt über die Beziehungsebene nach.
- Bildet euch einen Standpunkt und bereitet als Gruppe einen Diskussionsbeitrag vor. Sucht nach überzeugenden Argumenten, ordnet sie und formuliert Schlussfolgerungen. Nutzt direkte und indirekte Zitate.
- Führt die Diskussion. Entscheidet, wer sie leitet und protokolliert.
- Wertet die Diskussion nach Inhalt und Verlauf aus.

TIPP
Wählt eine weitere Problemfrage aus Aufgabe 2a (S.14) aus oder formuliert eine eigene.

9 Formuliert eine Problemfrage, die euch interessiert, und diskutiert sie. Geht dabei vor wie in den Aufgaben 1 bis 6 (S. 14–15).

10 Wählt aus Aufgabe 2a (S. 14) eine Sachfrage zur Diskussion aus.

TIPP
Überlegt, welchem Ziel die Diskussion dient.

a Tauscht euch darüber aus, was beim Diskutieren von Sachfragen anders ist als beim Diskutieren von Problemfragen.

b Informiert euch gründlich über den zu diskutierenden Sachverhalt und bereitet Diskussionsbeiträge vor. Lest dazu den Merkkasten.

> ! Ein **Diskussionsbeitrag zu einer Sachfrage** dient vor allem dem Austausch von Informationen zur Beantwortung der Sachfrage, d. h., man trägt Fakten, Daten, Beispiele, evtl. Zitate zum Thema vor. Abschließend sollte man eine Zusammenfassung formulieren, z. B.:
> *Daran kann man erkennen, dass …*
> *Abschließend lässt sich feststellen, …*
> *Insgesamt sieht man also …*
> *Zusammenfassend zeigt sich …*

c Entscheidet, wer die Diskussion leiten soll, und führt die Diskussion in der Klasse. Wertet anschließend deren Inhalt und Verlauf aus.

11 Wählt eine weitere Sachfrage aus Aufgabe 2a (S. 14) aus und diskutiert sie. Geht dabei vor wie in den Aufgaben 10b und c.

12 Wählt eine Sachfrage aus, die euch interessiert, und diskutiert sie. Geht dabei vor wie in den Aufgaben 10b und c.

13 Formuliert eine Sach- oder Problemfrage, die euch interessiert, und diskutiert sie. Wertet die Diskussion anschließend aus.

Was habe ich gelernt?

14 Fasst in einem Plakat »Eine Diskussion vorbereiten, durchführen und auswerten« zusammen, was ihr gelernt habt. Unterscheidet dabei zwischen Diskussionen von Problem- und Sachfragen.

Ergebnisprotokolle schreiben

> **!** Ein **Ergebnisprotokoll** ist eine Protokollform, in der nur die Ergebnisse bzw. Beschlüsse einer Diskussion oder eines Gesprächs zusammengefasst und notiert werden. Folgendes sollte enthalten sein:
> - Datum, Zeit, Ort, Teilnehmer der Diskussion / des Gesprächs,
> - Thema und Tagesordnungspunkte,
> - Ergebnisse oder Zusammenfassung der Diskussion / des Gesprächs,
> - Festlegungen, Aufgaben und Verantwortliche,
> - Datum, Unterschrift des Protokollanten und des Diskussionsleiters bzw. Moderators.

1 Wenn du Protokollantin/Protokollant bist, bereite dich darauf vor.

a Nutze das Muster und fülle den Kopf des Protokolls aus. Schreibe die wichtigsten Punkte aus der Tagesordnung auf.

Protokoll der Diskussion zum Thema … *(Thema)*

Datum, Zeit: … *(am …, von … bis …)*
Ort: … *(Name der Schule, Raum)*
Teilnehmer: … *(an-/abwesend; un-/entschuldigt)*

Tagesordnung:
TOP 1: … *(Kurzfassung der Tagesordnungspunkte)*
…

Ergebnisse:
zu TOP 1: …
…

| *(Unterschrift)* | *(Unterschrift)* | *(Datum)* |
| Diskussionsleiter/Moderator | Protokollant | Datum |

→ **S.59** Aktiv zuhören und mitschreiben

b Schreibe während der Diskussion bzw. des Gesprächs mit. Nutze Abkürzungen.

2 Verfasse den Entwurf des Protokolls möglichst bald und überprüfe alles noch einmal, bevor du die Endfassung schreibst.

Prüfungssituationen meistern

1 Im Leben muss man oft Prüfungssituationen meistern. Tragt zusammen, welche Prüfungen ihr schon absolviert habt und auf welche ihr euch vielleicht noch vorbereiten müsst.

> **!** In der Schule, während der Ausbildung, im Berufsleben oder wenn man einen Führerschein erwerben möchte, muss man **Prüfungssituationen meistern**. Um diese erfolgreich zu bestehen, sollte man sich aktiv **vorbereiten**. Dazu muss man zuerst überlegen, ob es sich um eine mündliche oder schriftliche Prüfung handelt und welche Anforderungen in der Prüfung gestellt werden. Anschließend müssen fachliche bzw. inhaltliche Erwartungen geklärt werden, z. B. wie die Prüfung abläuft und welche Themen vorbereitet sein müssen. In der Prüfung sollte man in der Lage sein, die Antworten sprachlich angemessen, verständlich und deutlich vorzutragen bzw. schriftlich in Sätzen oder als zusammenhängenden Text zu formulieren.

2 Stelle dir vor, du bereitest dich auf ein Prüfungsgespräch vor.

a Trage die Themen und Fragen zusammen, die vorzubereiten sind.

b Überlege, welchen Zeitraum du für die Vorbereitung einplanen solltest.

> **So kannst du für eine Prüfung lernen**
> 1. Stelle zuerst das Material zusammen, mit dem du dich anschließend vorbereiten willst (Hefter, Bücher, Broschüren o. Ä.).
> 2. Gliedere den Lernstoff in Portionen, fertige einen Zeitplan an.
> 3. Überlege, mit welchen Methoden der Stoff am besten einzuprägen ist (z. B. Schaubild, Mindmap, Poster, Lernkartei, Spickzettel).
> 4. Wiederhole den Stoff mehrmals und tausche dich mit anderen über das Gelernte aus.

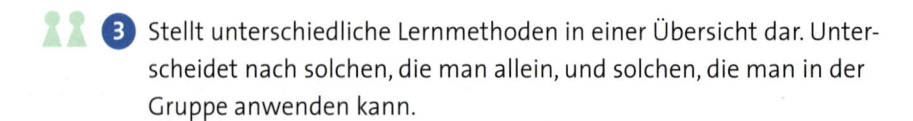

3 Stellt unterschiedliche Lernmethoden in einer Übersicht dar. Unterscheidet nach solchen, die man allein, und solchen, die man in der Gruppe anwenden kann.

> **!** Wenn alles vorbereitet ist, sollte man die **Prüfungssituation simulieren**. Das funktioniert am besten mit einer Freundin / einem Freund, die/der die Rolle des Interviewers oder Prüfers übernimmt.
> Man sollte auch bei der Probe schon an passende Kleidung denken und auf Blickkontakt und Körpersprache achten. Die simulierten Prüfungsgespräche kann man filmen, das erleichtert ihre Auswertung.

4 Gestaltet ein Prüfungsgespräch.

TIPP
Zur ersten Simulation und Übung einer Prüfung könnt ihr noch Spickzettel nutzen.

a Lasst euch von einem Fachlehrer mögliche Prüfungsthemen geben, entscheidet, zu welchem Thema eine Prüfung simuliert werden soll, und bereitet euch gründlich darauf vor.

b Notiert stichpunktartig, worauf ihr im Prüfungsgespräch besonders achten solltet. Berücksichtigt die Hinweise in den Merkkästen.

– *höflich grüßen, Blickkontakt, …*

c Simuliert das Gespräch und wertet es anschließend sorgfältig aus. Nutzt dazu eure Notizen zu Aufgabe b.

TIPP
Plant auch regelmäßige Termine zum Austausch über das Gelernte.

d Tauscht euch darüber aus, wie ihr euch weiter auf Prüfungen vorbereiten wollt. Erstellt persönliche Arbeitspläne und beurteilt sie gegenseitig.

> **!** Wenn man gut vorbereitet ist, darf man optimistisch in die **Prüfung** gehen. Man sollte höflich und mit Selbstvertrauen auftreten. Wichtig ist es, die Fragestellungen zu beachten, Nachfragen sind selbstverständlich erlaubt, ausführliche Antworten erwünscht.
> Natürlich ist man glücklich, wenn man eine Prüfung erfolgreich meistern konnte, und unzufrieden, wenn dies nicht der Fall war. In jedem Fall lohnt es sich, über eigene Stärken und Schwächen nachzudenken und sich Notizen für die Vorbereitung der nächsten Prüfung anzufertigen.

Was habe ich gelernt?

5 Überprüft, was ihr über Prüfungssituationen gelernt habt. Gestaltet eine Wandzeitung mit Hinweisen und Tipps für die Prüfung.

Vorstellungsgespräche führen

> **!** Wenn eine Bewerberin / ein Bewerber mit ihrer/seiner schriftlichen Bewerbung überzeugen kann, wird sie/er zu einem **Vorstellungsgespräch** eingeladen. Dabei wollen **Arbeitgeber** einen Eindruck von der Persönlichkeit und den Fähigkeiten der Bewerberin / des Bewerbers gewinnen und feststellen, ob sie/er für die Ausbildung geeignet ist.

1 Die verantwortlichen Mitarbeiter in den Ausbildungsbetrieben bereiten sich gründlich auf Bewerbungsgespräche vor.

a Lest den Auszug aus einer Broschüre für Arbeitgeber. Benennt die Gesprächsziele des Personalmitarbeiters und klärt die Bedeutung der aufgeführten Bewerbereigenschaften.

> **2 Ziel des Gesprächs**
> – Eindruck über Sozialverhalten gewinnen (Sozial- und Persönlichkeitskompetenz)
> – Kennenlernen der Fähigkeiten (Leistungsvermögen und Leistungsbereitschaft), man spricht auch von der Fach- und Methodenkompetenz; denkbar wären an dieser Stelle kleine Übungen zum Fähigkeitsbeweis (Fachfragen, kleine Experimente, etwas zusammenbauen, auseinandernehmen ...)
> – Generell gilt: Methoden können erlernt werden, soziale Fähigkeiten sollten bereits vorhanden sein (»die Nase muss passen«).
> Über folgende Eigenschaften des Bewerbers sollten Sie sich während des Einstellungsgesprächs zudem ein Bild machen können:
> – Eigeninitiative,
> – Belastbarkeit,
> – Arbeitsbereitschaft, aber auch
> – Teamfähigkeit,
> – Problemlöseverhalten
>   (z. B.: Wie sind Sie damit umgegangen ...?)
> – Selbstständigkeit und
> – kommunikatives Vermögen.

b Formuliere fünf Schlussfolgerungen für dich als Bewerber.

> **!** Der Verlauf eines **Vorstellungsgesprächs** entscheidet wesentlich darüber, ob man den angestrebten Ausbildungsplatz erhält. Deshalb sollte man sich als **Bewerberin/Bewerber** zunächst **inhaltlich** darauf **vorbereiten.** Man sollte Auskunft geben können über:
> - sich selbst, eigene Interessen und den Berufswunsch,
> - den Betrieb und seine Produkte bzw. Besonderheiten,
> - den Ausbildungsberuf.
>
> Außerdem sollte man sich schon vorher überlegen, welche Fragen man selbst stellen möchte, z. B. zu konkreten Arbeitszeitregelungen und Anforderungen, zur zuständigen Berufsschule oder zum Ablauf des Ausbildungsjahres.

2 Stelle dir vor, du bereitest dich auf ein Vorstellungsgespräch bei den Dresdner Verkehrsbetrieben (DVB) vor.

a Sieh dir die Homepage an und schreibe die wichtigsten Informationen über das Unternehmen heraus.

> 🏠 » Die DVB AG » Unternehmen
>
> ## Die Dresdner Verkehrsbetriebe AG (DVB AG)
>
> **Wir bewegen Dresden.** Mit Straßenbahnen, Bussen, Bergbahnen und Fähren. Indem wir planen, vermarkten, fahren, investieren, instand halten und ausbilden. Wir gestalten den ÖPNV in der sächsischen Landeshauptstadt.
>
> Über 400.000 Fahrgäste täglich, 148 Millionen Fahrgäste pro Jahr: Mit unserer Verkehrsleistung tragen wir dazu bei, die Straßen zu entlasten und die Umwelt zu schonen. Damit die Landeshauptstadt Dresden noch lebenswerter wird.
>
> Dresden verfügt über eines der größten Straßenbahnnetze in Deutschland. Moderne Fahrzeuge, niveaugleiche Ein- und Ausstiege, barrierefreie Haltestellen und multimediale Informationssysteme sorgen für besten Komfort. Wir haben uns zu einem wettbewerbsfähigen Verkehrsunternehmen entwickelt, das sich im nationalen und internationalen Vergleich sehen lassen kann. Unser Kostendeckungsgrad ist auf 77,6 Prozent gestiegen.
>
> Mit 1.703 Mitarbeitern und 94 Auszubildenden sind wir ein wichtiger Arbeitgeber in der Landeshauptstadt Dresden. Als großer Auftragsgeber tragen wir dazu bei, viele Arbeitsplätze in Sachsen zu schaffen und zu erhalten.

b Schreibe heraus, was du über die Ausbildung zur Fachkraft im Fahrbetrieb erfährst.

UNTERNE**H**MENSLENKER

Fachkraft im Fahrbetrieb

Die facettenreiche Ausbildung zur Fachkraft im Fahrbetrieb beinhaltet neben der Qualifikation zum Führen von Bus und Straßenbahn sowohl technische als auch kaufmännische Aspekte. Die Auszubildenden disponieren den Fahrbetrieb und sorgen für die Betriebssicherheit und Einsatzbereitschaft der Fahrzeuge. Natürlich gehört auch die Kundenberatung zu ihren Aufgaben. Darüber hinaus absolvieren sie einzelne Ausbildungsmodule an der Prager Verkehrsschule.

Du bist in hohem Maße verantwortungsbewusst?
Du hast eine gute Auffassungsgabe?
Du magst den Umgang mit Menschen?
Du hast eine positive Ausstrahlung?
Du bist flexibel und nicht festgefahren?
Fünfmal ja?
Dann lass uns zusammen was bewegen.
Wir freuen uns auf Deine Bewerbung!

Ausbildungszeit: 3 Jahre

Ausbildungsschwerpunkte
– pünktliches und kundenorientiertes Führen von Bussen bzw. Straßenbahnen
– Informieren und Sichern der Fahrgäste bei Störungen und Unfällen
– Betriebssicherheit und Einsatzbereitschaft von Fahrzeugen herstellen
– Pflegen von Fahrzeugen und Zubehör
– Planung und Disposition des Fahrbetriebes
– kundenorientierte Fahrplangestaltung
– qualitätsgerechte Kundenberatung
– Verkauf von Fahrkarten und Souvenirs

Ausbildungsvoraussetzungen
– mindestens Realschulabschluss
– gute Kenntnisse in Mathematik, Deutsch, Informatik und Englisch
– sprachliche Kompetenz
– selbstbewusstes und korrektes Auftreten
– Bereitschaft, eigenständig sowie nach Vorgaben zu arbeiten
– gesundheitliche Eignung nach § 32 JArbSchG
– private Finanzierung des Führerscheins Klasse B
– Bereitschaft zu einem mehrwöchigen Aufenthalt im Ausland

c Recherchiere im Internet, um weitere Informationen zu finden, z. B. über andere Ausbildungsberufe bei den Dresdner Verkehrsbetrieben (DVB) oder Angebote für Praktika.

d Bereite Fragen für das Vorstellungsgespräch vor und schreibe sie auf.

Vorstellungsgespräche führen 23

→ S. 53 Präsentieren

3 Sammle die notwendigen Informationen über einen Ausbildungsberuf bzw. Ausbildungsbetrieb, der dich interessiert. Bereite dich darauf vor, diesen in der Klasse zu präsentieren.

> **!** Bei der **Vorbereitung auf ein Vorstellungsgespräch** ist auch auf Folgendes zu achten:
> - Man sollte sich informieren, wo das Gespräch stattfindet und wie man termingerecht dorthin gelangt.
> - Man sollte dem Ausbildungsplatz angemessene Kleidung auswählen.
> - Man sollte für ein gepflegtes Erscheinungsbild sorgen (saubere Fingernägel, geputzte Schuhe u. Ä.).

4

a Seht euch den Cartoon an. Tauscht euch darüber aus, was unter angemessener Kleidung und gepflegtem Erscheinungsbild zu verstehen ist.

b Stellt euch vor, ihr seid zu einem ganz bestimmten Vorstellungsgespräch eingeladen. Beratet euch gegenseitig, was ihr anziehen sollt.

5

a Lies den folgenden Merkkasten.

> **!** Das **Vorstellungsgespräch** folgt häufig folgendem Aufbau:
> - Begrüßung,
> - Interview,
> - Gesprächsabschluss.
>
> Zum Abschluss des Gesprächs erfährt der Bewerber, wann er über die Entscheidung des Unternehmens informiert wird. Gelegentlich bekommt er auch eine Rückmeldung über sein Auftreten und sein Gesprächsverhalten. Zu Hause sollte man unbedingt eine Gesprächsnotiz anfertigen. So behält man die Übersicht und lernt aus den Hinweisen.

b Ordne die folgenden Äußerungen den Gesprächsteilen aus dem Merkkasten auf S. 23 zu.

1. Welche Einstellung haben Sie zur Teamarbeit?
2. Guten Morgen. Haben Sie gut hergefunden?
3. Was wissen Sie über unseren Betrieb?
4. Wir werden Sie telefonisch über unsere Entscheidung informieren.
5. Warum möchten Sie bei uns eine Ausbildung machen?
6. Welche Vorstellungen haben Sie von der Ausbildung bzw. Ihrem zukünftigen Arbeitsalltag?
7. Warum sollten wir uns für Sie entscheiden?
8. Welche Erfahrungen konnten Sie während Ihres Praktikums sammeln?
9. Worauf führen Sie die Verbesserung Ihrer Note im Fach ... zurück?
10. Danke, das Gespräch mit Ihnen war sehr interessant.
11. Beschreiben Sie Ihre Stärken und Schwächen.
12. Hatten Sie eine problemlose Anreise?

c Überlegt, wie ihr die Fragen aus Aufgabe b beantworten könnt.

d Formuliert eine höfliche Verabschiedung.

7 Bereitet ein Vorstellungsgespräch vor. Nutzt dabei eure eigenen Angaben.

→ S. 64 Sich bewerben

- vorbereitet sein
- Interesse zeigen
- ...

a Bereitet eure Bewerbungsunterlagen vor, sortiert eure Notizen zum Ausbildungsberuf bzw. -betrieb und überlegt, welche Fragen im Vorstellungsgespräch gestellt werden könnten.

b Tragt Kriterien zur Einschätzung des Gesprächsverhaltens der Bewerberin / des Bewerbers zusammen. Entwerft einen Bewertungsbogen.

c Spielt eure Vorstellungsgespräche in der Klasse vor. Bewertet das Gesprächsverhalten der Bewerberin / des Bewerbers fair und ehrlich.

Was habe ich gelernt?

8 Überprüft, was ihr über Vorstellungsgespräche gelernt habt. Entwerft und gestaltet ein Poster zum Thema »Was du auf keinen Fall bei einem Vorstellungsgespräch tun solltest«.

Sich schriftlich mit Problemen auseinandersetzen – Erörtern

Kontroverse (dialektische) Erörterungen schreiben

→ S. 190 Merkwissen

1 Wiederholt, was ihr über lineare Erörterungen wisst.

> **!** Bei einer **schriftlichen Erörterung** setzt man sich denkend und schreibend mit einem Problem auseinander. Das Ziel des Erörterns ist es, Problemlösungen zu finden. Dazu verschafft man sich einen Überblick über das Problem, bildet sich einen **Standpunkt** und sucht nach Problemlösungsmöglichkeiten. Mit **Argumenten (Begründungen + Beispielen)** überzeugt man die Leserinnen/Leser von der Richtigkeit der Problemlösungen.
> Es gibt zwei **Hauptformen** des schriftlichen Erörterns:
> - lineare (steigernde) Erörterung: Argumente für den eigenen Standpunkt werden dargelegt,
> - kontroverse (dialektische) Erörterung: Argumente pro (für) und kontra (gegen) einen Standpunkt werden abgewogen.

Eine kontroverse Erörterung untersuchen

2
a Lies den folgenden Zeitungsartikel aufmerksam.

> *Abseits des Rampenlichts führen Wildtiere im Zirkus ein jämmerliches Leben. Tierschützer fordern seit Langem ein generelles Verbot – die Chancen dafür stehen gut.*
> Sie gehören zu den Attraktionen in der Manege: Wenn Elefanten
> 5 oder Giraffen durch die Sägespäne schreiten, schlagen die Herzen vieler Zirkusfreunde höher. Doch Tierschützer prangern seit Jahren schlechte Lebensbedingungen mit ständigen Transporten in engen Käfigwagen und umstrittenen Dressuren an – und dringen auf ein Verbot exotischer Wildtiere unter den Zeltkup-
> 10 peln. Jetzt kommt Bewegung in die lange verhärteten Fronten. Wildtiere sollen nach dem Willen des Bundesrats im Zirkus verboten werden. Die Länderkammer forderte die Bundesregierung jetzt auf, eine Verordnung dafür zu erarbeiten. In den rund 250 Wanderzirkussen in Deutschland seien Tierschutzprobleme bei

Transport, Unterbringung und Dressur systemimmanent, heißt es in der Entschließung des Bundesrats, die auf eine Initiative Hamburgs zurückgeht. Folge seien Verhaltensstörungen, Krankheiten und Todesfälle bei den Tieren. Diese »können auch durch strengere Anforderungen an die Haltung der Tiere nicht verändert werden«. [...] Die Liste der Kritikpunkte ist lang. Bei den aktiven Wanderzirkussen verbrächten Exoten einen Großteil ihres Lebens eingepfercht auf Reisen. Bis zu 50 Mal im Jahr gehe es in Transportern weiter zur nächsten Tourneestation, wobei die Tiere manchmal bis zu 20 Stunden lang in Wagen stehen müssten.

Die in freier Wildbahn geselligen Elefanten würden teils allein gehalten, natürliche Einzelgänger wie Bären wiederum in Gruppen untergebracht. Nicht alle Zirkusse hätten beheizbare Tierquartiere für den Winter. [...]

Tierschützer brandmarken solche Bedingungen als katastrophal. Doch zum Einschreiten zwingen kann der Bundesrat die Bundesregierung nicht, die bisher stets auf verfassungsrechtliche Bedenken verwiesen hat: Ein Verbot berühre die Berufsfreiheit der Dompteure und auch die Eigentumsrechte der Zirkusunternehmen.

Aber nun sendet der Bund neue Signale. Wenn sich zeige, dass mit den bisherigen Mitteln eine tierschutzgerechte Haltung nicht abzusichern sei, werde man weitere Optionen prüfen. »Dazu kann in letzter Konsequenz auch ein Verbot bestimmter Wildtiere gehören«, sagt ein Sprecher. [...]

Die Zirkusbranche appelliert dennoch an die Politik, Wildtiere nicht zu verbannen. Bei Vorführungen seien schon aus einem einfachen Grund nur Bewegungen möglich, die in der Natur der Tiere angelegt seien. Und auch Christel Sembach-Krone, Direktorin des größten Anbieters Circus Krone, mahnte: »Ein Wildtierverbot würde wohl auf Dauer das Ende des klassischen Zirkus bedeuten, wie wir ihn lieben und mögen.«

Nach: http://www.welt.de [30.01.2012]

b Nenne das Thema des Artikels und suche eine passende Überschrift.

• Ein Problem erkennen

c Formuliere das erörterte Problem als Entscheidungsfrage.

Ist ein Verbot ...? Sollten ...?

Kontroverse (dialektische) Erörterungen schreiben **27**

- Standpunkte erkennen

3

a Übertrage die Tabelle in dein Heft. Ergänze im Tabellenkopf die beiden Standpunkte, die im Zeitungsartikel genannt werden.

Standpunkt 1: pro (für) …		Standpunkt 2: kontra (gegen) …	
Begründung	Beispiel	Begründung	Beispiel

- Argumente erfassen

b Trage die Argumente (Begründungen + Beispiele), die zur Begründung der beiden Standpunkte angeführt werden, in die Tabelle ein.

- Eigene Argumente finden

c Suche nach weiteren Argumenten. Ergänze damit deine Tabelle.

> **!** Es gibt verschiedene **Arten von Argumenten**:
> - **Faktenargumente**, z. B. eigene Erfahrungen, wissenschaftliche Erkenntnisse, statistische Erhebungen,
> - **Wertargumente**, z. B. Normen, gesellschaftlich anerkannte Werte, wie Freiheit oder das Recht auf Privatsphäre,
> - **Autoritätsargumente**, z. B. Berufung auf Experten.
>
> Nutzt man Fakten oder beruft sich auf Autoritäten, z. B. in Form von direkten und indirekten Zitaten, muss man die Quellen angeben.

→ S. 148 Zitieren

4

a Schreibe Fakten- und Autoritätsargumente aus folgendem Aufruf heraus.

Die Bundestierärztekammer (BTK) fordert ein generelles Verbot von Wildtieren im Zirkus auf Reisen. Eine artgemäße und verhaltensgerechte Wildtierhaltung ist praktisch nicht möglich, da reisende Zirkusse häufig ihren Standort wechseln und Gastspiele mitten in der
5 Stadt durchführen. »Wildtiere sind im Zirkus heute nicht mehr akzeptabel, denn die Erkenntnisse über die Bedürfnisse von Wildtieren haben sich stark erweitert«, betont Prof. Mantel, Präsident der Bundestierärztekammer. »Die Zirkuswagen sind in der Regel klein und in der Manege müssen die Wildtiere ein festgelegtes Bewegungs-
10 programm durchführen. In den temporären Gehegen können die Tiere keine Reviere einrichten, sich also nie ›zu Hause‹ fühlen, auch wenn sie dort mehr Bewegungsfreiheit haben«, erklärt Mantel. »Aus Sicht des Tierschutzes ist ein Verbot von allen Wildtierarten im Zirkus angezeigt.« […] An die Haltung von Wildtieren werden heute

15 hohe Anforderungen gestellt. Das Tierschutzgesetz dient dabei als Grundlage. Dort ist ausdrücklich festgelegt, dass die Unterbringung eines Tieres artgemäß, bei exotischen Wildtieren daher oft klimatisiert, sein muss. Die Ernährung und Gruppenzusammensetzung müssen arttypisch gestaltet und das artgemäße Verhalten muss
20 möglich sein. Diese Vorgaben sind auch in den Gehegen auf Reisen sicherzustellen. [...]
Ausbrüche von Bären, Elefanten und anderen Wildtieren an Gastspielorten belegen ferner die problematischen Sicherheitsvorkehrungen bei temporären Gehegen. [...]
25 Der Zirkus als Kulturgut kann auch ohne Wildtiere erhalten bleiben, wie diverse Unternehmen mit großem Erfolg beweisen.

Presseinformation der Bundestierärztekammer vom 22. April 2010.
Aus: http://www.bundestieraerztekammer.de [30.01.2012]

b Bestimme, welche Art von Argumenten du in die Tabelle von Aufgabe 3 a (S. 27) eingetragen hast.

! Eine **kontroverse (dialektische) Erörterung** sollte folgende **Bestandteile** aufweisen:
- Einleitung: Nennen des Themas, Beschreibung des Problems, Wecken des Interesses der Leserinnen/Leser,
- Hauptteil: Abwägen verschiedener Argumente pro (für) und kontra (gegen) einen Standpunkt zum Problem,
- Schluss: Zusammenfassung des Gesagten, Nennen von Schlussfolgerungen.

Eine Möglichkeit der **Gliederung des Hauptteils** ist die Gegenüberstellung der Argumente **im Block**. Das heißt, man führt zuerst alle Kontra-Argumente und danach alle Pro-Argumente an oder umgekehrt. Ausschlaggebend ist, ob man sich selbst für Pro oder für Kontra entscheidet. Die Argumente für die eigene Position stellt man an das Ende, weil sie so dem Leser besser im Gedächtnis bleiben, z. B.:

Behauptung (These): *Ein Verbot von Wildtieren im Zirkus ist nötig.*
Kontra-Argument 1: *Die Tiere führen nur Bewegungen aus, die in ihrer Natur angelegt sind, wie z. B. ...*
Kontra-Argument 2: *Die Tierhaltung könnte durch strengere Vorgaben verbessert werden, etwa durch ...*
Pro-Argument 1: *Wildtiere verbringen im Zirkus einen Großteil ihres Lebens eingepfercht auf Reisen, z. B. in ...*
Pro-Argument 2: *Sie werden nicht artgerecht gehalten, z. B. ...*

Kontroverse (dialektische) Erörterungen schreiben 29

5

a Beurteile, ob es sich beim Text aus Aufgabe 2a (S. 25) um eine kontroverse (dialektische) Erörterung handelt.

b Bestimme in dem Artikel Einleitung, Hauptteil und Schluss. Gib jeweils Anfang und Ende der Teile an.

Eine kontroverse Erörterung planen

6 Setze dich in einer kontroversen Erörterung selbst mit der Frage »Sollten Wildtiere im Zirkus verboten werden?« auseinander.

• Das Problem und Standpunkte (Thesen) formulieren

a Formuliere die beiden Standpunkte in Form von Behauptungen (Thesen).

Standpunkt 1: Ja, …   *Standpunkt 2: …*

• Argumente notieren und ordnen

→ S. 148 Zitieren

b Notiere Argumente (Begründungen + Beispiele) pro (für) und kontra (gegen) ein Verbot. Nutze deine Vorarbeiten aus den Aufgaben 3 und 4 (S. 27–28). Berücksichtige möglichst alle Arten von Argumenten und gib die verwendeten Quellen exakt an.

Standpunkt 1: pro (für) …	Standpunkt 2: kontra (gegen) …

c Bestimme, welche Arten von Argumenten du genutzt hast.

• Sich eine Meinung bilden

d Entscheide dich jetzt für einen Standpunkt (eine These) und ordne die Argumente im Block nach Kontra und Pro. Lies dazu ggf. noch einmal im Merkkasten auf S. 28 nach.

• Einleitung und Schluss formulieren

e Beschreibe in deiner Einleitung das Problem in ein bis zwei Sätzen.

Einleitung: …

f Formuliere den Schluss der Erörterung. Sprich eine Empfehlung aus.

Schluss:
Nachdem ich das Für und Wider dargestellt habe, …

7

Einen Textentwurf schreiben

a Schreibe einen vollständigen Entwurf deiner kontroversen Erörterung. Nutze dazu die Vorarbeiten aus den vorangegangenen Aufgaben.

b Tragt sprachliche Möglichkeiten der sinnvollen Aneinanderreihung von Argumenten zusammen.

Zuerst muss man festhalten, … Außerdem …

Den Textentwurf überarbeiten

c Überarbeite deinen Entwurf. Achte besonders auf die Anordnung der Argumente und die Satzverknüpfung. Überprüfe alle Quellenangaben.

→ S.138 Satz- und Textgestaltung

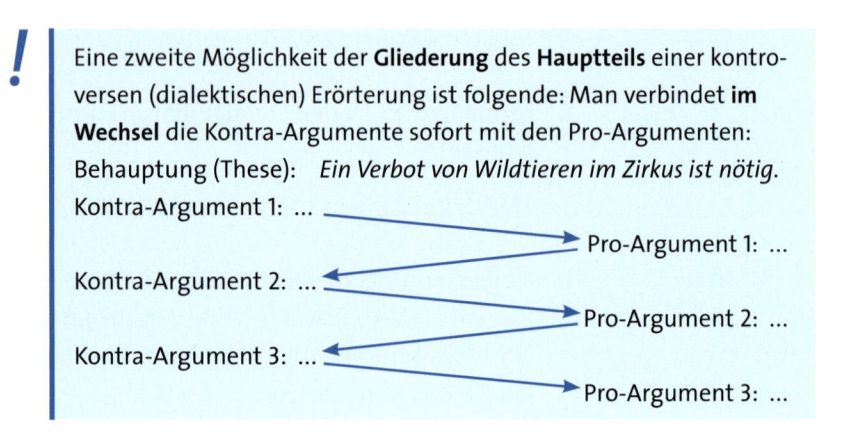

d Schreibe die Endfassung.

> **!** Eine zweite Möglichkeit der **Gliederung** des **Hauptteils** einer kontroversen (dialektischen) Erörterung ist folgende: Man verbindet **im Wechsel** die Kontra-Argumente sofort mit den Pro-Argumenten:
> Behauptung (These):   *Ein Verbot von Wildtieren im Zirkus ist nötig.*
> Kontra-Argument 1: …
> Pro-Argument 1: …
> Kontra-Argument 2: …
> Pro-Argument 2: …
> Kontra-Argument 3: …
> Pro-Argument 3: …

8

a Lies die folgenden Auszüge aus Erörterungen. Schreibe die verwendeten sprachlichen Mittel zur wechselseitigen Gegenüberstellung der Argumente heraus.

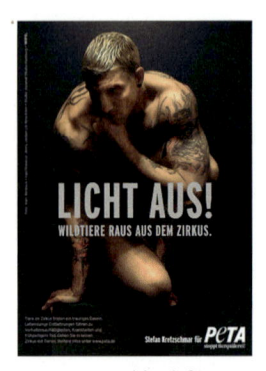

Foto: Marc Rehbeck für PETA

> **Ein Verbot von Wildtieren in Zirkussen ist nötig.**
> Dafür spricht, dass Wildtiere, wie z. B. Löwen, … Dagegen spricht, dass man auch Wildtiere …
> Einerseits ist die Gesundheit …, wie z. B. Tierarzt Dr. …, andererseits hängt das auch von der Haltung der Tiere ab …
> Zwar ist richtig, dass man Wildtiere nicht …, allerdings haben viele Zirkustiere nie in Freiheit gelebt und …
> Während manche meinen, Zirkusse könnten …, meinen andere, deren Existenz sei …
> Zum einen muss mehr an das Wohl der Tiere …, zum anderen haben Menschen seit jeher …

b Tauscht euch über weitere Formulierungsmöglichkeiten zur Gegenüberstellung von Argumenten aus und notiert sie.

Kontroverse (dialektische) Erörterungen schreiben 31

9 Schreibe den Hauptteil deiner kontroversen Erörterung zur Frage »Sollten Wildtiere im Zirkus verboten werden?« noch einmal. Ordne die Pro- und Kontra-Argumente im Wechsel an.

10 Schreibe eine kontroverse Erörterung zur Frage »Sollten Wildtiere im Zoo verboten werden?«. Gehe dabei vor wie in den Aufgaben 6 und 7 (S. 29–30).

11 Schreibe eine kontroverse Erörterung zur Frage »Sollten Filmtiere verboten werden?«. Nutze dazu die Schrittfolge und entscheide dich für eine der beiden Gliederungsmöglichkeiten.

So kannst du eine kontroverse (dialektische) Erörterung schreiben
1. Formuliere das Problem in Form einer Frage.
2. Notiere die unterschiedlichen Standpunkte.
3. Sammle Argumente für und gegen die jeweiligen Standpunkte.
4. Entscheide dich für einen Standpunkt und gib ihn als Behauptung (These) wieder.
5. Notiere Argumente (Begründungen + Beispiele) und ordne die Pro- und Kontra-Argumente entweder im Block oder im Wechsel an.
6. Schreibe einen Entwurf deiner Erörterung (Einleitung, Hauptteil, Schluss).
7. Überarbeite den Entwurf und schreibe die Endfassung der Erörterung.

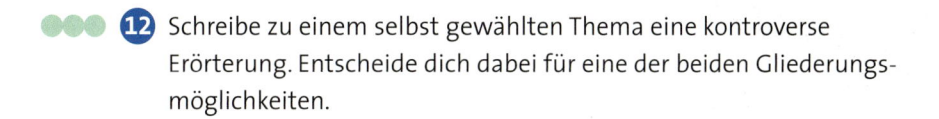

12 Schreibe zu einem selbst gewählten Thema eine kontroverse Erörterung. Entscheide dich dabei für eine der beiden Gliederungsmöglichkeiten.

Was habe ich gelernt?

13 Fasse in einem Merkblatt zusammen, was du über das kontroverse (dialektische) Erörtern weißt.

Aufbau einer kontroversen Erörterung:
– Einleitung: …
– …

Erörterungen in Schreibkonferenzen überarbeiten

> **!** Das gemeinsame **Überarbeiten von Erörterungen** in **Schreibkonferenzen** (in Gruppen) kann besonders hilfreich sein, weil dabei deutlich wird, ob andere die Standpunktbildung und Logik der Argumentation gut nachvollziehen können und welche weiteren Gedanken (Argumente und Gegenargumente) man außerdem noch beachten sollte.

1 Wiederholt mithilfe der Schrittfolge, wie man eine Schreibkonferenz durchführt.

So könnt ihr eine Schreibkonferenz durchführen
1. Bildet Gruppen, richtet eure Arbeitsplätze ein und legt die Arbeitsschritte zum Vorgehen beim Überarbeiten fest.
2. Einigt euch, welcher Textentwurf (evtl. anonym) zuerst gelesen und besprochen werden soll.
3. Lest die Texte und macht euch Notizen dazu.
4. Vergleicht eure Notizen und formuliert Hinweise bzw. Vorschläge für die Autorin / den Autor des Textes.
5. Entscheidet, welche Vorschläge zu euren eigenen Texten ihr berücksichtigen möchtet, und überarbeitet den eigenen Text.

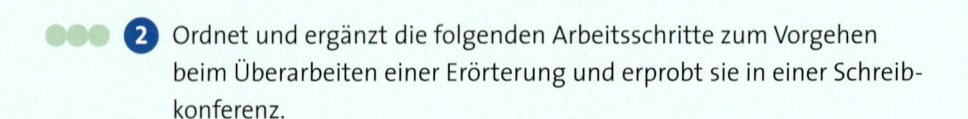

2 Ordnet und ergänzt die folgenden Arbeitsschritte zum Vorgehen beim Überarbeiten einer Erörterung und erprobt sie in einer Schreibkonferenz.

Wortwahl und Satzbau	Rechtschreibung, Zeichensetzung
Schreibaufgabe bedenken	**Inhalt**
Warum soll dieses Problem (diese Frage) erörtert werden?	Ist der Text sinnvoll gegliedert (Einleitung, Hauptteil, Schluss)?
Welche Absicht verfolgt der Text?	Ist die zu erörternde Problemfrage klar formuliert?
Soll eine lineare oder eine kontroverse Erörterung verfasst werden?	Sind die Standpunkte genau formuliert?
An wen richtet sich der Text (wer wird/soll ihn lesen)?	

Erzählen

Geschichten um- und weiterschreiben

> **!** Das **Um- oder Weiterschreiben von Erzählungen** kann sowohl zum besseren Verstehen von Geschichten als auch zur Weiterentwicklung der eigenen Erzählfähigkeiten und Erzählfreude beitragen. Dazu ist es erforderlich, sich gründlich mit dem vorliegenden Text auseinanderzusetzen und den eigenen Text sinnvoll zu planen.
> Beim **Weiterschreiben** von Geschichten sollten sich Inhalt und Sprache möglichst reibungslos an den Beginn anschließen. Die Fortsetzung sollte dem Originaltext in Wortwahl und Satzbau ähneln. Immer muss die Geschichte logisch aufgebaut, einleuchtend und glaubhaft sein.
> **Umschreiben** kann man Geschichten, indem man z.B. den Schluss oder einzelne Ereignisse und Handlungen ändert, innere Monologe oder Tagebucheinträge der Figuren verfasst, neue Figuren einfügt und/oder aus verschiedenen Perspektiven erzählt.

1

a Lies den folgenden Beginn der Erzählung von Lucy.

Im vergangenen Sommer verbrachte ich einen Teil meiner Ferien gemeinsam mit meinen Eltern an der Ostsee. Wir wohnten in einer kleinen Pension nicht weit vom Strand entfernt. Bereits am zweiten Tag lernte ich den Sohn unserer Vermieter kennen. Er war 17 Jahre
5 alt, sah gut aus und war mir nicht unsympathisch. Da es mir langweilig wurde, jeden Tag stundenlang mit meinen Eltern am Strand zu liegen, verbrachte ich immer mehr Zeit mit Jan, so hieß der Junge. An einem sonnigen, aber windigen Nachmittag unserer letzten Urlaubswoche nahm mich Jan mit zum Jachthafen, wo er mir sein
10 Segelboot zeigte und vorführte. So wie es aussah, hatte es schon einige Jahre auf dem Buckel. Auf mich machte es keinen sehr vertrauenerweckenden Eindruck, aber das sagte ich Jan nicht, denn ich wollte ihn nicht vor den Kopf stoßen. Sicher, das Boot war, wie man so sagt, ein Seelenverkäufer, aber die Fahrkünste von Jan beeindruck-
15 ten mich sehr. Als wir den Hafen verlassen hatten, fasste ich Mut und fragte meinen »Kapitän«, ob ich auch einmal das Ruder in die Hand nehmen könnte. Ich hatte vorher noch nie ein Segelboot

34 Erzählen

gesteuert, aber ich hatte große Lust, es zu versuchen. Ohne zu zögern, vertraute mir Jan das Ruder an und erklärte mir die wichtigs-
20 ten Manöver. Für ihn als Küstenbewohner war es selbstverständlich, dass ich segeln konnte, für mich nicht. Als wir eine Weile parallel zum Strand gesegelt waren, sprang Jan plötzlich aus dem Boot und rief mir vom Wasser aus zu: »Lucy, ich schwimme zurück zum Hafen, mal sehen, wer zuerst dort ist.« Ich bekam einen riesigen
25 Schreck und schrie, er solle sofort zurückkommen, aber Jan schien das nicht zu hören, denn er schwamm weiter in Richtung Strand. Ich wurde immer panischer und konnte keinen klaren Gedanken fassen. Was sollte ich nun tun?

b Überlege, ob du die Geschichte gern weiterlesen würdest. Begründe deine Meinung.

c Analysiere die Geschichte genau. Nutze dazu die Fragen aus dem Kapitel *Epische Texte analysieren* (S. 75–78).

2 Untersucht, wie im Text aus Aufgabe 1a Spannung erzeugt wird.

a Wiederholt mithilfe des Merkkastens, welche sprachlichen Mittel dazu genutzt werden können.

> **!** **Sprachliche Mittel** dienen dem interessanten, anschaulichen und spannenden Erzählen. Auch beim Weiterschreiben einer Erzählung sollte man gezielt sprachliche Mittel verwenden, damit das Geschehen für den Leser besonders gut nacherlebbar wird:
> - **treffende Verben**, z. B.: *schreien, fluchen, stottern, zittern,*
> - **anschauliche Adjektive und Nomen/Substantive**, z. B.: *raue See, steife Brise, eiskaltes Wasser, kleiner Jachthafen, altes Segelboot,*
> - **Vergleiche**, z. B.: *kalt wie Eis, heiß wie Feuer, dunkel wie die Nacht,*
> - **wörtliche Rede**, z. B.: *Jan rief: »Lucy, ich schwimme zum Hafen zurück.« Lucy schrie: »Jan, komm sofort zurück! Ich kann nicht segeln.«*
> - **innerer Monolog** (Selbstgespräch), z. B.: *Ich fragte mich, was ich tun sollte. Werde ich es schaffen, an Land zu kommen?*
> - **Fragen stellen**, z. B.: *War das die einzige Möglichkeit, etwas zu tun?*
> - **variable und wirkungsvolle Satzgestaltung**, z. B.: Frage-, Ausrufesätze, richtige Satzgliedstellung, anschauliche Adverbialbestimmungen.

Geschichten um- und weiterschreiben **35**

b Untersucht im Text der Aufgabe 1a (S. 33), welche der im Merkkasten genannten sprachlichen Mittel verwendet wurden.

c Tauscht euch darüber aus, wie man in Erzählungen außerdem Spannung erzeugen kann. Notiert eure Ideen in Stichpunkten.

d Vergleicht eure Ergebnisse mit den Vorschlägen im folgenden Merkkasten.

> **!** Man kann in Erzählungen zusätzliche **Spannung erzeugen**, indem man:
> - wichtige **Informationen zurückhält**, damit der Leser den Wunsch hat, den Ausgang der Geschichte zu erfahren,
> - **Mittel der Zeitgestaltung** gezielt einsetzt: Zeitdehnung, Zeitraffung, Rückblende, Vorausdeutung.

→ S.190 Merkwissen (Erzählen)

e Prüft, ob im Text aus Aufgabe 1a (S. 33) Mittel der Zeitgestaltung verwendet wurden.

3 Die folgenden Sätze enthalten ungeschickte oder fehlerhafte Formulierungen. Verbessere sie.

Achtung, Fehler!

1 Als Tobias seine Retter sah, fielen ihm Tränen in die Augen.
2 Wir konnten nicht aufhören, den Anblick der schönen Pracht anzusehen.
3 In diesem Jahr fuhren wir durch die Städte der Ostsee nach Rerik.
4 Als wir aus der Jugendherberge gekommen sind, schlug uns die frische Winterluft ins Gesicht und unser Herz schlug höher.

Eine Erzählung weiterschreiben
• Die Erzählung planen

4 Schreibe die Erzählung aus Aufgabe 1a (S. 33) weiter.

a Überlege, wie die Erzählung weitergehen könnte. Beantworte dazu folgende Fragen in Stichpunkten.

1 Welche Handlungsschritte sollen zum Schluss führen?
2 Welche Figuren möchtest du noch in den Text aufnehmen? Wie handeln, denken und fühlen die Figuren?
3 Wie soll die Geschichte enden?
4 Wie könnte die Überschrift lauten?

b Erarbeite einen Erzählplan (Handlungsstrahl) für die Fortsetzung der Geschichte nach folgendem Muster. Achte auf eine logische Abfolge.

	Beginn	Handlungs-schritt 1	Handlungs-schritt 2 usw.	Schluss
Ort, Zeit	im Segelboot auf der Ostsee	im Segelboot auf der Ostsee	…	…
Personen	Lucy (Ich-Erzählerin) und Jan	Lucy	…	…
Ereignisse, Gedanken, Gefühle, Stimmungen	segeln in einem wenig vertrauenerweckenden Segelboot; Jan springt von Bord, …	Lucy wird immer kopfloser, …	…	…

- Einen Entwurf schreiben

→ S.38 Eindrücke wiedergeben – Schildern

c Entwirf Textteile für deine Erzählung, z. B.:
- Beschreibe das Segelboot, das Wetter oder eine Figur anschaulich.
- Schildere in einem inneren Monolog, was eine Figur denkt und fühlt.
- Formuliere den Schluss.

d Schreibe nun mithilfe deines Erzählplans (Handlungsstrahls) die Fortsetzung der Erzählung. Achte besonders auf eine treffende, emotionale Wortwahl. Lass einen breiten Rand für Überarbeitungen.

- Den Entwurf überarbeiten

e Überarbeite den Entwurf. Achte besonders darauf, ob du eine logische Handlungsfolge hergestellt, Spannung erzeugt und das Geschehen anschaulich dargestellt hast. Schreibe dann die Endfassung.

Eine Erzählung weiterschreiben

5 Wähle einen der folgenden Geschichtenanfänge aus und schreibe die Erzählung weiter. Gehe dabei so vor wie in Aufgabe 4.

A Ich dachte nur an Tom. »Er ist ein toller Typ, doch leider interessiert er sich nicht für mich«, seufzte ich. Natürlich, als ich auf den Schulhof kam, unterhielt er sich ausgerechnet mit meiner besten Freundin Sarah. Das kann ich nicht länger ertragen! Was soll ich nur tun?

Geschichten um- und weiterschreiben **37**

B Kevin saß vor seinem Computer und chattete im Internet. Plötzlich klingelte es. »Wer kann das sein?«, fragte er sich. Als er die Haustür öffnete, traute er seinen Augen nicht.

C Endlich! Schule aus, Wochenende in Sicht, genug Gründe für Maximilian, bester Laune zu sein. Gleich wollte er noch Freunde treffen, also nur schnell die Schultasche loswerden und wieder weg. Kaum im Haus lief Max blitzschnell die Treppe hoch, öffnete die Wohnungstür und – wie vom Blitz getroffen, blieb er stehen. Er traute seinen Augen nicht: Was war das?

Eine Geschichte umschreiben

6 Schreibe die Geschichte aus Aufgabe 1a (S. 33) um. Erzähle die Geschichte aus der Perspektive von Jan.

- Die Erzählung planen

a Lies die Geschichte noch einmal und notiere in Stichpunkten, wie Jan die Ereignisse erlebt haben und erzählen könnte.

- Den Entwurf schreiben

b Entwirf Textteile der Erzählung.
- Schreibe den Beginn aus Jans Sicht.
- Beschreibe das Boot aus Jans Sicht.
- Erzähle, was Jan dachte und fühlte, als er mit Lucy segelte.
- Erzähle, was Jan dachte und fühlte, als er Lucy allein ließ.
- Erzähle, was Jan hörte, dachte und tat, als er ans Ufer schwamm.

- Den Entwurf überarbeiten

c Schreibe den Entwurf von Jans Erzählung, überarbeite ihn und stelle die Endfassung in der Klasse vor.

7 Ein Rettungsschwimmer beobachtet alles mit dem Fernglas. Führe ihn als neue Figur ein und schreibe die Geschichte aus seiner Sicht um.

8 Schreibe deine Geschichte aus Aufgabe 5 (S. 36) um. Erzähle aus der Perspektive einer anderen Figur.

TIPP
Überlege, wie die Figur den Handlungsablauf verändern könnte.

9 Schreibe deine Geschichte aus Aufgabe 5 (S. 36) um, indem du eine neue Figur einführst oder aus einer anderen Perspektive erzählst.

10 Wähle eine Erzählung aus dem Lesebuch aus und schreibe sie um. Verändere den Handlungsverlauf oder den Schluss.

Eindrücke wiedergeben – Schildern

> **!** Beim **Wiedergeben von Eindrücken (Schildern)** stellt man die Wahrnehmungen, Gedanken, Gefühle und Einstellungen von Personen oder Figuren ausführlich und anschaulich dar. Das Schildern von **Sinneswahrnehmungen** trägt dazu bei, eine Erzählung zu beleben, z. B.:
> *Der Wind pfiff mir um die Ohren. Mir wurde schwarz vor Augen. Meine Hände fühlten sich taub an. Es roch nach Fisch und Tang.*

1 Untersuche, auf welche Weise im folgenden Textauszug Wahrnehmungen, Gedanken und Gefühle geschildert werden.

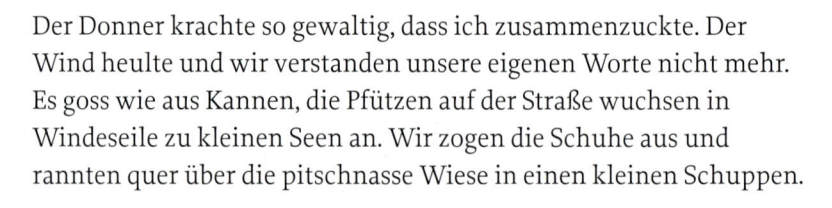

Der Donner krachte so gewaltig, dass ich zusammenzuckte. Der Wind heulte und wir verstanden unsere eigenen Worte nicht mehr. Es goss wie aus Kannen, die Pfützen auf der Straße wuchsen in Windeseile zu kleinen Seen an. Wir zogen die Schuhe aus und rannten quer über die pitschnasse Wiese in einen kleinen Schuppen.

2 Suche aus den von dir geschriebenen Texten aus dem Kapitel *Geschichten um- und weiterschreiben* (S. 33–37) Schilderungen heraus und unterstreiche sie.

3 Cluster können beim Schreiben von Schilderungen helfen.

a Ergänze den Cluster. Wie heißt das Wort in der Mitte?

kalter Schweiß — *Gänsehaut*
?
zitternde Knie — *weit aufgerissene Augen*

b Notiert mithilfe von Clustern Wortgruppen und Wendungen, die die folgenden Empfindungen möglichst genau ausdrücken.

Trauer – Freude – Hass – Liebe – Langeweile – Begeisterung

Eindrücke wiedergeben – Schildern **39**

c Wählt eine der folgenden Situationen aus und schildert dazu eure Empfindungen, Wahrnehmungen, Gedanken und Gefühle.
Nutzt einen Cluster.

schlechtes Wetter – ein Wintertag – die Silvesternacht –
mein Geburtstag – kurz vor der Mathearbeit – mein erster Flug

4 Schildere, wie sich folgende Dinge auf deiner Haut anfühlen.

Fensterscheibe – Kunstseide – Jeansstoff – frische Bettwäsche –
Wolle – Schwamm – Bürste – Kaktus – Brennnessel

Die Fensterscheibe fühlt sich kalt wie Eis an. …

5 Ergänze die Fortsetzung deiner Geschichte aus Aufgabe 1a (S. 33) durch Schilderungen. Überlege, welche Orte und Situationen sich anbieten. Nutze dazu die Schrittfolge.

So kannst du Eindrücke schildern
1. Schließe die Augen und versetze dich in die Situation, die du schildern möchtest.
2. Notiere mögliche Eindrücke und Gefühle.
   – Was sieht man?   – Was riecht man?
   – Was hört man?   – Was fühlt man?
   – Was schmeckt man? – Woran erinnert man sich?
3. Ordne deine Notizen.
4. Schreibe einen Entwurf deiner Schilderung und überarbeite ihn anschließend.
5. Schreibe die Endfassung.

6 Stelle dir vor, du kommst nach einem 10-km-Lauf an einem heißen Sommertag im Ziel an. Schildere deine Gefühle.

40 Erzählen

Bilder als Anregungen nutzen

7 Auch Bilder und Fotos können dazu anregen, dass man seine Gedanken, Eindrücke und Gefühle wiedergeben möchte.

a Sieh dir die Fotos genau an. Gib jedem von ihnen eine Bildunterschrift.

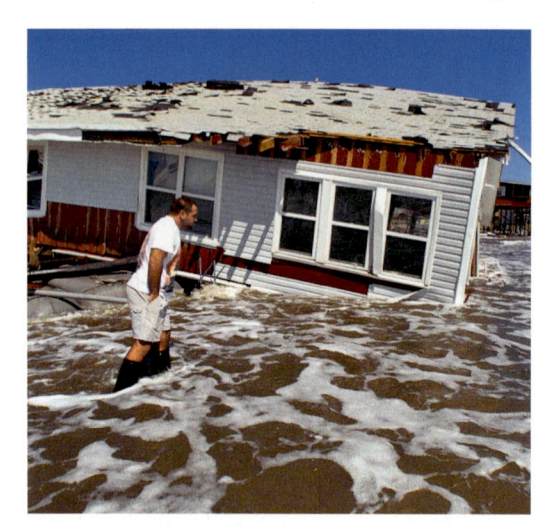

b Schreibe in Stichpunkten auf, welche Gedanken, Eindrücke und Gefühle du beim Betrachten der Fotos hast.

c Vergleicht eure Ergebnisse. Stellt fest, ob sie sich gleichen oder ob es große Unterschiede gibt. Begründet, warum das so ist.

8

a Überlegt, welche Eindrücke, Gedanken und Gefühle Menschen in den Situationen auf den Fotos besonders bewegen könnten. Welche Erwartungen, Hoffnungen, Sorgen und Ängste haben sie vielleicht?

b Versetze dich in die Lage der Personen in diesen Situationen. Schreibe in Form eines inneren Monologs auf, was die Menschen sehen, hören, riechen, schmecken, fühlen und denken könnten.

Was habe ich gelernt?

9 Überprüfe, was du über das Erzählen gelernt hast. Beantworte dazu die folgenden Fragen.

1 Wie kannst du beim Umschreiben einer Erzählung vorgehen?
2 Welche Methode eignet sich zum Planen von Schilderungen?

Kreatives Schreiben

> **!** Beim **kreativen Schreiben** schreibt man aus sich selbst heraus, um Gedanken, Gefühle, Wünsche, Träume oder Hoffnungen festzuhalten oder um sich gestaltend mit ihnen auseinanderzusetzen, z. B. in Form eines Tagebucheintrags, eines Gedichts oder einer Erzählung. Anlässe können anregende Bilder, Texte oder Musik sein, aber auch besondere Situationen, Erlebnisse oder Erinnerungen.

1 Ein Foto kann dazu anregen, dass man seine Gedanken und Gefühle in einem Text darlegen möchte.

a Sieh dir beide Fotos an und wähle das aus, das dich besonders anspricht.

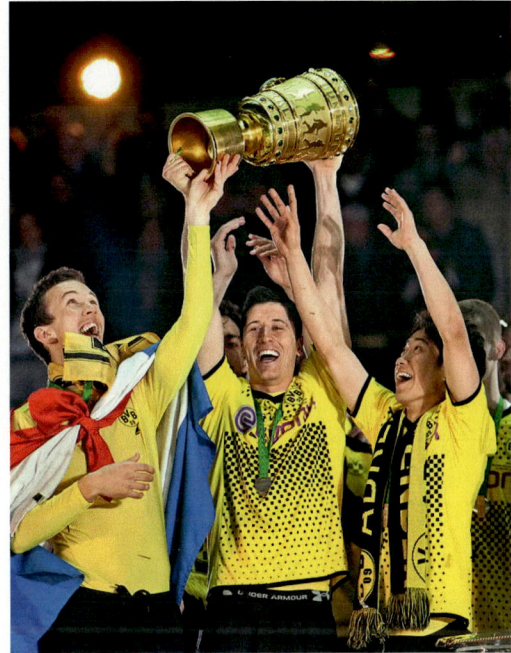

b Notiere alles ungeordnet auf einem Blatt, was dir beim Betrachten des Fotos durch den Kopf geht.

c Wähle aus deinen Notizen diejenigen Gedanken und Gefühle aus, die du in deinem Text nutzen möchtest.

TIPP
Gestalte den Text ganz persönlich, indem du deine geheimsten Gedanken und Gefühle zum Ausdruck bringst.

2

a Überlege, welchen Text du schreiben möchtest: einen Tagebucheintrag, einen Brief an deine Freundin / deinen Freund, eine Erzählung oder ein Gedicht.

b Schreibe einen Entwurf des Textes. Lass einen breiten Rand zum Überarbeiten.

c Überarbeite deinen Text und schreibe die Endfassung. Wenn du möchtest, gestalte den Text auf besondere Weise.

3 Auch Gemälde können zum Schreiben anregen. Stelle dir vor, du gehst in das Bild hinein und sitzt dem Mann gegenüber. Du kommst mit dem Mann ins Gespräch. Schreibe in dein Heft, was er dir erzählt.

Vincent van Gogh: An der Schwelle der Ewigkeit

4 Suche in Büchern, Zeitungen, Zeitschriften oder dem Internet weitere Bilder, die dir gefallen, und schreibe einen eigenen Text dazu.

Beschreiben

Historische Vorgänge verstehen und beschreiben

1
a Tauscht euch darüber aus, wann und in welchen Formen ihr schon Beschreibungen historischer Vorgänge begegnet seid.

b Lies im Merkkasten, was man bei der Beschreibung historischer Vorgänge beachten muss.

> **!** Bei der **Beschreibung historischer Vorgänge** sind die einzelnen Ereignisse, Handlungen und Ergebnisse **sachlich richtig** und **chronologisch** (in der zeitlichen Abfolge) darzustellen. Zusätzliche Hintergrundinformationen, Begründungen und Beispiele helfen dem Leser, historische Zusammenhänge zu erkennen.
> In der Regel formuliert man **sachlich** und verwendet **Fachwortschatz**. Man kann im **Präsens** oder im **Präteritum** schreiben. Sinnvolle **Satz-** und **Textgestaltungsmittel** dienen dem Lesen und Verstehen solcher Fachtexte, wie z.B. Wortwahl, Satzgliedstellung, Absätze.

→ S. 138 Mittel der Verknüpfung von Sätzen und Teilsätzen

Eine Vorgangsbeschreibung untersuchen

2
a Lies Karls Text, in dem er für den Geschichtsunterricht den Verlauf des Ersten Weltkriegs beschreibt.

Der Verlauf des Ersten Weltkriegs (1914–1918)
1914 waren fast alle europäischen Staaten Bündnisse eingegangen, sodass eine einzige Kriegserklärung eine Kettenreaktion von Kriegseintritten auslösen konnte.
Nach der Ermordung des österreichischen Thronfolgers Franz Fer-
5 dinand im Juni 1914 in Sarajevo erklärte Österreich-Ungarn Serbien den Krieg. Russland begann mit der Mobilmachung. Dadurch war Deutschland verpflichtet, am 1. August 1914 Russland den Krieg zu erklären. Einen Tag nach dieser Kriegserklärung überschritten deutsche Soldaten jedoch die Grenze im Westen, um Frankreich in einem
10 Überraschungsangriff zu besiegen (Kriegserklärung am 03.08.1914). Dieser Plan, der bereits 1905 entwickelt worden war, sah vor, die neutralen Länder Luxemburg und Belgien zu besetzen und Frankreich vom Norden aus anzugreifen. Zuerst verlief alles wie vorge-

sehen, deutsche Soldaten hatten Ende September 1914 fast Paris erreicht. Der Bewegungskrieg endete mit der Marneschlacht östlich von Paris. Franzosen und Briten zwangen die Deutschen zu einem teilweisen Rückzug. Im Osten wurde ebenfalls der Krieg eröffnet und Deutschland geriet in den gefürchteten Zweifrontenkrieg.
Die Fronten erstarrten auf beiden Seiten. Der Stellungskrieg hatte begonnen, der zu einer Materialschlacht mit Geschützen, Granaten, Minen, Tanks (Panzern) und Giftgas wurde. Ein Beispiel für die Sinnlosigkeit der Kämpfe war die Schlacht von Verdun, bei der von Februar bis Dezember 1916 ca. 700 000 Soldaten ihr Leben verloren.
In den Stellungskrieg geriet erst Bewegung, als Deutschland am 1. Februar 1917 den uneingeschränkten U-Boot-Krieg wiederaufnahm. Daraufhin erklärten die USA Deutschland am 6. April 1917 den Krieg. Zwei Millionen Soldaten, Waffen, Munition, Lebensmittel und Geräte kamen zur Unterstützung der Entente nach Europa und leiteten die Wende des Krieges ein.
An der Ostfront brachte der Frieden von Brest-Litowsk (03.03.1918) für Deutschland nicht die gedachte militärische Entlastung, da weiterhin Truppen zur Sicherung der Front im Osten verblieben.
Im Westen ging der Krieg weiter. Im Frühjahr 1918 kam es zur Offensive der Entente. In der zweiten Marneschlacht im Juli/August erreichten die Amerikaner und Franzosen den Durchbruch. Der Sieg der Entente war damit nur noch eine Frage der Zeit.
Bereits im Januar 1918 hatten die USA unter Präsident W. Wilson einen Friedensplan entwickelt, der jedoch von den Deutschen abgelehnt worden war. Erst am 11. November 1918 unterzeichneten die Deutschen den Waffenstillstand. Bei den Verhandlungen in Versailles war das Deutsche Reich ausgeschlossen, unterzeichnete jedoch am 28. Juni 1919 den Friedensvertrag.
Nach dem Ersten Weltkrieg waren Millionen Tote zu beklagen, die Kriegsopfer zu versorgen und massenhafte Hungersnöte zu bekämpfen. Viele Regierungen brachen zusammen und Staatsformen veränderten sich. Der Neuanfang begann unter schwierigen Bedingungen.

b Weise mithilfe des Merkkastens die Merkmale einer Beschreibung historischer Vorgänge in diesem Text nach.

c Notiere die Fakten stichpunktartig und ordne sie chronologisch.

d Untersuche, welche Zeitformen verwendet wurden, um die Reihenfolge der Vorgänge zu verdeutlichen. Nenne Beispiele.

Historische Vorgänge verstehen und beschreiben **45**

Eine Vorgangsbeschreibung planen

3 Beschreibe für den Geschichtsunterricht die Veränderung der Lage der deutschen Bevölkerung und ihrer Haltung zum Ersten Weltkrieg.

• Informationen sammeln und ordnen

a Lies folgende Informationen dazu und ordne sie chronologisch.

– anfangs stärkte Krieg das Nationalbewusstsein der Menschen
– Sommer 1914 Begeisterung (Gesang und Jubel auf den Straßen, wenn Soldaten freiwillig in den Kampf marschierten)
– Hoffnung auf rasches Kriegsende schnell vernichtet
– gegen Ende des Kriegs: Klarheit über nicht eingehaltenes Versprechen eines schnellen Kriegsendes, Stimmung kippte
– Kriegsgedichte, Bewunderung für alles Militärische (z. B. Kinder vorzugsweise mit Matrosenanzügen bekleidet)
– immer mehr Erschöpfungserscheinungen bei Soldaten
– ab 1915: hohe Verluste unter Soldaten (Giftgaskrieg)
– Bauern nutzten Nahrungsmittelkrise für Schleichhandel
– 1914–1915 Volk bereit, Krieg mitzufinanzieren (Kriegsanleihen)
– ab 1915: Vorräte rationiert, Lebensmittelkarten eingeführt, Hunger (»Kohlrübenwinter« 1916/1917), Hungerunruhen und Massenstreiks
– fehlende Arbeitskräfte in den Fabriken meist zwangsweise durch Frauen, Kinder und Alte ersetzt (oft 10 bis 14 Stunden Arbeit)
– schon vor dem Krieg: Bereitschaft, Land zu verteidigen
– aus Kriegsbegeisterung entwickelte sich Friedenssehnsucht

Einen Entwurf schreiben und überarbeiten

→ S. 138

b Schreibe den Text. Gehe dabei so vor:
• Formuliere das Thema als Überschrift und entwirf eine Einleitung.
• Schreibe den Entwurf des Hauptteils und den Schluss.
• Überarbeite deinen Entwurf, achte dabei besonders auf die Mittel der Satzverknüpfung und schreibe die Endfassung.

Was habe ich gelernt?

4 Überprüfe, was du über das Beschreiben gelernt hast. Beantworte dazu folgende Fragen.

1 Was musst du beim Beschreiben historischer Vorgänge beachten?
2 Was fällt dir schwer beim Beschreiben?

Berichten und Protokollieren

Exkursionsberichte schreiben

→ S.190 Merkwissen

1

a Tauscht euch darüber aus, wann und in welcher Form euch schon Berichte begegnet sind. Welchen Zweck hatten sie?

b Überlegt, zu welchem Zweck und in welchen Formen man über Exkursionen berichten kann.

c Vergleicht eure Ergebnisse mit dem folgenden Merkkasten.

> **!** **Berichte über Exkursionen** informieren knapp, sachlich und in der richtigen Reihenfolge, z. B. über Betriebsbesichtigungen und Museumsbesuche an Projekttagen. Dabei werden die wichtigsten **W-Fragen** beantwortet. Die Auswahl der Informationen und die Gestaltung des Berichts hängen vom Anlass, Zweck und Empfänger ab. Exkursionsberichte sollten folgende **Gliederungspunkte** enthalten:
> - Aufgabe bzw. Ziel der Exkursion,
> - Verlauf der Exkursion,
> - Einschätzung über Erreichen der Zielstellung der Exkursion.
>
> Bei der sprachlichen Gestaltung ist besonders auf die korrekte Verwendung von **Fachbegriffen** zu achten.

2 Im Rahmen der Berufsorientierung soll für die Schulhomepage ein Bericht über die Exkursion zum Flughafen geschrieben werden. Beurteile, ob der folgende Text die Kriterien eines Berichts erfüllt, und begründe deine Meinung.

Besuch auf dem Flughafen
Am 8. Dezember sind wir – die Klassen 9 a und 9 b – zum Flughafen Rostock-Laage gefahren. Los ging es schon morgens um 7:30 Uhr. Die Busfahrt war sehr lustig und entspannend. Um 9:00 Uhr sind wir dann angekommen und hatten eigentlich einen netten, gut aus-
5 sehenden Mann erwartet, der uns alles zeigt und uns etwas über die Geschichte des Flughafens erzählt. Aber weit gefehlt! Uns begrüßte eine junge Frau, die seit 2003 hier arbeitet. Wirklich begeistert waren wir nicht, dass sie uns herumführte. Doch wir wurden gut

Exkursionsberichte schreiben **47**

informiert über den Werdegang des Flughafens: Baubeginn, Flug-
betrieb, Ausbau, aktuelle Angaben. Besonders interessant fanden wir
auch, wie die Ausbildung zum Piloten erfolgt. Man muss ja in Best-
form sein, und das, solange man fliegt. Abschreckend war für alle die
Kommunikationssprache – Englisch (was wir alle so gut können!).
Dafür muss man wenigstens nicht bis zu seinem 67. Lebensjahr
arbeiten. Unsere nächste Station war der Tower. Von dort aus hatten
wir einen tollen Blick auf den Flughafen. Irgendwie war es ein bisschen wie im Film, wie die Männer dort arbeiten und Funkkontakt zu
den Piloten halten, damit alles unter Kontrolle bleibt.
Ein besonderes Highlight war die Besichtigung des Radarraums.
Es war selbst für technisch völlig Unbegabte interessant zu erfahren,
wie das Radar funktioniert und was man damit alles machen kann.
Den öffentlich zugänglichen Bereich kannten noch nicht alle.
Für die meisten war es jedoch langweilig – einchecken, Gepäck auf-
geben, Sicherheitskontrolle. Lustig war nur, was die Jungen so alles
in ihren Taschen hatten.
Um 18:00 Uhr fielen wir vor der Schule ziemlich erschöpft aus dem
Bus.
Eins haben wir jedoch gesehen und begriffen. Wer einen verantwor-
tungsvollen Beruf, wie Pilot, erlernen möchte, muss etwas dafür tun.

Einen Bericht planen

❸ Schreibe den Text in einen Exkursionsbericht um.

a Notiere in Stichpunkten die Fakten aus dem Text, die man für einen Bericht benötigt. Orientiere dich an den *W*-Fragen.

Wer? die Klassen 9a und 9b
Was? ...

b Vergleicht eure Stichpunkte und korrigiert sie.

Einen Textentwurf schreiben

c Formuliere einen Entwurf des Berichts. Orientiere dich am Merkkasten auf S. 46.

Den Entwurf überarbeiten

d Überarbeite deinen Entwurf. Achte auf die richtige Verwendung der Fachbegriffe und die Vermeidung von Umgangssprache.

e Stellt eure Berichte in der Klasse vor und besprecht, welcher Bericht sich für die Schulhomepage am besten eignet.

Einen Exkursionsbericht schreiben

4 Im Rahmen der Berufsorientierung sollt ihr für die Schulhomepage einen Bericht über den Besuch eines Bauernhofs schreiben.

a Lies die Stichpunkte, die sich Magda während des Besuchs notierte.

- 9:10 Uhr Abfahrt aus Greifswald nach Kemnitz mit dem Linienbus, nach einer Viertelstunde waren wir da, kein Bauernhof zu sehen, 2 km Fußmarsch, furchtbar
- Hund Darko begrüßt uns bei Bäuerin (Frau Kurowski)
- schönes Wetter, draußen Bänke, Hofrundgang
- vom Getreide zum Brot: Mähen, Dreschen (Stroh und Spelze bleiben auf dem Acker)
- Ähren anfassen, unterschiedliche Getreidesorten kennen lernen: Weizen, Gerste, Roggen
- Weizen, Gerste lange Grannen, Roggen robuster
- Weizenähre auseinandernehmen: Trennung Grannen, Korn von Spelz, Korn in Handkaffeemühle mahlen, Mehl – sehr mühsam, schade, Backen ging nicht
- weitere Pflanzen identifizieren: Mais, Zuckerrüben, Kartoffeln, Raps
- Knüppelkuchen am Lagerfeuer, lecker, Jungen toben, benehmen sich wie die Kinder
- Besichtigung der Hallen, Getreide, Trocknungsanlage und Raps
- den Rapsberg erstürmen auch Mädchen, was für ein Spaß
- Maschinenhalle: Traktoren, Mähdrescher, Pflüge, Scheibeneggen, Drillmaschinen, Bagger, Teleskopradlader, Hänger, Tieflader, ...
- Trecker fahren – allgemeine Begeisterung
- zurück wieder latschen, 2 Jungen Treckerfahrt, Fußmarsch war nicht schlimm, Bus 15:20 Uhr nach Greifswald

b Wähle die Informationen für einen Exkursionsbericht aus und ordne sie.

c Formuliere einen Entwurf. Orientiere dich am Merkkasten auf S. 46.

d Überarbeite deinen Entwurf. Achte auf die richtige Verwendung der Fachbegriffe und die Vermeidung von Umgangssprache.

→ S. 64 Sich bewerben

5 Plant eine Klassenexkursion und berichtet darüber. Überlegt z. B., welche Betriebe ihr zur Berufsorientierung besichtigen wollt oder welche Ziele sich bestimmten Themen des Fachunterrichts ergeben könnten.

Exkursionsberichte schreiben **49**

6 Schreibe für das Projekt im Deutschunterricht »Schriftsteller in ihrer Zeit« einen Exkursionsbericht.

Einen Exkursions-
bericht schreiben

a Lies Leas Tagebucheintrag und notiere Stichpunkte für den Bericht. Formuliere anhand dieser Stichpunkte den Exkursionsbericht.

> Donnerstag, 5. Januar
>
> Heute war Exkursionstag: Kennenlernen eines Schriftstellers in seiner Zeit. Nach Halberstadt schleppte uns die Deutschlehrerin, ins Gleimhaus. Der 20-minütige Weg vom Bahnhof bis in die Innenstadt war gar nicht cool, aber was dann kam, war eher abgefahren. »Freundschaftstempel« nannte Gleim seine Hütte. Und schon befanden wir uns im 18. Jahrhundert. Dichter und Denker wie Lessing, Bürger und Klopstock, lud der in sein Haus, unterstützte Freunde, bot ihnen ein Heim – cooler Typ – einfach so. Dann kam die Besichtigung: Bilder (alle seine Besucher hängen als Gemälde in der Ausstellung), Bücher, Möbel, Kostüme. Dann war Ende mit Langeweile, Perücke aufsetzen, ab in den Schreibstuhl und so tun, als wären wir in eine längst vergangene Zeit zurückversetzt. Jetzt hatten wir die Wahl: Papier schöpfen, Briefe schreiben oder Scherenschnitte anfertigen.
>
> Alles, was wir gesehen hatten, konnten wir nun selber machen. Da sich mein Großvater über persönliche Schreiben freut, wollte ich schreiben. Das Postwesen des 18. Jahrhunderts war schon kompliziert und das Schreiben erst! Mit Feder und Tinte jeden Buchstaben aufs Papier malen, ohne zu klecksen – Schriftsteller sein war damals schwer. Aber mit Siegel war der Brief klasse. Jeder hatte etwas gefunden und die weniger Kreativen hatten währenddessen in der Museumskiste gekramt. Zum Schluss durften sich die »Schönsten« noch im Rokokokostüm fotografieren lassen. Tolle Erinnerung!

→ S. 53 Präsentieren

b Informiert in einer kurzen Präsentation über den Schriftsteller Johann Wilhelm Ludwig Gleim.

Was habe ich gelernt?

7 Überprüft, was ihr über Exkursionsberichte gelernt habt. Entwerft ein Muster.

Exkursionen protokollieren

→ S.190
Merkwissen

1
a Wiederholt, welche Protokollformen ihr kennt und was man beim Schreiben beachten muss.

b Überlegt, welche Protokollform sich anbietet, um eine Exkursion zu dokumentieren.

2 Sieh dir das folgende Protokoll an und beurteile, ob es vollständig ist.

**Protokoll der Exkursion nach Weimar
»Auf den Spuren von Goethe und Schiller«**
am 15. Mai 2013, von 8 bis 18 Uhr
Teilnehmer: Klasse 9a der Regelschule Magdala

Ablauf der Exkursion:
1. Fahrt nach Weimar
2. Goethehaus
3. Schillerhaus
4. Fürstengruft (Historischer Friedhof)
5. Rückfahrt nach Magdala

zu 2.: Frauenplan 1: hier hat Goethe fast 50 Jahre gewohnt, Wohnräume Goethes und seiner Frau Christiane, Arbeitszimmer und Bibliothek des Dichters (unverändert erhalten), Empfangs- und Kunstsammlungsräume sowie Hausgarten besichtigt, Zustand in Goethes letzten Lebensjahren rekonstruiert
zu 3.: Schillerstr. 12: Schiller wohnte hier 1802–1805, unter Verwendung originaler Ausstattungsstücke eingerichtet, Arbeitszimmer, Gesellschafts- und Empfangszimmer mit teilweise originalem Inventar, Wohnräume Charlottes und der Kinder besichtigt
zu 4.: Grabstätte des großherzoglichen Hauses von Sachsen-Weimar-Eisenach, letzte Ruhestätte Schillers (1827) und Goethes (1832)

Jakob Heinrich
Protokollant

Exkursionen protokollieren 51

3 Du sollst für den Geschichtsunterricht ein Protokoll des Projekttags im Historisch-Technischen Museum Peenemünde verfassen.

a Lies den Bericht und notiere zum Verlauf der Exkursion Stichpunkte in der richtigen chronologischen (zeitlichen) Reihenfolge.

Am 16. 11. 2013 fuhr die Klasse 9 b mit der Usedomer Bäderbahn nach Peenemünde. Ziel war das Historisch-Technische Museum (HTM) in Peenemünde.
Die Heeresversuchsanstalt Peenemünde war zwischen 1936 und
5   1945 eines der modernsten Technologiezentren der Welt. Die Forschung diente jedoch nur dem Ziel, militärische Überlegenheit zu schaffen. Nur durch den massiven Einsatz von Zwangsarbeitern, KZ-Häftlingen und Kriegsgefangenen waren die Errichtung der Versuchsanstalt und die spätere Massenproduktion der Rakete,
10 die zynisch »Vergeltungswaffe 2« (V2) genannt wurde, in so kurzer Zeit möglich.

Unsere Aufgabe sollte es sein, uns über den Mythos V2 in der Heeresversuchsanstalt zu informieren. Des Weiteren erhielten wir die
15 Möglichkeit, in Gruppenarbeit selbstständig mehr über Zwangsarbeit und Raketenentwicklung zu erfahren.
Um 10:00 Uhr begann der 20-minütige Einführungsvortrag. Im Anschluss daran bega-
20 ben wir uns in das Außengelände, um uns die Modelle der V1 und V2 anzusehen. Dort befanden sich auch Teile einer Abschussrampe im Original und Waggons der damals dort verkehrenden S-Bahn.
Der Rundgang wurde nun im ehemaligen Kraftwerk fortgesetzt.
25 Zuerst erhielten wir in der zweiten Etage einen Überblick über die Ausstellung, die mit dem Traum vom Fliegen begann, dem »Raketenfieber«, die Entwicklung der Technik verfolgte und mit dem »Einschlag«, also der Nutzung der V2, endete. Von besonderem Interesse waren in diesem Zusammenhang die Informationen über Zwangs-
30 arbeit.
Anschließend begaben wir uns in die erste Etage, in der sich Spinde mit Biografien befanden. Alle weiteren Ausstellungen befassten sich mit dem Raketenerbe von Peenemünde. Dies wurde insbesondere durch den Raketenwettstreit der UdSSR und der USA, also das Wett-
35 rüsten im Kalten Krieg, dargestellt.

Nach diesem gemeinsamen Programm teilten wir uns in Gruppen und konnten selbstständig über Zwangsarbeit, die Geschichte der V2 und die Raketenentwicklung im Kalten Krieg recherchieren.
Zum Abschluss hatten wir noch Zeit, allein das Förderband und den »Brecher« im Außengelände zu besichtigen oder einfach einen Videofilm zu sehen.
Um 15:30 Uhr fuhren wir mit der Bahn zurück nach Greifswald.
Wir haben viel Interessantes und Neues erfahren und sind gespannt auf die Arbeitsergebnisse der einzelnen Gruppen.

b Schreibe mithilfe deiner Notizen ein Protokoll der Exkursion. Nutze dazu die Schrittfolge und orientiere dich am Muster aus Aufgabe 2 (S. 50).

So kannst du das Protokoll einer Exkursion schreiben
1. Notiere (während oder möglichst bald nach der Exkursion) Stichpunkte zum Verlauf. Nutze dazu Abkürzungen.
2. Schreibe auf, welches Ziel die Exkursion verfolgte und mit welchem Ergebnis sie endete.
3. Fülle den Kopf des Protokolls aus (Überschrift, Zeit, Ort, Teilnehmer).
4. Schreibe einen ersten Textentwurf.
5. Überarbeite den Entwurf und schreibe die Endfassung.

4 Schreibe auf der Grundlage des Textes aus Aufgabe 2 (S. 46) ein Protokoll dieser Exkursion.

a Lies den Text noch einmal und notiere zum Verlauf der Exkursion Stichpunkte in der richtigen chronologischen (zeitlichen) Reihenfolge.

b Schreibe mithilfe deiner Notizen ein Protokoll der Exkursion. Nutze das Muster aus Aufgabe 2 (S. 50).

5 Schreibe für den Fachunterricht ein Protokoll einer Exkursion. Achte darauf, dass du kurz, sachlich und genau informierst.

Was habe ich gelernt?

6 Überprüft, was ihr über Exkursionsprotokolle gelernt habt. Entwerft ein Muster eines Exkursionsprotokolls.

Präsentieren

1 Im Unterricht steht das Drama »Kabale und Liebe« von Friedrich Schiller auf dem Plan. Die Schülerinnen/Schüler sollen in Vorbereitung darauf in einer Präsentation Schillers Biografie vorstellen.

a Überprüft, was ihr bereits über das Präsentieren wisst. Notiert dazu Begriffe, die euch einfallen, auf vorbereitete kleine Zettel.

Gliederung — *Fotos* — *Feedback*

b Klärt nun gemeinsam, welche Rolle die folgenden Begriffe beim Präsentieren spielen.

Diagramm – Zeitstrahl – Musik – Landkarte

c Ergänzt die Schrittfolge für die Vorbereitung und Gestaltung einer Präsentation durch Arbeitsschritte und Hinweise zum Vorgehen. Nutzt dazu die vorgegebene Tabelle.

1. Vorbereitung	2. Präsentation	3. Auswertung
Thema analysieren …	Gliederung beachten: …	Feedback anhören

d Präsentiert eure Schrittfolge der Klasse.

Das Thema durchdenken

→ S. 71 So kannst du Informationen recherchieren

2 Bereite eine Präsentation zu Schillers Biografie vor.

a Lies in Aufgabe 1 noch einmal, welches Unterrichtsthema mit der Präsentation vorbereitet werden soll. Recherchiere, wann das genannte Drama entstanden ist, und überlege, welche Auswirkungen das auf deine Präsentation haben sollte.

b Plane dein Vorgehen. Nutze dabei die Schrittfolge aus Aufgabe 1c.

54 Präsentieren

Informationen sammeln

c Lies die Informationen zur Biografie des Dichters. Entscheide, welche Aspekte in der Präsentation erwähnt werden müssen.

- 10.11.1759 in Marbach am Neckar geboren
- Vater: Arzt und Offizier im Dienste des Herzogs von Württemberg
- Mutter: Tochter eines Gastwirts
- 1764 bis 1773 Schulzeit in Lorch und Ludwigsburg
- 1773 bis 1780 Zeit an der späteren Karlsschule
- 1780 bis 1782 Regimentsarzt in Stuttgart
- 1782 »Die Räuber«, Flucht nach Mannheim, weiter über Frankfurt nach Bauerbach
- 1783 bis 1784 Theaterdichter in Mannheim, »Kabale und Liebe«
- 1785 Übersiedlung nach Leipzig-Gohlis, Freundschaft mit Körner
- 1788 als Geschichtsprofessor nach Jena berufen
- 1790 Heirat mit Charlotte von Lengefeld
- 1791 ernste Erkrankung, an der er den Rest seines Lebens leidet
- 1793 Geburt seines Sohnes
- 1797 Balladenjahr (Zusammenarbeit mit Goethe)
- 1799 Umzug nach Weimar, Arbeitsfreundschaft mit Goethe
- 1800 Uraufführung des Dramas »Maria Stuart« in Weimar
- 1805 Tod in Weimar

d Wähle die Aspekte aus, zu denen du noch weitere Informationen recherchieren möchtest.

Die Präsentation gliedern

Diagramm *Film* *Collage* *Plakat*

3 Es gibt viele Möglichkeiten, die Präsentation zu strukturieren.

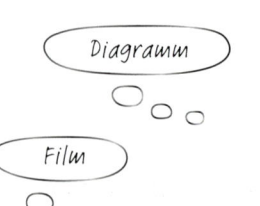

a Diskutiert, welche der vorgeschlagenen Formen der Gliederung ihr wählen würdet.

1 ausgehend von den Daten bzw. einem Zeitstrahl
2 ausgehend von den genannten Orten bzw. einer Landkarte

b Überlegt, welche Medien ihr an welcher Stelle einsetzen wollt.

c Entwerft eine Gliederung eurer Präsentation.

Zitate in einer Präsentation verwenden

> ! Eine Möglichkeit, den **Vortrag** lebendig und authentisch zu gestalten, besteht darin, aus den Werken, den Briefen oder Tagebüchern des Autors zu **zitieren**. Dazu wählt man eine aussagekräftige Textstelle aus und fügt sie in den Vortragstext ein.

4

a Lies den Brief Schillers an seinen Freund Streicher, den er während seiner Flucht in Bauerbach bei Frau von Wolzogen schrieb.

> Bauerbach, 8. Dezbr. 1782
> Liebster Freund! Endlich bin ich hier, glücklich und vergnügt, dass ich einmal am Ufer bin. Ich traf alles noch über meine Wünsche; keine Bedürfnisse ängstigen mich mehr, kein Querstrich von außen soll meine dichterischen Träume, meine idealischen Täuschungen stören. Das Haus meiner Wolzogen ist ein recht hübsches Gebäude, wo ich die Stadt gar nicht vermisse. Ich habe alle Bequemlichkeit, Kost, Bedienung, Wäsche, Feuerung, …
> *Aus: Friedländer, Paul (Hrsg.): Schiller. Ein Lesebuch für unsere Zeit. Berlin, Weimar: Aufbau, 1983, S. 91.*

→ S. 148 Zitieren

b Lies im Merkkasten, wie man Zitate in eine Präsentation einbaut.

> ! Beim **direkten (wörtlichen) Zitieren** kann das Zitat so eingefügt werden, z. B.:
> *In Bauerbach kam Schiller zur Ruhe. So schrieb er im Dezember 1782 an seinen Freund – ich zitiere – »Ich traf alles noch über meine Wünsche; keine Bedürfnisse ängstigen mich mehr, …« – Ende des Zitats.*
> Eine genauere Quellenangabe ist beim mündlichen Vortrag nicht erforderlich. In den Aufzeichnungen aber sollte man die Quelle notieren, z. B.:
> *Aus: Friedländer, Paul (Hrsg.): Schiller. Ein Lesebuch für unsere Zeit. Berlin, Weimar: Aufbau, 1983, S. 91.*
> Beim **indirekten (nicht wörtlichen) Zitieren** nutzt man den Konjunktiv I, z. B.:
> *In Bauerbach kam Schiller zur Ruhe. So schrieb er im Dezember 1782 an seinen Freund, dass alles seine Wünsche übertreffe, dass keine Bedürfnisse ihn mehr ängstigen. (Vgl. Friedländer, Paul (Hrsg.): Schiller. Ein Lesebuch für unsere Zeit. Berlin, Weimar: Aufbau, 1983, S. 91.)*

→ S. 111 Die Modusformen des Verbs

5 Ergänze folgende Sätze sinnvoll durch direkte oder indirekte Zitate aus Schillers Brief (Aufgabe 4a).

1 In seinem Brief schwärmte Schiller von der Gastfreundschaft.
2 Wie froh Schiller über die Unterkunft war, zeigt sich in seinem Brief.

6
a Lies den Textauszug über die Karlsschule und überlege, welche Informationen du in welcher Form in deinen Vortrag aufnehmen könntest.

Der Tag begann ganz wie in einer Kaserne. Um 5 Uhr im Sommer, um 6 Uhr im Winter wurde geweckt – schleuniges Aufstehen, eiliges Waschen, Ankleiden und Frisieren, [...] Bettenbau – eine Stunde nach dem Wecken Rapport[1], Morgengebet und Frühstück, das nach der Gewohnheit der Zeit aus einer gebrannten Mehlsuppe bestand. Ab 7 Uhr, im Winter 8 Uhr, war Unterricht bis 11 Uhr. Es folgte eine Art Putz- und Flickstunde, um die Uniform in untadeliger Ordnung zu halten, dann Rapport, den sehr oft der Herzog persönlich vornahm [...]; darauf in militärischer Ordnung Einzug in den Speisesaal. Das anständige Mittagessen – jedem Zögling stand täglich ein halbes Pfund Fleisch zu – musste eher klösterlicher Gewohnheit als Kasernenbrauch entsprechend schweigend eingenommen werden; [...]. Nach dem Essen ein Spaziergang, bei schlechtem Wetter Exerzieren unterm Dach. Dann wieder Unterricht bis halb sieben Uhr, danach eine Erholungsstunde, dann das ziemlich reichhaltige Nachtessen, zu dem aber nur Wasser getrunken wurde. Bald darauf ging man zur Ruhe, um neun musste alles in den Betten sein.

Lahnstein, Peter: Schillers Leben.
München: Paul List, 1981, S. 47f.

[1] Bericht, Meldung

b Erkläre, wie du Schillers folgende Aussage über die Karlsschule verstehst. Verwende diese Aussage oder einen Teil davon als Zitat.

»Acht Jahre rang mein Enthusiasmus mit der militärischen Regel, aber Leidenschaft für die Dichtung ist feurig und stark wie die erste Liebe. Was sie ersticken sollte, facht sie an.«

Schiller, Friedrich: Ankündigung der Rheinischen Thalia.
Aus: Sämtliche Werke. Band 5. München: Hanser, 1962, S. 855.

Präsentieren **57**

Die Sprechweise üben

7

a Trage eines der folgenden Schiller-Zitate in der Gruppe vor. Erkläre anschließend, was es bedeuten könnte und warum es dir gefällt.

1 »Der brave Mann denkt an sich selbst zuletzt.« (Schiller, Friedrich: Wilhelm Tell. Ditzingen: Reclam, 2004, S. 10.)
2 »Es kann der Frömmste nicht im Frieden bleiben, Wenn es dem bösen Nachbar nicht gefällt.« (Ebd.[1], S. 102.)
3 »Verbunden werden auch die Schwachen mächtig.« (Ebd., S. 21.)

[1] Ebenda (in derselben Quelle)

b Tragt die Zitate nun besonders betont vor.

TIPP
Sprecht z. B. sehr deutlich, langsam, laut oder leise und setzt Pausen bewusst ein.

c Betont bei jedem Sprechen des folgenden Satzes ein anderes Satzglied. Überlegt, welche Wirkung das erzielt.

Schiller floh vor Herzog Carl Eugen nach Mannheim.

> **!** Mit einer **rhetorischen Frage** kann man Leser/Zuhörer direkt ansprechen und zum Mitdenken auffordern. Die rhetorische Frage betont eine Aussage besonders, der Vortragende erwartet keine Antwort, z. B.: *Hat Schiller hier nicht wirklich Mut bewiesen?*

8 Formuliere rhetorische Fragen und überlege, an welchen Stellen deiner Präsentation du diese nutzen kannst.

9 Trage deine Präsentation zur Biografie Schillers in der Klasse vor.

10 Gestalte eine Präsentation über die Biografie Schillers ab 1785.

TIPP
Nutze dein Wissen aus Klasse 8.

11 Gestalte eine Präsentation über die Epoche des Sturm und Drang.

12 Gestalte eine Präsentation zum zeitgeschichtlichen Hintergrund der Epoche des Sturm und Drang (1765–1785).

Was habe ich gelernt?

13 Überprüfe, was du über das Präsentieren gelernt hast. Gestalte ein Plakat mit der Schrittfolge, wie man eine Präsentation vorbereitet.

Handouts erstellen

! Ein **Handout** (engl. *hand-out* – Thesenpapier, Arbeitsblatt) ist eine Zusammenfassung des Inhalts der Präsentation für die Zuhörer. Es unterstützt den Kurzvortrag, indem es die wichtigsten Informationen über das Thema in zusammengefasster, verkürzter Form aufführt. Ausgewähltes Text- oder Bildmaterial kann ebenfalls enthalten sein. Die Zuhörer können so dem Kurzvortrag besser folgen und die gebotenen Informationen bei Bedarf später nutzen.

1 Sieh dir das Muster eines Handouts an.

a Prüft, welche Angaben ein Handout unbedingt enthalten sollte.

(Name, Vorname der Verfasserin / des Verfassers)
(Ort, Datum)

Thema des Kurzvortrags: …

Gliederung
1.1 …
1.2 …

Quellenverzeichnis
- Nachschlagewerke:
  – …
- Internet:
  – …

b Gestalte ein Handout für deine Präsentation zu Schillers Biografie. Prüfe, ob du auch Bild- und Textmaterial aufnimmst.

c Überlege, ob das Papier vor, während oder nach der Präsentation ausgegeben werden soll. Begründe deine Entscheidung.

Aktiv zuhören und mitschreiben

> **!** **Aktives Zuhören** dient dem aufmerksamen und genauen Zuhören und dem besseren Verstehen. Dazu sollte man:
> - sich auf das Zuhören vorbereiten,
> - die Vortragende / den Vortragenden ansehen,
> - Rückmeldungen geben (nicken, Kopf schütteln, Stirn runzeln usw.),
> - alles Wichtige, besonders Interessante oder Unklare mitschreiben,
> - ggf. nachfragen.

1

a Besprecht, in welchen Situationen und warum euch das Zuhören schwerfällt, und überlegt, wie man das Zuhören trainieren kann.

b Tauscht euch darüber aus, ob Mitschreiben das Zuhören vereinfacht oder erschwert. Begründet eure Meinungen. Tragt zusammen, in welchen Situationen man unbedingt mitschreiben sollte.

> **!** Das **Mitschreiben** dient dem aktiven Zuhören und/oder dem gezielten schriftlichen Festhalten von Gehörtem in Abhängigkeit von einem besonderen Interesse an bestimmten Informationen oder einer speziellen Höraufgabe. Dabei kommt es darauf an,
> - sich auf das Mitschreiben vorzubereiten,
> - konzentriert und gezielt zuzuhören,
> - Wesentliches von Unwesentlichem zu unterscheiden,
> - Aussagen schnell und genau zusammenzufassen.
>
> Um schnell mitschreiben zu können, sollte man:
> - **Stichpunkte** formulieren, z. B.: *Schiller in Weimar, ab 1791 krank*,
> - **Abkürzungen** verwenden, z. B.: *u., ca., usw.*,
> - nichtsprachliche **Zeichen** und **Markierungen** nutzen, wie Pfeile, Gedankenstriche, Nummerierungen, Aufzählungszeichen.

c Besprecht, wie man sich richtig auf das Mitschreiben vorbereitet.

2 Übt das Mitschreiben. Eine/Einer hält in der Gruppe z. B. einen kurzen Vortrag zum Thema »Richtig zuhören und mitschreiben«, die anderen schreiben mit. Wiederholt das Vorgehen mit anderen Methodenseiten.

Mitteilungen verfassen

1 Tragt zusammen, aus welchen Anlässen ihr Briefe oder Mails verfasst habt. Unterscheidet zwischen offiziellen und privaten Schreiben.

2 Lies den Merkkasten und erkläre, warum es sinnvoll ist, Regeln des Briefverkehrs zu beachten.

> **!** Wer einen **Brief** oder eine **E-Mail** versendet, möchte damit etwas erreichen: sich informieren, sich entschuldigen, sich beschweren, sich bedanken oder für sich werben. Um die verfolgte Absicht zu erreichen, sollte man bestimmte **Regeln** einhalten. So sollte das Anschreiben gut lesbar, übersichtlich, verständlich und höflich formuliert sein, d.h., es sollte **situations- und adressatengerecht** sein.

→ S.190 Merkwissen (Mitteilungen verfassen)

3

a Wiederhole, was du über den Aufbau und die Gestaltung offizieller Briefe bereits weißt. Erkläre kurz die Unterschiede zur E-Mail.

b Lies die folgende E-Mail und erläutere, warum sie eher offiziellen Charakter hat.

Von:	T. Schuster@internet.de
An:	Kollmann-Schlosshof@mail.de
Betreff:	Betreff: Verschiebung des Vorstellungsgesprächs

Sehr geehrte Frau Kollmann,
leider muss ich den für morgen geplanten Gesprächstermin absagen, da ich krank bin. Ich bitte Sie, dies zu entschuldigen. Es würde mich sehr freuen, wenn Sie mir in der nächsten Woche einen Ausweichtermin anbieten könnten.
Mit freundlichen Grüßen
Tanja Schuster

c Beurteile, ob die Verfasserin der Mail mit ihrer Mitteilung Erfolg haben kann.

> **!** Ein **Entschuldigungsschreiben** sollte sehr höflich abgefasst sein, um so den Respekt vor dem Adressaten auszudrücken und Verständnis zu gewinnen. Es sollte auf jeden Fall einen Grund für das zu entschuldigende Verhalten und die Bitte um Entschuldigung beinhalten. Wichtig ist auch das Einhalten bestimmter Fristen.

4

a Du kannst nicht am Bewerbungstest teilnehmen, deine Klasse ist zu dieser Zeit auf Exkursion. Verfasse einen Entschuldigungsbrief.

b Überprüfe dein Schreiben mithilfe der folgenden Checkliste.

Äußere Form
- ☑ *sauberes, weißes DIN-A4-Papier*
- ☑ *Schrift u. Schriftgröße (z. B. Arial, 11/12 pt)*
- ☐ *ausreichend frankierter Umschlag*

Form des Schreibens
- ☐ *Absender/Adressat links oben*
- ☐ *Datum rechts oben*
- ☐ *Betreffzeile*
- ☐ *Anrede durch Komma abgetrennt*
- ☐ *Text durch Absätze gegliedert*
- ☐ *Grußformel u. handschriftliche Unterschrift*
- ☐ *Großschreibung höflicher Anredepronomen*
- ☐ *korrekte Rechtschreibung u. Zeichensetzung*

Inhalt, Wortwahl, Satzbau
- ☐ *Absender/Adresse korrekt u. vollständig*
- ☐ *Betreffzeile kurz und aussagekräftig*
- ☐ *angemessene Anrede und Grußformel*
- ☐ *sinnvolle Gliederung*
- ☐ *Anliegen klar u. verständlich formuliert*
- ☐ *angemessene Wortwahl*
- ☐ *richtiger Satzbau, sinnvolle Satzverbindungen*

c Du kannst aus schulischen Gründen nicht morgens um neun Uhr zum Vorstellungsgespräch erscheinen. Bitte um einen Nachmittagstermin. Entschuldige dich per E-Mail.

Mitteilungen verfassen

> **!** Mithilfe einer **Anfrage** bittet man um Informationen, die Zusendung von Materialien, wie Formularen oder Katalogen, oder um die Erteilung von Auskünften. Dies kann per E-Mail oder mit einem Brief geschehen. Behörden verlangen oftmals eine schriftliche Anfrage. Man sollte sich beim Erstellen einer Anfrage am offiziellen Brief orientieren.

5 Du hast den Auftrag, für deine Klasse eine Firmenbesichtigung zu organisieren. Verfasse eine schriftliche Anfrage an eine ortsansässige Firma mit der Bitte um eine Betriebsbesichtigung für deine Klasse.

6 Die folgenden Sätze aus Anfragen weisen Ausdrucks- und Rechtschreibfehler auf. Schreibe sie richtig in dein Heft.

Achtung, Fehler!

1. Wir möchten uns gern Ihre Firma ansehen und ein bisschen rumschnuppern.
2. Unsere Gruppe besteht aus 26 Leuten, 12 Mädchen, 13 Jungen und ein Lehrer.
3. Wir hoffen, wir kriegen einen Termin bei Ihnen.
4. Da wir uns sehr für Klassenfahrten interessieren, wäre es sehr schön, wenn es Ihnen möglich wäre, uns auf dem Postweg einige Kataloge zuzusenden.
5. Deshalb wenden wir uns mit der Anfrage an sie, ob es ihnen möglich ist, im Juni auf unserem Schulfest aufzutreten.

7 Richte eine E-Mail-Anfrage nach Katalogen für Klassenfahrten an ein Reiseunternehmen.

8 Ihr wollt eine Exkursion in die Landeshauptstadt machen. Frage in einem ortsansässigen Busunternehmen nach Angeboten für die Fahrt dorthin. Entscheide selbst, ob du per E-Mail oder per Brief anfragst.

9 Frage bei unterschiedlichen Firmen in der Region, die in deinem Wunschberuf ausbilden, nach Informationen zum Bewerbungsverfahren. Entscheide selbst, ob du per E-Mail oder per Brief anfragst.

Mitteilungen verfassen **63**

10 Danksagungen spielen sowohl im privaten als auch im schulischen oder beruflichen Leben eine Rolle.

a Überlegt, zu welchen Anlässen Dankschreiben verfasst werden und in welcher Form sie gestaltet sein können.

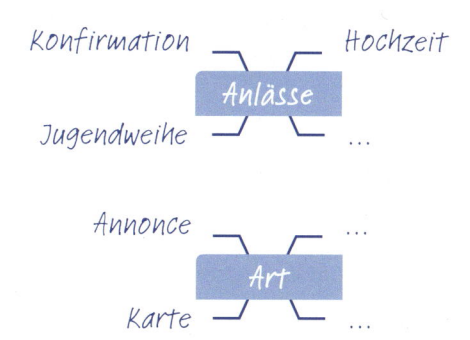

Konfirmation — Hochzeit
Anlässe
Jugendweihe — ...

Annonce — ...
Art
Karte — ...

> **!** Indem man sich schriftlich bedankt, pflegt man auf höfliche und freundliche Weise Beziehungen, denn der Adressat freut sich über das Schreiben. Ein **Dankschreiben** sollte je nach Art, Empfänger und Anlass gestaltet sein. Man kann noch einmal auf den Anlass eingehen und erklären, was besonders gut gefallen hat.
> Private Dankeschön-Karten können handschriftlich verfasst werden. Das wirkt persönlicher und wertschätzender.

b Verfasse eine Danksagung, mit der du dich bei der Nachbarin für ihre Glückwünsche zum Mopedführerschein oder ihre Unterstützung bei der Suche nach einem Praktikumsplatz bedankst.

c Entwirf ein Dankschreiben an die freiwillige Feuerwehr, die euer Schulhoffest unterstützt hat. Orientiere dich an einem offiziellen Brief.

Was habe ich gelernt?

11 Überprüft, was ihr über private und offizielle Schreiben gelernt habt. Gestaltet einen offiziellen Musterbrief, aus dem alle formalen Anforderungen ersichtlich sind.

Sich bewerben

Wunschberufe finden

1 Um eine Entscheidung über die berufliche Zukunft treffen zu können, braucht man umfangreiche Informationen.

→ http://www.planet-beruf.de
→ http://berufenet.arbeitsagentur.de/berufe/

a Stelle eine Mappe mit den Informationen zusammen, die für dich zutreffen. Nutze dazu diese drei Säulen.

eigene Stärken und Interessen	Wege nach der Schule	Informationen zu Berufsbildern
• Welche körperlichen, geistigen oder sozialen Fähigkeiten besitze ich? • Wo liegen meine Interessen? • Welche Ziele verfolge ich beruflich?	• Berufsausbildung • weiterführende Schule • Freiwilliges Soziales Jahr (FSJ) • Freiwilliges Ökologisches Jahr (FÖJ) • Bundesfreiwilligendienst (BFD)	• genaue Informationen zu Ausbildungsberufen im Berufsinformationszentrum (BiZ) der Agentur für Arbeit und im Internet

b Schätze dich selbst ein. Übertrage die Tabelle in dein Heft und ergänze sie.

Selbsteinschätzung	Wobei entdeckt? Wie trainiert?
Meine Stärken • … • …	… …
Meine Interessen • … • …	… …

c Bitte Eltern, Freunde, Lehrer oder Berufsberater um eine Fremdeinschätzung. Vergleiche sie mit deiner Selbsteinschätzung.

Wunschberufe finden

2 Wähle einen Beruf, der zu dir passt.

a Überlege, in welchen Berufen deine Stärken und Interessen gebraucht werden.

→ http://www.
planet-beruf.de
→ Schüler
→ Orientieren
→ BERUFE-
Universum

b Prüfe im Internet nach, ob deine Überlegungen richtig sind.

3 Du hast deinen Wunschberuf gefunden und suchst nach einer Ausbildungsstelle. Lies den Merkkasten und suche Beispiele für die einzelnen Informationsmöglichkeiten. Bedenke ihre Vor- und Nachteile.

> **!** Bei der Suche nach einem Ausbildungsplatz muss man möglichst viele Angebote zur Informationsgewinnung nutzen:
> - **Annoncen** in Zeitungen: Stellenanzeigen von Firmen,
> - **Agentur für Arbeit**: Informationen und Beratungsgespräche zu Berufen, Ausbildungswegen, Alternativen und freien Ausbildungsplätzen,
> - **Webseite eines Unternehmens**: Informationen zu Ausbildungsberufen und freien Ausbildungsplätzen,
> - **Ausbildungsmessen**: Informationen zu unterschiedlichen Branchen und Unternehmen sowie Angaben zur Ausbildungssituation.

4

a Lies die folgenden Stellenanzeigen (S. 65–66) und überlege, wie man überprüfen kann, ob es sich um ein ernsthaftes Angebot handelt.

DAMMSCHUH bildet aus
im Großraum Thüringen, ab August 2014

Was Sie wissen sollten
Sie möchten eine fundierte Ausbildung als Fachverkäufer(-in) Schuhe. Sie suchen eine Firma, die nach der Ausbildung interessante Perspektiven in Filialen in ganz Deutschland bietet. Sie haben große Lust, Neues zu lernen, und Schuhe haben es Ihnen angetan.

Was wir Ihnen bieten können
Bei uns lernen Sie auch in der Praxis viel, zusätzlich zum Berufsschulunterricht. Auch als Azubi bekommen Sie neben der tariflichen Ausbildungsvergütung Weihnachts- und Urlaubsgeld. Wenn Sie sich gern engagieren und Spaß am Verkaufen haben, nehmen wir Sie gern in unser erfolgreiches Team auf.

Senden Sie die vollständigen Bewerbungsunterlagen an:
Dammschuh, Johannesgasse 12, 99116 Erfurt.

Servicefachkraft für Dialogmarketing (m/w) in Rostock

Beschreibung/Anforderungen:
- sehr guter Hauptschulabschluss oder Mittlere Reife (Realschulabschluss)
- gute Mathematik- und Englischkenntnisse
- Interesse an Datenverarbeitung
- Begeisterung für Mobilfunk und Computertechnik
- Überzeugungs- und Begeisterungsfähigkeit

Du willst die mobile Zukunft bereichern und neue Ideen verfolgen? Dann freuen wir uns auf deine Bewerbung! Wir bieten hervorragende Perspektiven.
Bewerbungen von schwerbehinderten Menschen sind ausdrücklich erwünscht.

Ausbildungsort:	Rostock
Ausbildungsbeginn:	01. August 2014
Bewerbungsadresse:	Telefon HRO GmbH, Sandstrandstr. 12, 18055 Rostock
Bewerbungsart:	online unter http://www.telefon-hro.de
Bewerbungsunterlagen:	tabellarischer Lebenslauf, Kopien der letzten drei Zeugnisse, Praktikumsnachweise, sonstige Qualifikationsnachweise

Azubi für ZAP in Weimar gesucht.

Voraussetzung: Guter Schulabschluss und gute Umgangsformen, mögl. volljährig. Tel. (0 36 43) 75 30 87

b Lege eine Tabelle an und trage die Antworten zu folgenden Vorgaben aus der Stellenanzeige von *Dammschuh* aus Aufgabe a ein.

  1 Name und Adresse, eventuell Ansprechpartner(-in)
  2 Angaben des Unternehmens über sich selbst
  3 Was bietet das Unternehmen?
  4 Bezeichnung des Ausbildungsberufs
  5 Tätigkeiten bzw. Aufgaben der/des Auszubildenden
  6 Anforderungen, die Bewerber(-innen) erfüllen müssen
  7 Fähigkeiten, die von Vorteil sind
  8 Art der Bewerbung (Post, E-Mail, online über die Webseite)

c Wähle eine der beiden anderen Stellenanzeigen aus und lege eine Tabelle nach dem Muster in Aufgabe b an. Ergänze die Tabelle.

d Suche selbst eine dich interessierende Stellenanzeige und analysiere sie nach dem Muster in Aufgabe b.

Bewerbungen schreiben

> **!** Zu den Unterlagen in einer Bewerbungsmappe gehören ein **Bewerbungsschreiben** und ein **tabellarischer Lebenslauf** sowie Anlagen. Das **Bewerbungsschreiben** liegt oben und sollte Folgendes enthalten:
> - Bewerbungssatz,
> - Vorstellung der eigenen Person,
> - Gründe für die Bewerbung,
> - Bitte um persönliches Gespräch.

1 Überprüfe, ob Lisas Schreiben den Anforderungen entspricht.

Lisa Muster   Musterhausen, 02. Oktober 2013
Musterstr. 12
01234 Musterhausen
Tel. (01 23) 43 53 63

Dammschuh
Personalabteilung
Johannesgasse 12
99116 Erfurt

Bewerbung um einen Ausbildungsplatz als Fachverkäufer(-in)

Sehr geehrte Damen und Herren,

durch Ihre Annonce in der Erfurter Zeitung habe ich erfahren, dass Sie eine Ausbildung zur Fachverkäufer(-in) Schuhe anbieten. Sie suchen engagierte Auszubildende, die Lust haben, etwas Neues zu lernen, deshalb bewerbe ich mich hiermit bei Ihnen. Zurzeit bin ich Schülerin der 9. Klasse der Goetheschule in Musterhausen, die ich im Sommer mit dem Hauptschulabschluss verlassen werde. Meine Lieblingsfächer sind Deutsch und Mathematik. Ich arbeite gern im Team und bin kommunikativ, weshalb ich mir gut vorstellen kann, Kunden zu beraten. Erste Erfahrungen sammelte ich bereits bei einem Praktikum im Kaufhaus. Gerne würde ich mich in einem persönlichen Gespräch vorstellen.

Mit freundlichen Grüßen
Lisa Muster

Anlagen: Lebenslauf
            Kopie des letzten Zeugnisses

2

a Ordne die Teile des Briefes den Textbausteinen im Merkkasten zu.

b Schreibt für jeden Textbaustein andere Formulierungen auf.

→ S. 171 Fehlerschwerpunkte in Bewerbungen erkennen – Fehler vermeiden

c Entwirf ein Bewerbungsschreiben auf eine der Anzeigen aus Aufgabe 4 a (S. 65). Nutze dazu deine Vorarbeiten aus den Aufgaben 4 b und c.

d Entwirf dein eigenes Bewerbungsschreiben am PC. Überarbeite es anschließend und schreibe eine Endfassung.

TIPP
Das Schreiben muss fehlerfrei sein. Lass unbedingt jemanden Korrektur lesen.

! Der **tabellarische Lebenslauf** enthält in kurzer und übersichtlicher Form alle wichtigen persönlichen Angaben und Informationen, die von Bedeutung sind. Angaben zu den Berufen der Eltern und zu Geschwistern sowie ein Passfoto sind freiwillig.

3

a Lies Lisas tabellarischen Lebenslauf und nenne die Angaben, die er enthalten muss. Vergleiche mit dem Bewerbungsschreiben.

Lebenslauf

Name Lisa Muster
Adresse Musterstr. 12
01234 Musterhausen
Geburtsdatum 23. Mai 1998
Geburtsort Musterhausen

Schulbildung
2004–2008 3. Grundschule Musterhausen
seit 2008 Goetheschule in Musterhausen
2014 voraussichtlich Hauptschulabschluss

Praktika
2012 dreiwöchiges Betriebspraktikum im Kaufhaus

Persönliche Fähigkeiten und Kompetenzen
Fremdsprachen Englisch (7 Jahre)
Computer Windows, PowerPoint

Musterhausen, 02. Oktober 2013
Lisa Muster

TIPP
Nutze die Tabulatortaste oder eine Tabelle.

b Beschreibe, welche Besonderheiten dir bei der Gestaltung auffallen.

c Verfasse nun deinen eigenen tabellarischen Lebenslauf nach dem Muster aus Aufgabe a am PC, damit du die Datei bearbeiten kannst.

4 Verfasse für eins der Ausbildungsangebote aus Aufgabe 4a (S. 65) die erforderlichen Bewerbungsunterlagen.

> **!** Einige Firmen bitten um **Bewerbungen per E-Mail**. Dabei gelten die gleichen Richtlinien wie bei einem Brief. Folgendes sollte man beachten:
> - die E-Mail-Adresse des Empfängers prüfen,
> - die eigene E-Mail-Adresse gegebenenfalls in eine seriöse ändern, z. B.: *Name.Vorname@maildomain.de,*
> - als Betreffzeile: *Bewerbung um einen Ausbildungsplatz als ...,*
> - den Namen in getippter Form unter das Schreiben setzen,
> - auf Smileys o. Ä. verzichten,
> - den Lebenslauf und weitere Unterlagen als Anhänge in gängigen Dateiformaten (Word, PDF, RTF) versenden.
>
> Um die Vollständigkeit und korrekte Formatierung der Bewerbung zu prüfen, sollte man die Mail zunächst an eine Freundin / einen Freund schicken.

TIPP
Speichere den Text in einer Word-Datei, damit du ihn später bearbeiten und wieder verwenden kannst.

5 Lies folgende Anzeige und bewirb dich per E-Mail. Schreibe und überarbeite den Text der Mail am PC. Speichere die nötigen Unterlagen in einem Ordner.

> Wir sind eine deutschlandweit führende Kette von Backshops und bieten für das neue Ausbildungsjahr eine Ausbildung
> **zur Bäckerin / zum Bäcker.**
> Wenn Sie einen guten Hauptschulabschluss haben, besonders in Mathematik und Chemie, gerne früh aufstehen und sich für eine Arbeit in der Backstube interessieren, dann bewerben Sie sich mit aussagekräftigen Unterlagen unter backshop@mail.de.

Was habe ich gelernt?

6 Überprüft, was ihr über Bewerbungen gelernt habt. Gestaltet Muster für alle wichtigen Bewerbungsunterlagen.

Facharbeiten schreiben

> **!** Eine **Facharbeit** ist eine zusammenhängende Arbeit zu einem ausgewählten Thema, in der man unter Beweis stellt, dass man sich mit einem bestimmten **Thema** intensiv und selbstständig auseinandersetzen kann. Zuerst muss man sich **Informationen** zum Thema **beschaffen**, anschließend das gesammelte **Material auswerten** und die **Ergebnisse** in schriftlicher Form geordnet zusammenstellen.
> Da das Verfassen einer Facharbeit aufwändig ist, sollte man seine Vorgehensweise langfristig planen.

1 Folgende Arbeitsschritte sind beim Schreiben einer Facharbeit nötig. Ordne sie in der richtigen Reihenfolge.

- A Text überarbeiten
- B über das Thema nachdenken
- C Material sammeln, Informationen suchen
- D Text entwerfen
- E Gliederung entwerfen
- F Inhaltsverzeichnis schreiben
- G Material auswerten, Informationen ordnen
- H Quellenverzeichnis erstellen
- I Endfassung erstellen

Über das Thema nachdenken

2 Stelle dir vor, für den Deutschunterricht stehen mehrere Themen für eine Facharbeit zur Auswahl.

a Wähle eins der vorgeschlagenen Themen aus.

1. Das Leseverhalten der Schülerinnen und Schüler an unserer Schule
2. Der junge Schiller und die Epoche des Sturm und Drang
3. Die Epoche der Aufklärung
4. Sollte auf Anglizismen verzichtet werden?
5. Gibt es geschlechtsspezifisches Sprachverhalten in Diskussionen?

b Führe ein Brainstorming durch. Notiere das Thema und alle Gedanken, die dir dazu einfallen.

Facharbeiten schreiben **71**

    c Unterstreiche in der von dir ausgewählten Themenstellung Schlüsselwörter.

    d Bewerte deine Notizen aus dem Brainstorming und streiche unbrauchbare Ideen. Ordne die übrigen Gedanken in einem Cluster.

Material sammeln

→ S.190 Merkwissen (Informationen suchen)

3 Du benötigst zu deinem Thema Sachinformationen.

    a Überlege, wo du suchen bzw. recherchieren kannst.

    b Bewerte die Vor- und Nachteile der unterschiedlichen Quellen.

> **So kannst du Informationen recherchieren**
> 1. Stelle Schlüsselwörter für deine Suche in Bibliothekskatalogen und im Internet zusammen.
> 2. Wähle geeignete Bücher, Zeitschriften und Texte aus dem Internet aus und fertige dir Kopien an.
> 3. Lies die Texte und markiere wichtige Textstellen.
> 4. Notiere Stichpunkte zu wichtigen Informationen.
>   – Lege dir eine Mappe zum Sammeln des Materials an.
>   – Schreibe alle Angaben zu den benutzten Büchern, Zeitschriften und Internetseiten (mit Abrufdatum) für das Quellenverzeichnis heraus.

TIPP
Notiere alle Quellen genau.

4 Suche in Büchern, Zeitschriften und im Internet geeignete Texte, Informationen und Anschauungsmaterial zu deinem Thema. Nutze dazu die Schlüsselwörter aus der Themenstellung und dem Cluster.

Das Material auswerten

→ S.88 Sachtexte erschließen

→ S.102 Exzerpte anfertigen

→ S.148 Zitieren

5 Sichte und ordne dein Material.

    a Stelle durch überfliegendes Lesen fest, welche Texte und Informationen du genauer auswerten möchtest.

    b Lies die ausgewählten Texte und Informationen jetzt gründlich und notiere alle Fakten, die du für deine Facharbeit nutzen kannst.

    c Überprüfe, ob du zu allen Texten, Informationen und Anschauungsmaterialien die genauen Quellenangaben notiert hast.

72 Facharbeiten schreiben

Eine Textgliederung entwerfen

6 Ordne nun deine Ergebnisse und erstelle eine Gliederung.

    a Denke erneut über das Thema nach und erfasse mögliche Unterthemen in einer Mindmap.

    b Ordne die Unterthemen und schreibe eine Gliederung. Orientiere dich an folgendem Merkkasten.

> **!** Eine Facharbeit muss nach einer übersichtlichen **Gliederung** aufgebaut sein. Diese kann man bei der Reinschrift als **Inhaltsverzeichnis** nutzen, dafür wird die Dezimalnummerierung verwendet, z. B.:
>
> | | | | |
> |---|---|---|---|
> | 1 | Einleitung | *1* | *Schiller – ein wichtiger deutscher Dichter* |
> | 2 | Hauptteil | *2* | *Schiller als Dichter des Sturm und Drang* |
> | 2.1 | Unterthema 1 | *2.1* | *Die Epoche des Sturm und Drang* |
> | 2.1.1 | Abschnitt 1 | *2.1.1* | *Zeitliche Einordnung* |
> | 2.1.2 | Abschnitt 2 | *2.1.2* | *Wichtige Vertreter und Werke* |
> | 2.2 | Unterthema 2 | *2.2.* | *Der junge Schiller als Vertreter des Sturm und Drang* |
> | usw. | | | |
> | 3 | Schluss | *3* | *Zusammenfassung* |
> | 4 | Anhang | *4* | *Anhang: Quellenverzeichnis, Abbildungen, Texte* |

→ S. 53 Präsentieren

7 Übertrage die Gliederung aus dem Merkkasten in dein Heft und ergänze sie.

Einen Textentwurf schreiben

8

    a Entwirf Einleitung, Hauptteil und Schluss. Orientiere dich dabei an deiner Gliederung. Schreibe am PC und berücksichtige die Formvorgaben im Merkkasten (S. 73).

    b Ordne den Gliederungspunkten das Anschauungsmaterial zu und füge es sinnvoll in den Text ein.

       Wie die Grafik zeigt, …

       Auf den Fotos kann man erkennen, dass …

       Das Diagramm veranschaulicht …

Facharbeiten schreiben

Den Textentwurf überarbeiten

9 Überarbeite den Textentwurf mehrfach an verschiedenen Tagen.

   a Überprüfe dabei den Inhalt, den Zusammenhang der Textteile und die logische Aufeinanderfolge der Gliederungspunkte.

   b Korrigiere Wortwahl, Satzbau, Zeichensetzung und Rechtschreibung.

→ S.148 Zitieren

   c Prüfe, ob im Text alle Quellen exakt angegeben sind, und bereite das vollständige Quellenverzeichnis vor.

> **!** Zur Facharbeit gehören:
> - ein **Deckblatt**,
> - das **Inhaltsverzeichnis**,
> - der Text und
> - der Anhang (**Quellenverzeichnis, eidesstattliche Erklärung**).
>
> Der **Umfang** (ohne Anhang) beträgt in der Regel ca. 8–10 Seiten, die nur einseitig bedruckt und nummeriert werden. Man sollte eine gut lesbare Schriftart (Times New Roman oder Arial, Schriftgrad 12, Zeilenabstand 1,5 Zeilen) wählen. Der linke Rand beträgt 4 cm, die übrigen jeweils mindestens 2 cm. Die Arbeit wird nach dem Ausdrucken in einen Schnellhefter geheftet oder gebunden. Gegebenenfalls muss man spezielle Vorgaben und Anforderungen aus dem Fachunterricht beachten.

Die Facharbeit vervollständigen

10

   a Entwirf dein Deckblatt nach folgendem Muster.

> **Facharbeit**
> im Fach Deutsch
>
> *Thema:* Der junge Schiller
>
> Sekundarschule »An der Doppelkapelle« Landsberg
> Schuljahr 2012/2013
>
> Verfasserin: Antonia Lehmann, Klasse 9 a
> Betreuerin: Frau Rosenkranz

   b Erstelle das Inhaltsverzeichnis, nutze dazu deine Gliederung.

c Nutze das folgende Muster für die Gestaltung deiner eigenen eidesstattlichen Erklärung auf dem PC.

> Ich erkläre, dass ich die Facharbeit ohne fremde Hilfe angefertigt und nur die im Quellenverzeichnis angeführten Quellen und Hilfsmittel benutzt habe.
> *(Ort, Datum)   (handschriftliche Unterschrift)*

Die Facharbeit überprüfen und die Endfassung erstellen

11 Lies die gesamte Facharbeit noch einmal gründlich. Prüfe, ob alle Bestandteile vorhanden sind und ob alle formalen Vorgaben eingehalten wurden. Drucke die Endfassung aus.

12 Vollziehe mithilfe der Schrittfolge nach, wie man beim Verfassen einer Facharbeit vorgeht, und orientiere dich beim Schreiben weiterer Facharbeiten daran.

So kannst du eine Facharbeit schreiben
1. Analysiere das Thema und notiere Suchbegriffe für die Recherche.
2. Suche in Bibliotheken und/oder im Internet nach geeigneten Informationsquellen (Bücher, Zeitschriftenartikel u. Ä.).
3. Werte die Materialien aus, notiere Stichpunkte und Zitate. Zu den wichtigsten Texten fertige Exzerpte an.
4. Ordne deine Notizen und erstelle eine Gliederung für die Arbeit.
5. Schreibe einen Entwurf des Textes und überarbeite ihn mehrfach.
6. Entwirf das Deckblatt und das Inhaltsverzeichnis, stelle das Quellenverzeichnis zusammen und schreibe die eidesstattliche Erklärung.
7. Überarbeite alles gründlich und erstelle die Endfassung.

Was habe ich gelernt?

13 Überprüft, was ihr über das Schreiben von Facharbeiten gelernt habt. Erarbeitet eine Checkliste.

☒ *Deckblatt korrekt und vollständig*
☐ *Inhaltsverzeichnis, Gliederung*
☐ …

Mit literarischen Texten umgehen

Epische Texte analysieren

1 Erschließe den folgenden Text.

a Lies den folgenden Auszug aus dem Jugendbuch von Meg Rosoff.

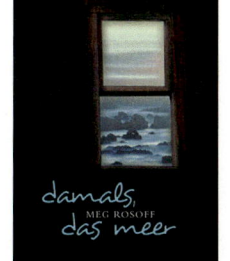

Regel Nummer eins: Traue niemandem.
Bei unserer Ankunft in St Oswald's, der Internatsschule für Jungen, lag die Küste vollkommen im Nebel. […] Vater hielt vor dem Hauptgebäude, zog die Bremse, holte meine Tasche aus dem Kofferraum und wandte sich, in einer Haltung, die seiner Ansicht nach vermut-
5 lich soldatenhaft war, mir zu.
»Nun«, sagte er. »Da ist es.«
[…] Vor mir sah ich lediglich eine traurige Anstalt für höhere Schulbildung, die passenderweise im Nebel lag. Aber ich sagte nichts, denn ich hatte in sechzehn Jahren sorgfältig gepflegter Mittelmäßig-
10 keit das ein oder andere gelernt, und dazu gehörte auch der Wert des Schweigens.
Es war die Idee meines Vaters, mich nach St Oswald's zu schicken, ein Internat, dessen lange Geschichte und niedrige Anforderungen seinen Interessen voll entgegenkamen. Wahrscheinlich war er hoch-
15 erfreut, dass es so eine Schule gab – eine, die seinen elenden Versager von einem Sohn aufnahm und versuchte, ihn (also mich) in ein nützliches Mitglied der Gesellschaft zu verwandeln, in einen Anwalt etwa oder jemanden, der im Londoner Finanzviertel arbeitet.
»Es wird Zeit, dass du dich zusammenreißt«, sagte er. »Du bist fast
20 ein Mann.« Eine weniger zutreffende Aussage allerdings hätte er kaum treffen können. Ich kam ja schon als Junge nicht zurecht. […]
Als wir zum Auto zurückgingen, räusperte sich mein Vater, starrte in die Ferne und meinte, ich solle die Gelegenheit nutzen, um meine letzten beiden schulischen Katastrophen wiedergutzumachen. Dann
25 gab er mir pessimistisch die Hand, klopfte mir kurz auf die Schulter und war weg.
Ein gelangweilter Aufsichtsschüler führte mich aus dem Hauptgebäude […]. Kurz darauf durfte ich in einen beengten Schlafraum treten, in dem mich drei Jungen teilnahmslos musterten, als
30 versuchten sie, auf dem Sattelplatz in Cheltenham einen unwahrscheinlichen Sieger auszumachen.

Einen Augenblick lang herrschte Schweigen.

»Ich bin Barrett«, sagte der mit dem stumpfen Gesichtsausdruck schließlich. Er zog ein kleines schwarzes Buch aus seiner Tasche und zeigte nacheinander auf die beiden anderen. »Gibbon. Und Reese.«

Reese kicherte. Barrett schrieb etwas in sein kleines Buch und wandte sich dann an Gibbon. »Ich geb ihm ein Jahr«, sagte er. »Und ihr?«

Gibbon, der Größte von den dreien, sah mich prüfend an. Einen kurzen Augenblick lang dachte ich schon, er würde mich gleich auffordern, ihm meine Zähne zu zeigen. Er zog zwei frische Pfundnoten aus einer teuren Kalbslederbrieftasche. »Eineinhalb«, sagte er. Ich setzte eine undurchdringliche Miene auf, begegnete seinem Geckoblick und hielt ihm stand. »Vielleicht auch zwei.«

»Entscheide dich«, sagte Barrett ungeduldig und mit gezücktem Stift. Er spähte unter seiner Schulmütze hervor, die er wie die Schildkappe eines Buchmachers tief ins Gesicht gezogen hatte.

»Also gut, eineinhalb.«

Barrett notierte es in sein Buch.

»Ich sage zwei.« Reese wühlte in seiner Tasche und zog eine Handvoll Münzen heraus, hauptsächlich Pennys. Er war der Unscheinbarste von den dreien, und das Ritual schien ihm peinlich zu sein. Barrett nahm die Münzen und sah zu mir hoch. »Machst du mit?«

Ob ich bei einer Wette mitmachte, die das Scheitern meiner schulischen Laufbahn vorhersagte? Nun ja, ich musste zugeben, das war nicht die gewohnte Begrüßung. Ich zwängte mich an ihnen vorbei und packte den Inhalt meiner Tasche in einen Metallschrank, bezog mein Bett mit der vorgeschrieben steifen Wäsche, wühlte mich unter die Decke und schlief ein.

Regel Nummer zwei: Halte dich bedeckt.

Ich gebe zu, dass ich nicht zu den Helden gehöre, die aufgrund ihrer äußeren Erscheinung bewundert werden. Man stelle sich einen Jungen vor, klein für sein Alter, die Ohren sitzen im richtigen Winkel am Kopf, Haare wie Stroh und mausbraun. Mund: schmal. Augen: skeptisch, wachsam.

Man könnte einwenden, dass oberflächliche Makel bei Jungen in meinem Alter keine Seltenheit sind, aber in meinem Fall traf das nicht zu. Ob links, rechts, oben, unten oder diagonal – auf allen Klassenfotos von St Oswald's waren gängigere Typen vertreten: Jungen mit kräftigen Kiefern, geraden Nasen und dickem Haar von eindeutiger Farbe; Jungen mit langen, geraden Gliedmaßen und kühnen, selbstbewussten Gesichtern; Jungen mit Fertigkeiten, angeborenen Talenten, einem genetisch bedingten Sinn für Politik oder Latein oder die Juristerei.

Mein Gesicht (verschwommen und formlos) sah auf diesen Bildern immer verschlagen und ziemlich idiotisch aus, als wüsste sogar mein Körper, dass ich einen schlechten Eindruck machte, noch während der Blendverschluss klickte.

Sagte ich schon, dass St Oswald's meine dritte Schule war? In den ersten beiden wurde ich aufgefordert (und zwar nicht gerade freundlich), aufgrund meines beklagenswerten Verhaltens und meiner erbärmlichen Noten zu gehen. Zu meiner Verteidigung möchte ich betonen, dass mein Verhalten gar nicht beklagenswert war, wenn man darunter grob, streitsüchtig, gewalttätig und asozial versteht – also die Bibliothek anzuzünden, einen Lehrer niederzustechen oder zu vergewaltigen. Mit beklagenswert meinten sie »ziemlich unmotiviert beim Lernen«, »ziemlich unfähig im Aufsatzschreiben«, »ziemlich uninteressant für den Schulleiter und das Direktorium«. Angesichts meiner harmlosen Schwächen empfinde ich diese Beurteilung heute als unnötig hart [...].

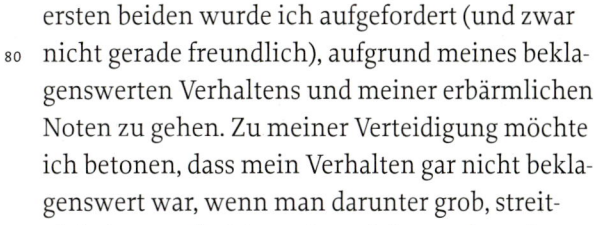

In Wirklichkeit war meine Mittelmäßigkeit vorwiegend auf Fotos und Schularbeiten beschränkt. Wenn es um Meinungen ging, war ich (und bin es noch) wie das Schwert von Zorro: schnell, schneidend, tödlich. Meine Meinung über die Bedeutung der höheren Schulbildung beispielsweise ist absolut. Meiner Meinung nach waren diese Schule und ihre Zeitgenossen nichts als billige Händler für gesellschaftlichen Status, die an gutbürgerliche Jungen ohne besondere Verdienste ein aufgeblasenes Selbstwertgefühl verkauften. Eins allerdings muss ich ihnen zugutehalten. Ohne die erste Schule wäre ich nicht in der zweiten gelandet. Ohne die zweite hätte es mich nicht nach St Oswald's verschlagen. Ohne St Oswald's wäre ich Finn nie begegnet.

Und ohne Finn gäbe es keine Geschichte.

b Beschreibe deinen ersten Eindruck vom Textauszug.

78 Mit literarischen Texten umgehen

> **!** Ein Text hinterlässt beim Leser erste Eindrücke. Durch eine **genauere Analyse** (Untersuchung) des Erzähltextes stützt oder korrigiert man die zuerst gewonnenen Eindrücke.
> Man kann einen **Erzähltext** mithilfe der folgenden Fragen **analysieren**:
> - Worum geht es im Text (zentrales Thema, Handlungsverlauf)?
> - Wann, wo und in welchem Umfeld findet die äußere Handlung statt?
> - Aus wessen Perspektive wird erzählt (Ich-Erzähler oder Sie-Erzählerin / Er-Erzähler)?
> - Welche Figuren spielen eine Rolle? In welcher Beziehung stehen sie zueinander?
> - Vor welchem Problem stehen einzelne Figuren und wie lösen sie es?
> - Wie entwickeln sich die Figuren (innere Handlung)?
> - Wird im Text Spannung erzeugt? Mit welchen Mitteln?
> - Welche Mittel der Zeitgestaltung werden eingesetzt (Zeitdehnung, Zeitraffung, Vorausdeutung, Rückblende)?
> - Welche sprachlichen Besonderheiten fallen auf (z. B. sprachliche Bilder, Jugendsprache, Fachsprache, Wiederholungen, direkte Rede)?

2 Untersucht nun den Text aus Aufgabe 1a (S. 75) genauer.

Den Inhalt untersuchen

a Fasst zusammen, worum es in diesem Textauszug geht.

TIPP
Recherchiert im Internet.

b Untersucht, wo die Handlung stattfindet und stellt Vermutungen an, wann die Handlung spielt. Begründet eure Meinungen.

c Bestimmt, aus wessen Perspektive das Geschehen erzählt wird. Untersucht, wie erzählt wird und welche Bedeutung das für die Wirkung hat.

d Nennt die Figuren, die eine wichtige Rolle im Text spielen.

Form und Sprache untersuchen

→ S. 190 Merkwissen

e Untersucht, ob in der Erzählung Spannung erzeugt wird, und, wenn ja, wie. Achtet dabei besonders auf die sprachlichen Besonderheiten (z. B. Wortwahl, Satzbau, Metaphern, Personifizierungen) und die Mittel der Zeitgestaltung.

Literarische Figuren charakterisieren

→ S.190 Merkwissen

1 Wiederholt, was man bei einer Personen- oder Figurencharakterisierung beachten muss.

> ! Literarische **Figuren** kann man **charakterisieren**, um Texte besser verstehen zu können. Die Figurencharakterisierung ist ein Bestandteil der Analyse für Textbeschreibungen und -interpretationen. Man beschreibt:
> - die **äußeren Merkmale** (Gesamterscheinung, Einzelheiten, Besonderheiten) möglichst genau und anschaulich,
> - die **inneren Merkmale** (Lebensumstände, Gedanken, Gefühle, Verhaltensweisen, Sprache, ihr Verhältnis zu anderen u.Ä.).

Eine Figurencharakteristik sprachlich gestalten

2

a Ordne den folgenden Adjektiven gegensätzliche Begriffe zu.

zielstrebig – ehrlich – interessiert – unkonzentriert – ausgeglichen – treu – melancholisch – feige – verantwortungsbewusst – undankbar – schludrig – klug – engstirnig – grob – lebensfremd – unsympathisch – vereinsamt – kühl – vital – aggressiv – großzügig – bescheiden – zuverlässig – fleißig

b Verwende die folgenden Bezeichnungen für Eigenschaften und Verhaltensweisen in kurzen Sätzen.

fantasievoll – bescheiden – freundlich – unhöflich – dickköpfig – fleißig – ehrgeizig – vernünftig – liebevoll – erfahren – gierig – anhänglich

c Stellt weitere Wörter und Wendungen zusammen, mit denen ihr einen Menschen charakterisieren könnt.

Figuren charakterisieren

→ S.148 Zitieren

3 Charakterisiere den Ich-Erzähler aus dem Text von Aufgabe 1a (S. 75). Untersuche dazu genau, was man als Leser über die äußeren und inneren Merkmale dieses Jugendlichen erfährt. Nutze geeignete Textstellen als direkte Zitate.

4 Wähle eine Erzählung aus deinem Lesebuch aus und charakterisiere die Figuren.

Inhaltsangaben zu literarischen Texten verfassen

> **!** Mit einer **Inhaltsangabe** gibt man in möglichst sachlicher und knapper Form den wesentlichen Inhalt eines literarischen Textes, eines Films, einer Fernsehsendung oder eines Theaterstücks wieder. Eine Inhaltsangabe sollte folgende **Bestandteile** haben:
> *Einleitung:* Angaben zu Autorin/Autor, Textsorte, Titel, Thema
> *Hauptteil:* Darstellung der Figuren und des Handlungsverlaufs unter Beachtung der richtigen Reihenfolge (W-Fragen)
> *Schluss:* Besonderheiten des Textes nennen (z. B. offene Fragen, Lehre, Bezug zur Überschrift)
> Folgende **sprachliche Besonderheiten** sollte man beachten:
> - den Inhalt mit eigenen Worten wiedergeben (keine Zitate),
> - direkte Rede in indirekte Rede umwandeln,
> - im Präsens oder Perfekt schreiben.

Eine Inhaltsangabe planen

1 Schreibe eine Inhaltsangabe zum Jugendbuchauszug aus Aufgabe 1a (S. 75).

a Überlegt, welche Informationen für eine Inhaltsangabe unentbehrlich sind, und notiert Stichpunkte.

Autorin: Meg Rosoff
Textsorte: …

b Entwerft nun die Einleitung der Inhaltsangabe.

In dem Auszug aus dem Jugendbuch „Damals, das Meer" von …

c Tauscht euch darüber aus, wie ihr den Schluss der Inhaltsangabe gestalten wollt. Beachtet dabei das Ende des Auszugs. Schreibt den Schluss danach auf.

Einen Entwurf schreiben

d Schreibe nun deinen Entwurf der Inhaltsangabe des Jugendbuchauszugs aus Aufgabe 1a (S. 75). Lass einen breiten Rand für die Überarbeitung.

Den Entwurf überarbeiten

e Überarbeite den Entwurf. Achte dabei besonders auf sachliche Formulierungen, die Zeitform und Satzverknüpfungen. Schreibe die Endfassung.

Textbeschreibungen zu literarischen Texten verfassen

> **!** In einer **Textbeschreibung** werden die Ergebnisse der Analyse literarischer Texte zusammenhängend dargestellt. Eine Textbeschreibung gibt Auskunft über den Inhalt und die Besonderheiten (Form, Sprache) eines Textes. Seine Aussagen belegt man mit **Zitaten**. Die Textbeschreibung sollte folgende **Bestandteile** aufweisen:
>
> *Einleitung*
> - Name der Autorin / des Autors
> - Textsorte (z. B. Kurzgeschichte, Erzählung, Roman)
> - Titel und Thema
>
> *Hauptteil*
> - Inhaltsangabe
> - Aufbau des Textes
> - Besonderheiten der Handlungsgestaltung
> - Erzählperspektive
> - Figurencharakterisierung
> - sprachliche Besonderheiten
> - Zeitgestaltung
> - Wirkung weiterer Gestaltungsmittel
>
> *Schluss*
> - eigene Meinung (Gedanken, Gefühle), eventuell Leseempfehlung
> - weitere Auskünfte zur Autorin / zum Autor und ggf. auch zur Entstehungsgeschichte des Textes

1 Tauscht euch darüber aus, was eine Textbeschreibung von einer Inhaltsangabe unterscheidet.

Eine Textbeschreibung planen

2 Verfasse eine Textbeschreibung zum Jugendbuchauszug aus Aufgabe 1a (S. 75).

TIPP
Nutze deine Ergebnisse aus Aufgabe 1 (S. 80).

a Lies den Textauszug noch einmal und entwirf die Einleitung und eine kurze Inhaltsangabe.

b Stelle Besonderheiten der Handlung und des Aufbaus dar. Notiere ggf. zuerst Stichpunkte.

c Bestimme die Erzählperspektive und deren Wirkung auf den Leser.

82 Mit literarischen Texten umgehen

→ S. 79 Literarische Figuren charakterisieren
→ S. 148 Zitieren

d Stelle dar, was man über die Figuren der Erzählung erfährt und wodurch man es erfährt. Führe geeignete Textstellen als direkte Zitate an.

e Benenne die sprachlichen Besonderheiten des Textes.

f Zeige Beispiele der Zeitgestaltung und erläutere, welche Bedeutung sie für die Geschichte haben.

g Der Schluss des Textauszugs ist im Roman das Ende des 2. Kapitels. Erkläre seine Bedeutung und die Wirkung auf den Leser.

Eine Textbeschreibung entwerfen

h Verfasse nun einen Entwurf einer Textbeschreibung. Orientiere dich am Merkkasten (S. 81).

Den Entwurf überarbeiten

i Überarbeite den Entwurf. Achte besonders auf sachliche Formulierungen, die Zeitformen und die Verwendung von direkten Zitaten.

Die Endfassung schreiben

j Schreibe die Endfassung.

> **So kannst du eine Textbeschreibung zu literarischen Texten verfassen**
> 1. Lies den Text und lass ihn auf dich wirken. Notiere deinen ersten Eindruck.
> 2. Lies den Text mehrmals und untersuche gründlich seinen Inhalt, die Form und sprachliche Besonderheiten. Notiere wichtige Textstellen als Zitate.
> 3. Verfasse einen Entwurf deiner Textbeschreibung.
>   – Schreibe die Einleitung.
>   – Beginne den Hauptteil mit der Inhaltsangabe und formuliere dann die Ergebnisse deiner Analyse.
>   – Schreibe den Schluss.
> 4. Überarbeite den Entwurf und schreibe die Endfassung.

Eine Textbeschreibung verfassen

3 Lies die Erzählung »Das Sterben« des bayerischen Schriftstellers Ludwig Thoma (1867–1921) auf den nächsten Seiten.

a Verfasse eine Textbeschreibung. Orientiere dich dabei an der Schrittfolge. Wenn du weitere Hilfen brauchst, bearbeite die Aufgaben b bis i.

Das Sterben

Es ist ein recht heißer Julitag.

Die Sonne brennt auf das weite Moos herunter, dass man die Luft wie über einem offenen Feuer zittern sieht.

Das kleine Häusel des Steffelbauern schaut in dem flimmernden
5 Dunst noch unansehnlicher aus, und wer das braune Strohdach betrachtet, der könnte meinen, es sei gerade von der Sonne geröstet worden und werde beim Zusehen dunkler.

Die zwei Birnbäume vor dem Haus stehen so müde da, als möchten sie am liebsten einnicken bei der schwülen Hitze und dem eintöni-
10 gen Summen der Fliegen.

Sonst ist nichts Lebendiges um das Haus, was ihnen die Zeit vertreiben könnte, denn es ist alles auf das Feld hinaus zum Einbringen. Oder doch nicht alles.

Im Austragstübel ist der alte Steffel und wartet auf das Sterben; und
15 seine Bäuerin, die Urschel, leistet ihm Gesellschaft.

Gestern noch, gegen den Abend zu, hat der Doktor vorgesprochen, und beim Gehen hat er gesagt, er wollt' die Medizin herausschicken. »Braucht's net«, hat der Steffel gemeint, »i woaß scho, es geht dahi.« »No, no, Vater«, hat ihn der Doktor trösten wollen, »so schnell stirbt
20 keiner, du musst net am Leben verzagen.«

Aber der Steffel ist hartnäckig geblieben. »I kenn mi scho aus«, sagt er; »dös sagen's bloß zu an jed'n. I g'spür's selber, morgen geht's auf die Letzt.«

Hernach haben die Weibsleute um den Pfarrer geschickt; der ist ge-
25 kommen und hat ihm die Sterbesakramente gereicht.

Seitdem liegt der Steffel ruhig da und schaut zu der niedrigen Weißdecken hinauf.

Die Urschel sitzt am Fußende vom Bett und liest in dem großen schwarzen Gebetbuche die Bitten für einen Sterbenden. Wie sie die
30 Lippen bewegt und die Worte in sich hineinmurmelt, ist es das einzige Geräusch im Zimmer; sonst ist es so feierlich still wie vor dem Häusel.

Ein paar Sonnenstrahlen stehlen sich zwischen
35 den Vorhängen zum Fenster herein und spielen über die blau geblümte Bettdecke nach den gefalteten Händen des Steffel hin, als wollten sie ihm noch einen schönen Gruß bringen von draußen, wo sie so oft mit ihm beisammen
40 waren im Winter und im Sommer.

Und es mag sein, dass es der Sterbende auch so versteht, denn er streicht mit den Händen über die Stelle, wo der goldgelbe Schein auf dem Bett liegt.

Sind alleweil gute Kameraden gewesen, er und die Sonne, und hat ihn allemal gefreut, wenn sie auch noch so heruntergebrannt hat. Sie hat ihm oft geholfen, das Heu einbringen, und hat ihm das Korn gereift und den Weizen.

Ob es drenten wohl auch so ist, dass sie einen rechtschaffenen Wachstum haben und Arbeit für ein paar starke Hände?

Wenn es dem Pfarrer nach geht, nicht; der hat immer erzählt, dass droben die Engel den ganzen Tag Harfen spielen und Halleluja singen. Er hat es gut gemeint, aber dem Steffel war das kein rechter Trost. Vielleicht weiß es der Pfarrer nicht ganz genau, oder vielleicht machen sie bei den Bauernleuten eine Ausnahme?

Allzu lang hält sich der Steffel nicht auf bei den überirdischen Dingen; er schaut wieder zur Decke hinauf, und die Sonnenstrahlen zittern von der Bettdecke weg auf das Kopftüchel der alten Urschel und auf das große schwarze Gebetbuch.

Mit einem Mal bricht der Kranke das Schweigen, und indem er den Kopf herumdreht, sagt er: »Bäuerin, 's Mahl halt's beim Unterwirt.«

»Ja«, sagt die Urschel und hört das Beten auf, »mir wern's beim Unterwirt halt'n.«

»Und dass von de Leichentrager a jeder seine zwoa Maß Bier kriagt, Bäuerin. Net, dass hinderdrei schlecht g'redt werd.«

»I will's Acht haben,« sagt die Urschel.

»Beim Einsagen koan vagessen von der Freundschaft, dass s'a richtige Leich werd',« fahrt der Steffel fort, und wie er sieht, dass seine alte Bäuerin recht ernsthaft auf seine letzten Wünsche hört, kriegt er die tröstliche Überzeugung, dass seine letzte Sache auf der Welt mit Anstand und Ordnung abgemacht werden wird, und dass nichts fehlen wird, was einem ehrengeachteten Manne zukommt.

So viele Leute auch hinter seinem Sarge hergehen werden, es ist keiner darunter, der was Schlechtes von ihm behaupten kann; er ist keinem was schuldig geblieben, und jeder, der an seiner Grabstätt vorbei in die Kirche gehen wird, muss ihm das Weihwasser geben. Und wie er sich das alles überlegt, sieht er sein ganzes Leben vor sich, als würd' es vor ihm aufgeführt, und er wäre Zuschauer. Arbeit und Lustbarkeit wechseln miteinander ab, aber die erste kommt öfter an die Reihe; Fröhlichkeit und Sorgen, Jungsein und Altwerden, und zwischenhinein immer wieder das Trachten und Mühen für das Heimatl.

Der Steffel merkt gar nicht, was für eine lange Reise seine Gedanken machen, aber die Urschel merkt es, und sie zündet die Kerzen an, welche über dem Kopfende des Bettes auf dem Tische stehen.
85 Die kleinen Lichter brennen farblos knisternd in die Höhe, und mit einem Mal ist der Steffel am Ende seiner Reise angekommen; vor die Bilder schiebt sich eine große dunkle Wand, und die Urschel betet jetzt laut das Vaterunser für die hingeschiedenen Seelen im Fegefeuer.
90 Draußen ist es Abend geworden. – Die zwei Birnbäume sind aus ihrem bleiernen Schlafe aufgewacht und schauern in dem leichten Luftzuge zusammen; ihre Schatten strecken sich über den Hausanger und die Wiesen hinauf zu dem Wege, auf dem jetzt der hochgehäufte Erntewagen herunterkommt.

b Wie wirkt der Text auf dich? Beschreibe die Grundstimmung.

c Entwirf die Einleitung und eine kurze Inhaltsangabe.

d Notiere Stichpunkte zu den Besonderheiten der Handlung und des Aufbaus. Beachte auch den Anfang und das Ende der Geschichte.

e Bestimme die Erzählperspektive und deren Wirkung auf den Leser.

→ S.79 Literarische Figuren charakterisieren
→ S.148 Zitieren

f Nenne die handelnden Figuren und beschreibe ihr Verhältnis zueinander. Führe geeignete Textstellen als direkte Zitate an.

g Untersuche die Gestaltung von Zeit und Ort und ihre Bedeutung.

TIPP
Zitiere geeignete Textstellen.
→ S.148

h Analysiere die sprachlichen Besonderheiten des Textes. Begründe, warum der Autor die Dialoge in Bairisch gestaltet hat. Suche die Textstellen heraus und übertrage sie ins Hochdeutsche.

i Suche sprachliche Bilder heraus und erkläre sie.

4 Wähle einen Text aus deinem Lesebuch aus und verfasse eine Textbeschreibung.

Was habe ich gelernt?

5 Fasse die wichtigsten Merkmale von Inhaltsangabe und Textbeschreibung in einer Tabelle zusammen.

Literarische Texte interpretieren

> ! Das Ziel einer **Interpretation** ist es, mögliche Aussagen eines literarischen Textes herauszuarbeiten, d.h. den **Text zu deuten**. Diese Deutungen müssen mithilfe von Textstellen (Zitaten) belegt werden. Eine Textinterpretation schreibt man im **Präsens**. Sie sollte folgende **Bestandteile** aufweisen:
>
> *Einleitung:* Name der Autorin / des Autors, evtl. biografische Daten, Textsorte, Titel, Thema sowie erster Eindruck vom Text
>
> *Hauptteil:* Inhaltsangabe, Darstellung und Deutung von Besonderheiten der Handlungs-, Orts-, Zeit- und Figurengestaltung und der Erzählperspektive, Darstellung und Deutung besonderer sprachlicher Mittel und deren Wirkung
>
> *Schluss:* eigene Meinung zu dem in der Geschichte Dargestellten, Bezug zum eigenen Leben

1 Vergleicht Textbeschreibung und Textinterpretation miteinander. Tauscht euch darüber aus, was sie unterscheidet.

Eine Textinterpretation verfassen

2 Verfasse eine Interpretation des Textes »Das Sterben« (S. 82, Aufgabe 3 a).

a Setzt euch mit dem Text auseinander, beantwortet folgende Fragen.

1. Welche Empfindungen, Gedanken und Gefühle weckt der Text?
2. Warum spricht euch diese Erzählung (nicht) an?
3. Wodurch wird diese Wirkung eurer Meinung nach ausgelöst?
4. Welches Thema behandelt der Text?
5. Welche Bräuche und Traditionen wirken heute unverständlich?
6. Welche Besonderheiten des Lebens auf dem Lande damals fallen auf?
7. Wer schrieb den Text? Zu welcher Zeit lebte der Autor? Welche Besonderheiten der Zeit und der Landschaft werden deutlich?

TIPP
Wenn du Textstellen als Zitate verwendest, achte auf deren sinnvolle Einbindung und richtige Kennzeichnung.

b Wähle einige dir besonders wichtig erscheinende Textstellen aus und formuliere Deutungsansätze dazu.

Die Beschreibung des Hauses, das dem Betrachter erscheint, als „sei [es] gerade von der Sonne getröstet worden" (S. 83, Z. 6–7), weist auf ärmliche und traurige Verhältnisse hin …

Literarische Texte interpretieren

c Formuliere Deutungsansätze zum Gesamttext.

Einen Entwurf schreiben

d Entwirf eine Interpretation. Arbeite auch die Ergebnisse deiner Textbeschreibung zur Erzählung (S. 82, Aufgabe 3 a) ein.

Die Endfassung schreiben

e Vergleicht eure Entwürfe und überarbeitet sie. Schreibt anschließend die Endfassungen eurer Textinterpretationen.

Eine Textinterpretation verfassen

3 Verfasse eine Interpretation der Fabel von Franz Hohler (geb. 1943). Orientiere dich dabei an der Schrittfolge.

Die ungleichen Regenwürmer

Tief unter einem Sauerampferfeld lebten einmal zwei Regenwürmer und ernährten sich von Sauerampferwurzeln.
Eines Tages sagte der erste Regenwurm: »Wohlan, ich bin es satt, hier unten zu leben, ich will eine Reise machen und die Welt kennen
5 lernen.« Er packte sein Köfferchen und bohrte sich nach oben, und als er sah, wie die Sonne schien und der Wind über das Sauerampferfeld strich, wurde es ihm leicht ums Herz, und er schlängelte sich fröhlich zwischen den Stängeln durch. Doch er war kaum drei Fuß weit gekommen, da entdeckte ihn die Amsel und fraß ihn auf.
10 Der zweite Regenwurm hingegen blieb immer in seinem Loch unter dem Boden, fraß jeden Tag seine Sauerampferwurzeln und blieb die längste Zeit am Leben.
Aber sagt mir selbst – ist das ein Leben?

> **So kannst du eine Textinterpretation verfassen**
> 1. Lies den Text und notiere deine Gedanken beim Lesen.
> 2. Untersuche den Text (Textanalyse).
>   – Fertige Notizen zum Inhalt an. Auf einer Textkopie kannst du wichtige Wörter und Textpassagen markieren.
>   – Untersuche den Text auf Besonderheiten (Textanalyse). Analysiere Handlung, Aufbau, Erzählperspektive, Figuren, Sprache und Zeitgestaltung. Bestimme die Textsorte.
>   – Untersuche, welche Wirkung die Besonderheiten auf den Leser haben.
> 3. Formuliere Deutungsansätze zu einzelnen Textstellen und zum Gesamttext. Notiere offene Fragen und Unklarheiten.
> 4. Ordne deine Notizen und schreibe einen Entwurf.
> 5. Überarbeite den Entwurf und schreibe die Endfassung.

Sachtexte erschließen

Elemente zur Steuerung des Textverstehens erkennen

1

Den Text überfliegen

a Verschaffe dir durch überfliegendes Lesen einen ersten Eindruck.

Klimawandel
Woran ist der Klimawandel zu erkennen?
In den vergangenen 100 Jahren stieg die durchschnittliche Temperatur auf der Erde um 0,74 °C an. Das klingt erst mal recht wenig, bedeutet aber für die komplizierten Zusammenhänge in der Natur
5 einen großen Sprung. Die 90er-Jahre waren das wärmste Jahrzehnt in den vergangenen 1000 Jahren und die zwölf wärmsten Jahre überhaupt sind in den letzten Jahren gemessen worden. Bis zum Jahr 2100 wird ein weiterer Temperaturanstieg von 1,8 °C bis 4 °C, im schlimmsten Falle sogar bis zu 6,4 °C prophezeit.
10 *Was bedingt den Klimawandel?*
Unser energieintensiver Lebensstil ist der Hauptgrund für den Klimawandel, wir produzieren einfach zu viel Kohlendioxid (CO_2). Große Mengen dieses Treibhausgases werden freigesetzt durch den Straßenverkehr, durch Kraftwerke zur Energiegewinnung, durch
15 Fabriken und Industrieanlagen und durch Landwirtschaft und Nutztierhaltung. Das Gleichgewicht zwischen Kohlendioxidverursachung und -absorption, das ist die Aufnahme von CO_2 durch Flüssigkeiten oder Feststoffe, ist nicht mehr vorhanden. Das heißt: Wir produzieren mehr CO_2, als die Pflanzen in unserer Umwelt
20 wieder aufnehmen können. Das Abbrennen und Roden großer Waldflächen zur Flächengewinnung für die Landwirtschaft verschärft die Problematik noch.
Welche Auswirkungen hat der Klimawandel?
1. Der Klimawandel hat extreme Wetterphänomene zur Folge:
25 Stürme, Fluten, Trockenheit und Hitzewellen.
2. Die Polarkappen schmelzen. Wenn in Grönland das Eis komplett abschmilzt, könnte der Meeresspiegel bis zu sieben Meter steigen. Küstenstädte auf der ganzen Welt würden von Überschwemmungen heimgesucht.
30 3. Seit 1850 sind die Gletscher der europäischen Alpen um zwei Drittel abgeschmolzen. Diese Tendenz hat sich seit 1980 beschleunigt. Die Folge: Aufgrund der Erwärmung muss nun

mithilfe von Schneekanonen tonnenweise künstlicher Schnee für die Skipisten hergestellt werden. Das wiederum bedeutet einen erhöhten Energiebedarf und auch wieder CO_2-Ausstoß.

4. Der Klimawandel auf der Erde könnte regionale Konflikte und Hungersnöte auslösen und dazu führen, dass viele Menschen auf der Suche nach Nahrung und Wasser zu Flüchtlingen werden.
Schon heute haben 1,2 Milliarden Menschen kein sauberes Trinkwasser mehr. Erhöht sich die Temperatur auf der Erde nur um 2,5 °C, kann das Trinkwasser für weitere 2 bis 3 Milliarden Menschen knapp werden.

5. Tiere und Pflanzen können sich nicht so schnell an die steigenden Temperaturen anpassen. Eine Studie besagt, dass der Klimawandel bis 2050 zum Aussterben von einem Drittel aller Arten auf der Welt führen könnte.

Fazit: Der Klimawandel ist heutzutage eine unserer größten ökologischen, sozialen und wirtschaftlichen Bedrohungen. Wenn wir jetzt nicht handeln, wird er unseren Planeten auf Dauer schädigen.

Das Thema des Textes erfassen

b Benenne das Thema und die drei großen Teilthemen.

c Erkläre, woran du dich beim Erfassen der Teilthemen orientiert hast.

! Damit der Leser den Gedanken des Autors gut folgen kann, unterstützt der Autor das Textverstehen durch die Verwendung bestimmter Mittel:
- **äußere verstehensfördernde Mittel** sind z. B.:
  – die Kennzeichnung des Textthemas durch eine Überschrift,
  – die Strukturierung des Textes durch Zwischenüberschriften,
  – die Strukturierung des Textinhalts durch Absätze,
  – die Kennzeichnung neuer Gedanken oder Teilthemen durch Einleitesätze,
  – die Strukturierung des Textinhalts durch Nummerierungen und Aufzählungszeichen, z. B.: *zum einen – zum anderen,*
- **inhaltliche verstehensfördernde Mittel** sind z. B.:
  – die Herstellung eines logischen inhaltlichen und sprachlichen Zusammenhangs,
  – Einschübe und nachträgliche Erläuterungen (z. B. Appositionen), die etwas erklären oder Bezüge zu anderen Textaussagen herstellen,
  – die Erhöhung der Wirksamkeit einer Äußerung durch spezielle sprachliche und stilistische Mittel.

→ S. 138 Mittel der Verknüpfung von Sätzen und Teilsätzen
→ S. 141 Stilistische Mittel

2
a Tauscht euch darüber aus, welche äußeren verstehensfördernden Mittel der Textstrukturierung im Text von Aufgabe 1a (S. 88) erkennbar sind.

b Nennt zu den inhaltlichen verstehensfördernden Mitteln je ein Beispiel aus dem Text von Aufgabe 1a (S. 88).

3 Jeder Text folgt einer inneren Logik. Seine einzelnen Teile (Satzteile, Sätze, Absätze, Kapitel oder Teiltexte) stehen in Beziehung zueinander und bilden eine Gesamtstruktur.

a Untersucht, wie der Text von Aufgabe 1a (S. 88) inhaltlich aufgebaut ist. Orientiert euch an den Teilüberschriften und Absätzen.

b Untersuche den Gedankengang des Autors. Übertrage die folgende Übersicht in dein Heft und ergänze sie.

> Zu Beginn des Textes beschreibt der Autor ...
> ↓
> Im zweiten Abschnitt des Textes ...
> ↓
> Der dritte Abschnitt des Textes ...
> ↓
> Zum Schluss ...

4 Im Fazit des Textes (S. 88, Aufgabe 1a) wird der Klimawandel als eine unserer größten ökologischen, sozialen und wirtschaftlichen Bedrohungen bezeichnet.

a Fasse die im Text genannten Auswirkungen des Klimawandels jeweils in einem Wort oder einer kurzen Wortgruppe zusammen.

b Fertige mithilfe der in Aufgabe a gefundenen Begriffe und Kurzaussagen ein Schaubild zu den Auswirkungen des Klimawandels an.

Elemente zur Steuerung des Textverstehens erkennen

→ S. 138 Mittel der Verknüpfung von Sätzen und Teilsätzen

> **!** Die Struktur eines Sach- oder literarischen Textes lässt sich auch an der Art und Weise der **Satzverknüpfung** erkennen, z. B. durch das Mittel der **Wiederaufnahme**. Das heißt, ein Satz nimmt ein Wort des vorherigen Satzes auf oder eins, das sich auf dieselbe Sache oder dieselbe Person bezieht. Das geschieht durch:
> - Wiederholung, z. B.: _Ria fuhr zum See. Ria wollte baden._
> - Pronomen, z. B.: _Ria fuhr zum See. Sie wollte baden._
> - bedeutungsähnliche Wörter, z. B.: _Ria fuhr zum See. Das Mädchen wollte baden._
> - Teil-Ganzes-Beziehungen, z. B.: _Die Landschaft war herrlich. Der See war klar und kühl._

5

a Tauscht euch darüber aus, wozu das Mittel _Wiederaufnahme_ dient.

b Sucht aus dem 2. Abschnitt des Textes (S. 88, Aufgabe 1a) das Beispiel für eine Wiederaufnahme heraus. Bestimmt, wodurch sie ausgedrückt wird.

→ S. 138 Satz- und Textgestaltung

c Sucht weitere Satzverknüpfungsmittel aus dem Text in Aufgabe 1a heraus.

TIPP
Achte besonders auf neue Gedanken bzw. Teilthemen und die Satzverknüpfungsmittel.

6 Suche Beispiele für Satzverknüpfung durch Wiederaufnahme heraus.

Heutzutage kann man sehr günstig verreisen, denn Fliegen wird immer billiger. Doch dieses Vergnügen verursacht auch einen großen Ausstoß an Kohlendioxid (CO_2), und zwar genau dort, wo es am meisten schadet: mitten in der Atmosphäre. Eine Verringerung
5 des CO_2-Ausstoßes würde aber helfen, den Klimawandel zu verlangsamen. Doch nicht jeder kann oder will auf das Flugzeug verzichten – besonders bei weiten Entfernungen. Für Menschen, denen die Folgen ihres Fliegens nicht egal sind, gibt es verschiedene gemeinnützige und profitorientierte Organisationen. Bei diesen Klima-
10 schutz-Agenturen können sie für ihre »Klimasünden« bezahlen. Für jede Tonne CO_2 berechnen die Agenturen eine freiwillige Abgabe. Dieses Geld fließt in Klimaschutzprojekte, die möglichst die gleiche Menge Kohlendioxid einsparen sollen. Trotzdem: Der moderne Ablass[1] ist nur die zweitbeste Lösung. Wesentlich besser ist es,
15 klimaschädliches Verhalten möglichst zu vermeiden.

[1] _hier_: Erlassen der Strafen für die »Klimasünden« gegen Geld

Diskontinuierliche Texte erschließen

1

a Tauscht euch über folgende Aussage aus und erläutert, was nach eurem Verständnis damit gemeint ist.

Elemente der äußeren Gestaltung gewinnen bei Sachtexten an Bedeutung. Man unterscheidet daher zwischen Textbild und Textinhalt.

b Lest den folgenden Merkkasten und erklärt den Unterschied zwischen kontinuierlichen und diskontinuierlichen Texten (Cluster-Texten).

> ! Um den Inhalt eines komplexen Themas angemessen und möglichst optimal zu vermitteln, genügt es heute nicht mehr, einen langen kontinuierlichen Text (Fließtext) zu schreiben. Deshalb wird der lange Text in verschiedene Bausteine aufgelöst.
> Solche **diskontinuierlichen Texte** (Cluster-Texte) können z. B. Folgendes beinhalten:
> - historische Daten als Chronik in Stichpunkten,
> - statistische Angaben in Form von Diagrammen,
> - ergänzende Angaben in Form von Tabellen,
> - Begriffserklärungen in Form eines Glossars oder einer Fußnote,
> - Fakten oder Hintergrundinformationen in jeweils geeigneter Form,
> - Meinungsäußerungen in Form von Kurzinterviews,
> - hervorgehobene Zitate,
> - Bilder, Abbildungen,
> - Schaubilder oder Grafiken.

2

a Verschaffe dir einen ersten Texteindruck von dem diskontinuierlichen Text auf der folgenden Seite.

b Beschreibe das Textbild. Beantworte dazu folgende Fragen.

1. Welche Textbausteine enthält der Text?
2. Welche Funktion haben diese Textbausteine jeweils?
3. Wie sind die Textbausteine angeordnet?
4. Wie stehen die Textbausteine inhaltlich zueinander?

Klimaschutz im Stadtverkehr

Keine Frage: Die Klimagasemissionen müssen drastisch gesenkt werden. Das gilt auch für den Verkehr in der Stadt. Das kann auch eine Chance sein, die städtische Lebensqualität zu erhöhen. Eine lebendige Stadt, ein angenehmes Ambiente, weniger Staus, weniger Lärm, mehr Platz für Radfahrer und Fußgänger – so könnte das Ergebnis aussehen.

Die Technik – z. B. energieeffiziente Fahrzeuge, neue Antriebe, wie der Elektromotor oder Biokraftstoffe, – ist eine wichtige Komponente beim Klimaschutz. Sie kann das Klimaproblem aber allein nicht lösen. Denn auch die erneuerbaren Energien stehen nicht unbegrenzt zur Verfügung.

Das heißt, ganz unabhängig von der technologischen Entwicklung werden erhebliche Veränderungen in der Mobilität des täglichen Lebens notwendig sein. Kurze Wege zum Arbeitsplatz, zum Einkaufen oder zur Erholung werden wieder stärker gefragt sein, die Verkehrsmittel des Umweltverbunds ein viel größeres Gewicht haben. Deshalb ist es notwendig, die folgenden Klimaschutzpotenziale stärker in den Blick zu nehmen.

> »Neues entsteht in den Zwischenräumen der Gesellschaft; Grenzgänger schaffen innovative Ansätze zur Nachhaltigkeit.«
>
> Volker Hauff (Vorsitzender des Rates für Nachhaltige Entwicklung)

Klimaschutzpotenzial	Mögliche CO_2-Einsparung
Stadtverkehr	Der Innerortsverkehr ist für ein Viertel der CO_2-Emissionen des gesamten Verkehrs verantwortlich. Das Potenzial, das durch die städtische Verkehrsplanung beeinflusst werden kann, ist aber größer. Denn ein sehr hoher Anteil des Verkehrs hat einen regionalen Bezug. 85 % aller Wege im Personalverkehr sind kürzer als 20 Kilometer.
kürzere Wege	In den letzten Jahrzehnten wurden die täglich zurückgelegten Wege zur Arbeit, zum Einkaufen oder in der Freizeit in Deutschland immer weiter. Wenn es gelänge, diesen Trend umzukehren, sodass die Wege im Jahr 2020 nur wieder um 10 % kürzer wären, könnten damit 10 Millionen Tonnen CO_2 eingespart werden.
nicht motorisierter Verkehr	Würde in Deutschland bis 2020 die Hälfte der Autofahrten unter 5 Kilometer zum Fahrrad- oder Fußgängerverkehr verlagert, könnten 5,8 Millionen Tonnen CO_2 gespart werden.
ÖPNV	Könnte man den Anteil des ÖPNV deutschlandweit bis 2020 zulasten des Autos verdoppeln, würden damit 2,5 Millionen Tonnen CO_2 eingespart.

Bundesumweltministerium fördert Klimaschutz in Städten und Gemeinden

Weitere Informationen:
- Richtlinien zur Förderung im Rahmen der Nationalen Klimaschutzinitiative
- www.bmu-klimaschutzinitiative.de
- www.kommunaler-klimaschutz.de
- www.ptj.de/klimaschutzinitiative-kommunen

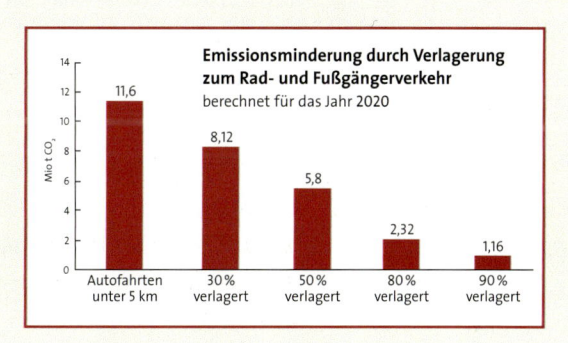

Emissionsminderung durch Verlagerung zum Rad- und Fußgängerverkehr
berechnet für das Jahr 2020

(Mio t CO_2)
- Autofahrten unter 5 km: 11,6
- 30 % verlagert: 8,12
- 50 % verlagert: 5,8
- 80 % verlagert: 2,32
- 90 % verlagert: 1,16

3 Diskontinuierliche Texte beinhalten Fließtexte und verschiedene andere Textbausteine (z. B. Tabellen, Diagramme, Schaubilder usw.). Beschreibe das Verhältnis von Fließtext und anderen Textbausteinen im Text von Aufgabe 2.

4
a Erläutert die Vorteile eines diskontinuierlichen Textes gegenüber einem kontinuierlichen Text.

TIPP
Stellt euch vor, die Aussagen der Tabelle wären als Fließtext angefügt.

b Tauscht euch darüber aus, was das Lesen eines diskontinuierlichen Textes vom Lesen eines kontinuierlichen Textes unterscheidet.

5
a Lies den Fließtext (Eingangstext) in Aufgabe 2 gründlich und beantworte die folgenden Fragen.
1 Wie wird der Text eingeführt? Was will der Autor damit erreichen?
2 Welche Argumente werden angeführt? Was wird damit begründet?
3 Warum reichen die technologischen Entwicklungen nicht aus?
4 Was wird als notwendig erachtet?

b Erkläre, warum Klimaschutz im Stadtverkehr notwendig ist.

c Durch welche Formulierungen erreicht der Autor eine Verbindung zwischen Eingangstext und Tabelle? Nenne mindestens drei Beispiele.

6
a Formuliere in ein bis zwei Sätzen, zu welchem Teilthema die Tabelle des diskontinuierlichen Textes in Aufgabe 2 etwas aussagt.

Die Tabelle sagt etwas aus zum Teilthema ...

b Lies die Tabelle gründlich und formuliere in ein bis zwei Sätzen, welche Hauptaussage vermittelt wird.

Die Tabelle sagt aus, dass ...

c Schreibe aus der Tabelle heraus, durch welche Veränderungen wie viel CO_2 eingespart werden könnte. Stelle deine Ergebnisse in einem Diagramm dar.

Diskontinuierliche Texte erschließen 95

7
a Erschließt die Grafik im Text in Aufgabe 2 (S. 92). Beantwortet dazu die folgenden Fragen.

1. Welches Thema wird grafisch abgebildet?
2. Welche Einzelaussagen werden getroffen?
   - Welche statistischen Angaben werden gemacht?
   - Um wie viele Millionen Tonnen würde sich der CO_2-Ausstoß verringern, wenn man die Autofahrten unter 5 km um die Hälfte verringern würde?
3. Was ist die Kernaussage?
4. In welcher Weise unterstützen die Informationen des Diagramms die Aussagen in der Tabelle?

b Gib die grafisch dargestellten Informationen in einem zusammenhängenden schriftlichen Text wieder. Nutze dazu deine Ergebnisse aus den Aufgaben 6 und 7a.

8 Fasse alle im Text von Aufgabe 2 (S. 92) dargestellten Informationen schriftlich zusammen. Nutze dazu deine Ergebnisse aus den Aufgaben 5 bis 7.

9 Suche aus einer Zeitschrift einen diskontinuierlichen Text heraus und erschließe seinen Inhalt mithilfe der Schrittfolge.

> **So kannst du diskontinuierliche Sachtexte (Cluster-Texte) erschließen**
> 1. Verschaffe dir einen Eindruck vom Textbild.
> 2. Kläre das Thema und den Inhalt des Gesamttextes.
> 3. Kläre die Teilthemen der einzelnen Textbausteine.
>   (Worüber sagt der Fließtext, die Tabelle, die Grafik, das Schaubild etwas aus?)
> 4. Erschließe die Inhalte der einzelnen Textbausteine genau.
>   (Welche Einzelaussagen werden getroffen? Welches sind die Kernaussagen?)
> 5. Setze die Aussagen miteinander in Beziehung.
>   (Wie stehen die Aussagen zueinander? Welche Zusammenhänge oder Tendenzen sind erkennbar?)
> 6. Fasse die wichtigsten Aussagen des Gesamttextes zusammen.

Textinhalte vergleichen

> **!** Um sich einen Sachverhalt umfassend zu erschließen und die Richtigkeit der Aussagen zu überprüfen, muss man oft mehrere Sachtexte zum Thema lesen. Beim **Vergleichen der Textinhalte** arbeitet man am besten mit einer Tabelle. So kann man dabei vorgehen:
> - die Texte nacheinander lesen und Teilthemen notieren,
> - zu den Teilthemen Wichtiges in Stichpunkten aufschreiben,
> - die Aussagen zu den Teilthemen miteinander vergleichen.

1

a Lies die beiden Texte nacheinander. Übertrage die folgende Tabelle in dein Heft und ergänze nach dem Lesen das gemeinsame Thema.

Gemeinsames Thema: …		
Teilthema	Text 1	Text 2

Text 1
Nachhaltigkeit ist ein Konzept, das ausdrückt, dass die heute lebenden Generationen so leben sollen, dass künftige Generationen die gleiche Chance haben, ihre Bedürfnisse zu befriedigen.
Die Grundidee, die hinter dem Konzept einer nachhaltigen Entwick-
5 lung steht, lässt sich in dem folgenden Leitsatz zusammenfassen: Die Staaten der Welt sind aufgefordert, ihre gegenwärtige Entwicklung so zu gestalten, dass sowohl heutige als auch künftige Generationen ihre Bedürfnisse befriedigen können.
Das grundlegende Ziel nachhaltiger Entwicklung ist es, zwei zen-
10 trale Probleme zu lösen. Nämlich
   1. die schlechte existenzielle Lage eines großen Teils der Menschheit in den so genannten Dritte-Welt- und Schwellenländern sowie
   2. die übermäßige Inanspruchnahme von Umweltressourcen durch die etablierten und aufstrebenden Industrienationen.
15 Weitgehende Einigkeit besteht also auf der grundsätzlichen Ebene: Nachhaltigkeit orientiert sich an den Leitlinien
   – globale Gerechtigkeit zwischen heute und künftig lebenden Generationen,
   – dauerhafte Umweltverträglichkeit und zukunftsfähige wirtschaft-
20 liche Entwicklung.

Text 2

Nachhaltigkeit bedeutet – vereinfacht ausgedrückt – einerseits der Natur nur so viel zu entnehmen, wie an Ressourcen nachgebildet werden kann, und andererseits die Natur mit Rest- und Abfallstoffen nur so weit zu belasten, wie sie zu kompensieren in der Lage ist.
5 Das wesentliche Element der Nachhaltigkeit wurde auf den letzten Weltumweltgipfeln formuliert, nämlich der anzustrebende Gleichklang von Ökologie, Ökonomie und Sozialem. Zum einen geht es um die Schonung endlicher Ressourcen, um Bodenschätze,
10 speziell auch fossile Energieträger[1], und zum anderen um die nachhaltige Nutzung biologischer Ressourcen. Dabei geht es z. B. um Fischbestände der Weltmeere und Binnengewässer, um Nutztiere und Nutz-
15 pflanzen in der Landwirtschaft oder um den Erhalt der Bodenfruchtbarkeit.
Der andere Aspekt der Nachhaltigkeit, die Natur nicht über Gebühr zu belasten, bedeutet in der Landnutzung – in Analogie zur Industrie oder zum Verkehr – die Reduzierung von Emissionen, etwa in Form
20 von toxischen[2] oder klimarelevanten Gasen. Auch die Vermeidung von Stoffeinträgen in den Boden, in das Grundwasser oder in Oberflächengewässer sowie Verminderung der Bodenerosion sind Ziele nachhaltigen Handelns.

[1] z. B. Kohle und Erdöl

[2] giftig, krankheitserregend

b Lies Text 1 abschnittsweise und notiere in der linken Spalte der Tabelle das Teilthema, mit dem sich der jeweilige Abschnitt beschäftigt.

c Lies nun Text 2 und ergänze die bisher nicht notierten Teilthemen in der linken Tabellenspalte.

d Arbeite beide Texte nacheinander abschnittsweise durch und trage die Aussagen zu den Teilthemen stichpunktartig in die mittlere und die rechte Tabellenspalte ein.

e Vergleiche die notierten Aussagen miteinander. Welche sind gleich? Welche unterscheiden sich? Was ist neu?

f Fertige mithilfe der Tabelle aus Aufgabe 1a eine Mindmap zum Begriff *Nachhaltigkeit* an.

Textbeschreibungen zu Sachtexten verfassen

> **!** In einer **Textbeschreibung** werden Ergebnisse der Analyse eines Textes zusammenhängend dargestellt. Das heißt, jeder Textbeschreibung muss eine genaue Untersuchung des Textes vorangehen.
> Die Textbeschreibung eines Sachtextes gibt sachlich Auskunft über den Inhalt und die Besonderheiten des Textes. Sie sollte folgende **Bestandteile** aufweisen:
> *Einleitung* (z. B. Quelle, Autor/Herausgeber, Titel, Thema des Textes)
> *Hauptteil*
> - Aussagen zum Aufbau des Textes (z. B. äußerlich erkennbare Gliederung: Textbestandteile, Funktion und Anordnung)
> - Aussagen zum Inhalt des Textes (z. B. Thema, Standpunkt der Autorin / des Autors, Hauptaussage, Thesen, Argumente)
> - Aussagen zur Wirkungsabsicht, zum Adressatenbezug, zur Textfunktion
> - Aussagen zu sprachlichen Besonderheiten
> *Schluss* (z. B. Bewertung von Inhalt und Darstellungsweise des Textes, eigene Meinung zum im Text Dargestellten)

Eine Textbeschreibung planen

→ S. 88 Elemente zur Steuerung des Textverstehens erkennen

TIPP
Nutze deine Untersuchungsergebnisse der Aufgaben 1 bis 3 (S. 88–90).

1 Verfasse eine Textbeschreibung zum Text von Aufgabe 1a (S. 88).

a Untersuche den Aufbau des Textes. Bestimme, um was für einen Text es sich handelt. Welche Elemente zur Steuerung des Textverstehens hat der Autor verwendet?

b Formuliere, um welches Thema es geht. Welchen Standpunkt hat der Autor zum Thema? Notiere die Hauptaussage des Textes.

c Untersuche die Gliederung des Textes. Stelle dazu den Gedankengang des Autors in einer Übersicht dar. Werden die Aussagen begründet und mit Beispielen belegt?

d Überlege, was der Autor mit dem Text erreichen möchte: informieren, appellieren oder werten? Suche heraus, ob und, wenn ja, wie der Autor die Leser anspricht.

e Untersuche die sprachlichen Besonderheiten des Textes, z. B. die Wortwahl und den Satzbau.

Textbeschreibungen zu Sachtexten verfassen **99**

Einen Entwurf schreiben

2 Schreibe einen Entwurf der Textbeschreibung. Lass einen breiten Rand für die Überarbeitung.

a Lies den Text noch einmal und entwirf die Einleitung.

b Schreibe den Entwurf des Hauptteils. Nutze dazu deine Ergebnisse aus Aufgabe 1.

c Entwirf den Schluss der Textbeschreibung. Lege deine eigene Meinung zum Thema dar oder stelle einen Bezug zu deinem Leben her.

Den Entwurf überarbeiten

d Überarbeite den Entwurf und schreibe die Endfassung. Beantworte dazu die folgenden Fragen.

1 Wurden Textfunktion und Autorenabsicht bestimmt?
2 Wurden alle notwendigen Angaben zum Textinhalt wiedergegeben?
3 Wurden inhaltliche und gestalterische Besonderheiten des Textes beschrieben?
4 Ist die sprachliche Gestaltung deiner Textbeschreibung korrekt?

Eine Textbeschreibung verfassen

3 Verfasse eine Textbeschreibung zum Text in Aufgabe 2 (S. 92).

a Lies den Text noch einmal und entwirf die Einleitung.

TIPP
Nutze auch deine Ergebnisse aus Aufgabe 2 bis 8 (S. 92–95).

b Untersuche den Text gründlich und schreibe den Entwurf des Hauptteils der Textbeschreibung.

c Entwirf den Schluss. Lege deine eigene Meinung zum Thema dar oder stelle einen Bezug zu deinem Leben her.

d Überarbeite den Entwurf und schreibe die Endfassung.

4 Verfasse eine Textbeschreibung zu den Texten aus Aufgabe 1a (S. 96). Orientiere dich dabei am Merkkasten auf S. 98.

Was habe ich gelernt?

5 Überprüfe, was du über Textbeschreibungen gelernt hast. Vergleiche die Arbeitsschritte zum Verfassen von Textbeschreibungen von Sachtexten und literarischen Texten. Welche Unterschiede gibt es?

Teste dich selbst!

1 Überfliege folgenden Text (orientierendes Lesen) und verschaffe dir so einen ersten Eindruck.

Müll
In Deutschland sind stinkende Abfallberge Vergangenheit. Die Entsorgungsbranche boomt und holt immer mehr Dreck aus dem Ausland

Noch vor 30 Jahren schwelte an fast jedem Ort eine Müllkippe, 50 000 waren es bundesweit. Heute ermöglicht eine hoch technologisierte Industrie, dass Abfälle als Rohstoffe recycelt werden. 250 000 Menschen erwirtschaften mit Müll einen Umsatz von rund 50 Milliarden Euro.

Für Umweltminister Sigmar Gabriel (SPD) sind die »Abfälle von heute die Bergwerke der Zukunft«. Moderne Verbrennungsöfen stoßen kaum noch Schadstoffe aus, anfallende Schlacke wird zu Straßenbelag verarbeitet. Allerdings bleiben giftige Verbrennungsrückstände, die in Bergwerken entsorgt werden.

Auch das Sammeln von Verpackungsmüll aus privaten Haushalten muss noch verbessert werden. Zu teuer, zu ineffizient – urteilen Experten über das Duale System Deutschland.

Doch die Verbrennungs- und Verwertungswirtschaft boomt. Züge und Lkws transportieren immer mehr Müll nach Deutschland. So landet ein Teil der Abfälle, der bis vor Kurzem Neapels Straßen in Müllhalden verwandelte, in der Aufbereitungsanlage Cröbern bei Leipzig sowie einem Heizkraftwerk in Bremerhaven.

Seit 2001 sind die Importe bereits um ein Drittel gestiegen. Vor allem die Einfuhr genehmigungspflichtiger und gefährlicher Stoffe nimmt zu – auf zuletzt 5,6 Millionen Tonnen.

Für Umweltschützer ist der »Mülltourismus« ein Graus. Sie fordern, dass Abfälle dort entsorgt werden, wo sie entstehen.

SORTIEREN, VERBRENNEN, DEPONIEREN

Deutsche Entsorgungsbetriebe verarbeiten jährlich rund 150 Mio. Tonnen Abfälle – ein Großteil aus Industrie und Baubranche

38,8 Mio. Tonnen landen noch immer auf der Deponie, Tendenz fallend. Damit keine klimaschädlichen Faulgase entweichen oder das Grundwasser verschmutzt wird, dürfen nur noch vorbehandelte Abfälle abgelagert werden. Viele Müllhalden werden geschlossen.

34,2 Mio. Tonnen Unrat wandeln Müllverbrennungsanlagen und Industrieheizkraftwerke in Strom, Dampf und Fernwärme um. Zu den bestehenden 68 Verbrennungsöfen sollen 83 neue Anlagen hinzukommen, z.T. als Energielieferanten für Zement- und Kupferwerke.

22,3 Mio. Tonnen Abfall trennen Sortieranlagen auf mechanischem Weg, vor allem Bauschutt und Metallschrott. Bei Verpackungsmüll übernehmen Infrarot-Detektoren die Arbeit.

12,3 Mio. Tonnen organischer Pflanzenreste verrotten zu Kompost. Bei der Zersetzung wird Biogas gewonnen.

9,7 Mio. Tonnen Schrott, z.B. Autokarosserien, werden von Schreddern für die Wiederverwertung der wertvollen Metalle zermahlen.

3,8 Mio. Tonnen Hausmüll bereiten mechanisch-biologische Abfallbehandlungsanlagen zu unbedenklichen Deponieabfällen und zu heizwertreichen Ersatzbrennstoffen auf.

Doppelte Arbeit: Für das Duale System holen Müllmänner graue, braune, blaue und gelbe Tonnen ab

Gesamtaufkommen in Haushaltsabfällen: 36,7 Millionen Tonnen

13,7 Mio. t Hausmüll
2,3 Mio. t Sperrmüll
4,5 Mio. t Gartenabfälle
4,2 Mio. t Biotonne
5,8 Mio. t Papier, Pappe, Karton
2,5 Mio. t Verpackungen
1,9 Mio. t Glas
0,9 Mio. t Holz
0,3 Mio. t Metall
0,04 Mio. t Kunststoffe
0,1 Mio. t Textilien

Haushaltsabfälle 2010

2 Beschreibe das Textbild des Textes. Beantworte dazu folgende Fragen.

1. Welche Textbausteine enthält der Text?
2. Welche Funktion haben diese Textbausteine jeweils?
3. Wie sind die Textbausteine angeordnet?
4. Wie stehen die Textbausteine inhaltlich zueinander?

3

a Untersuche den inhaltlichen Aufbau des Fließtextes. Orientiere dich an den Absätzen und notiere das Wesentliche zu jedem Abschnitt in Stichpunkten.

b Formuliere die Hauptaussage des Fließtextes als Satz.

c Stelle die Ergebnisse aus den Aufgaben a und b als Schaubild oder Mindmap dar.

4

a Formuliere, zu welchem Teilthema die Grafik etwas aussagt.

b Notiere kurz ihre Kernaussage. Was verdeutlicht die Grafik?

c Notiere mindestens drei konkrete Aussagen der Grafik.

Gesamtaufkommen in Haushaltsabfällen: **36,7** Millionen Tonnen

13,7 Mio. t Hausmüll
2,3 Mio. t Sperrmüll
4,5 Mio. t Gartenabfälle
4,2 Mio. t Biotonne
5,8 Mio. t Papier, Pappe, Karton
2,5 Mio. t Verpackungen
1,9 Mio. t Glas
0,9 Mio. t Holz
0,3 Mio. t Metall
0,04 Mio. t Kunststoffe
0,1 Mio. t Textilien

Haushaltsabfälle 2010

5

a Erläutere die Aussage, die sich links neben der Grafik befindet.

b Untersuche, inwiefern die Gesamtaussage der Grafik durch diese Aussage beeinflusst wird.

6

a Notiere, welche statistischen Angaben im Kasten gemacht werden.

b Erkläre, in welcher Weise die Informationen aus dem Kasten die Aussagen der Grafik unterstützen.

c Erstelle mithilfe der Angaben im Kasten ein Diagramm.

Exzerpte anfertigen

> **!** Das **Exzerpieren** ist eine Methode der Texterschließung und der Informationssammlung. Der Text wird unter einer bestimmten Fragestellung gelesen und wichtige Informationen werden schriftlich im **Exzerpt** festgehalten. Die Informationen werden entweder als Stichpunkte oder, bei besonders wichtigen oder schwierigen Passagen, als wörtliche Übernahmen (Zitate) notiert.

1 Wähle aus dem Kapitel *Sachtexte erschließen* (S. 88–99) einen Sachtext zum Exzerpieren aus.

→ S. 148 Zitieren
→ S. 213 Quellenverzeichnis

a Notiere die Quellenangabe des Textes als Überschrift.

b Formuliere die Fragestellung, unter der du den Text lesen wirst.

TIPP
Markiere nur im eigenen Buch oder auf Kopien.

c Markiere für deine Fragestellung wichtige Textstellen (z. B. durch Ausrufezeichen) sowie unklare Stellen (z. B. durch Fragezeichen).

d Arbeite die markierten Textstellen durch, kläre unbekannte Begriffe, Fachausdrücke und Fremdwörter.

e Fertige nun ein Exzerpt an. Nutze die Schrittfolge.

So kannst du einen Text exzerpieren
1. Notiere die Quellenangabe und die Fragestellung, unter der der Text gelesen wurde.
2. Notiere die für deine Fragestellung wichtigen Informationen in Stichpunkten. Achte dabei auf Übersichtlichkeit und eindeutige Abkürzungen und Zeichen.
3. Wenn du Textstellen wörtlich übernimmst, setze sie in Anführungszeichen. Die Zitate sind mit einer genauen Quellenangabe zu versehen. Achte darauf, dass du sparsam zitierst.

2 Wähle zur Vorbereitung auf einen Vortrag einen geeigneten Sachtext aus und fertige ein Exzerpt an. Nutze ggf. Texte aus dem Fachunterricht.

Konspekte anfertigen

> **!** Das **Konspektieren** ist eine Methode der Texterschließung und eine mögliche Form, Textinformationen schriftlich festzuhalten. Das Anfertigen eines **Konspekts** hilft besonders bei schwierigen Texten, eine Zusammenfassung und damit eine Übersicht über den Inhalt zu erhalten. Der Konspekt folgt der inhaltlichen Gliederung (dem Gedankengang des Autors) oder der Argumentation des Textes.

1 Wähle für deine Facharbeit oder einen Vortrag einen Sachtext zum Konspektieren aus.

→ S.148 Zitieren

   a Notiere die Quellenangabe des Textes als Überschrift.

   b Überfliege den Text (orientierendes Lesen) und ermittle seine Struktur. Orientiere dich dabei an Absätzen, Teilüberschriften und Teilthemen.

   c Arbeite den Text abschnittsweise durch und erfasse die wesentlichen Informationen bzw. die Kernaussage des jeweiligen Abschnitts.

   d Fertige nun einen Konspekt zum ausgewählten Sachtext an. Nutze die Schrittfolge.

> **So kannst du einen Text konspektieren**
> 1. Notiere die Quellenangabe des Textes als Überschrift.
> 2. Gib die Struktur des Textes wieder. Übernimm dazu die Teilüberschriften oder benenne Teilthemen.
> 3. Verdichte die Hauptgedanken zu Stichpunkten, ordne sie den Teilthemen zu und notiere sie. Achte dabei auf Übersichtlichkeit und eindeutige Abkürzungen und Zeichen (z. B. Symbole, Pfeile).
> 4. Übernimm besonders wichtige Stellen als Zitate und setze diese in Anführungszeichen. Die Zitate sind mit einer genauen Quellenangabe zu versehen. Achte darauf, dass du sparsam zitierst.

2 Wähle für deine Facharbeit einen weiteren geeigneten Sachtext aus und fertige einen Konspekt an.

Mit Medien umgehen

Fernsehprogramme untersuchen

Über die eigene Mediennutzung nachdenken

1 Mediensteckbriefe enthalten persönliche Angaben über die Mediennutzung.

a Lies folgende Mediensteckbriefe.

A Die 14-jährige Y. liebt die Fernsehserie »Charmed«. Sie sieht sie regelmäßig und nimmt alle Folgen auf, die sie auch an Freundinnen verleiht. Jetzt wünscht sie sich die kompletten Staffeln auf DVD. Den Hinweis darauf hat sie aus dem Internet, wo sie ab und zu einen Chat besucht und regelmäßig Bilder und Informationen zu der Serie und den Schauspielerinnen sucht. Das heruntergeladene Material heftet sie zusammen mit Artikeln, Postern und Bildern aus Zeitschriften fein säuberlich in Ordnern ab.

B Der 16-jährige S. ist ein passionierter Spieler von Computerspielen. Für ihn ist das Internet von zentraler Bedeutung: Hier hält er Kontakt zu anderen Fans, verabredet sich zu Online-Spielen oder LAN-Partys, tauscht sich über Neuheiten aus und anderes mehr. Um auf dem Laufenden zu bleiben, nutzt er eine Computerspiel-Zeitschrift.

b Fertige deinen eigenen Mediensteckbrief an.

c Stellt euch eure Steckbriefe gegenseitig vor. Erarbeitet eine Übersicht, in der alle von euch genutzten Medien enthalten sind.

> **!** Das **Fernsehen** gehört zu den **audiovisuellen Medien**, vermittelt also sowohl Ton- als auch Bildinformationen.
> Im Fernsehen bieten **öffentlich-rechtliche Fernsehsender**, wie ARD und ZDF, ihre Programme an, die sich hauptsächlich über Gebühren finanzieren. Für deren Einziehung ist die GEZ zuständig. Seit der Einführung des Kabelfernsehens 1984 gibt es auch **private Sender**. Sie werden *die Kommerziellen* genannt, weil sie sich nur durch Werbung finanzieren. Sie sind bemüht, möglichst viele Zuschauerinnen und Zuschauer für ihre Sendungen zu gewinnen, da sich die Werbeeinnahmen nach den Einschaltquoten richten.

[1] Jugend, Information, (Multi-)Media
→ http://www.mpfs.de

2 Seit 1998 werden für die JIM[1]-Studie jedes Jahr 12- bis 19-Jährige zum Umgang mit Medien und Information befragt.

a Lies folgenden Auszug aus der JIM-Studie 2011.

Auch im Internetzeitalter hat das Fernsehen einen hohen Stellenwert. Für neun von zehn Jugendlichen ist das Fernsehen eine regelmäßige Freizeitbeschäftigung, 60 Prozent sehen tagtäglich fern. Die subjektive geschätzte Nutzungsdauer pro Tag liegt nach eigener Einschätzung bei 113 Minuten.

Über eigene Fernsehgewohnheiten nachdenken
→ S.53 Präsentieren

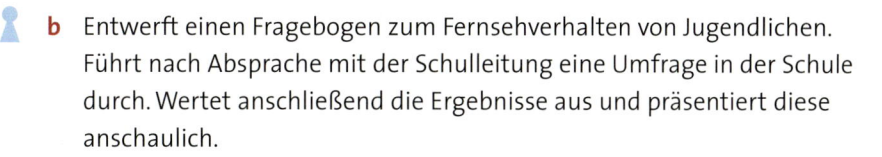

b Entwerft einen Fragebogen zum Fernsehverhalten von Jugendlichen. Führt nach Absprache mit der Schulleitung eine Umfrage in der Schule durch. Wertet anschließend die Ergebnisse aus und präsentiert diese anschaulich.

c Vergleicht die Aussagen der Studie mit den Ergebnissen eurer Umfrage. Nutzt dazu auch den Auszug und das Diagramm aus der JIM-Studie 2011.

Was die inhaltlichen Vorlieben betrifft, haben sich hierbei keine Änderungen ergeben: Wie die Jahre zuvor ist das mit Abstand beliebteste Fernsehprogramm für knapp die Hälfte ProSieben. An zweiter Stelle folgt RTL, das von 17 Prozent als liebster Sender genannt wird. [...] Allerdings unterscheidet sich die Fernsehwelt der Jungen und Mädchen sehr deutlich.

→ S.92 Einen diskontinuierlichen Text erschließen

* Programme ab 2 % Nennungen (gesamt), Basis: alle Befragten, n=1.205

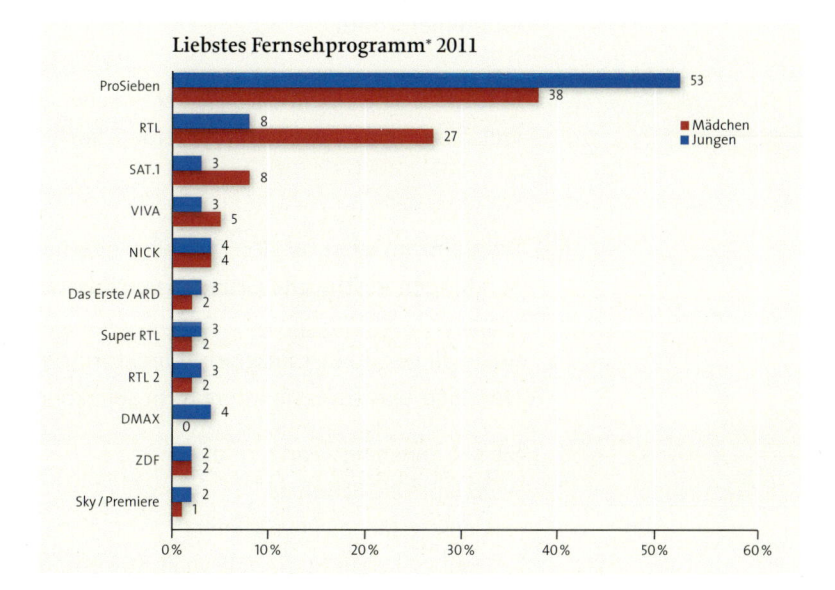

Liebstes Fernsehprogramm* 2011

Sender	Mädchen	Jungen
ProSieben	53	38
RTL	8	27
SAT.1	3	8
VIVA	3	5
NICK	4	4
Das Erste / ARD	3	2
Super RTL	3	2
RTL 2	3	2
DMAX	0	4
ZDF	2	2
Sky / Premiere	2	1

3 Fernsehzeitschriften geben einen Überblick über das Programm der verschiedenen Sender für einen bestimmten Zeitraum.

a Nennt die Sender, die in der Zeitschrift (S. 107) aufgelistet werden. Überlegt, warum sie in dieser Reihenfolge genannt werden.

b Wählt einen Sender aus und erstellt einen Steckbrief nach dem folgenden Muster.

TIPP
Nutzt z. B. die Webseiten der Sender.

> **Steckbrief:**
> **Erstes Deutsches Fernsehen (Das Erste)**
>
> Slogan: *Das Erste*
>
> Logo: **Das Erste**⓵
>
> Rechtsform: öffentlich-rechtlich
> Sendebeginn: 25. Dezember 1952 (NWDR-Fernsehen)
> Webseite: www.daserste.de
> bekannte Sendungen: Tagesschau, Tatort, Ratgeber Recht, Sturm der Liebe, Die große Show der Naturwunder, …

c Untersucht, ob es spezielle Sendungen für Jugendliche gibt. Tauscht euch darüber aus, welche ihr kennt und welche ihr empfehlen könnt.

d Erarbeitet eine Übersicht darüber, welche Sendungen zu welcher Uhrzeit ausgestrahlt werden. Sucht Gründe dafür.

4 Programmmacher bei den Fernsehsendern überlegen sich, welche Sendungen bestimmte Gruppen von Zuschauern ansprechen.

a Stelle dir vor, du bist Programmdirektorin/Programmdirektor. Überlege, was für Lena interessant sein könnte.

Sie hat folgendes »Nutzerprofil«:
– 16 Jahre alt, Schülerin
– Lieblingsfächer: Physik, Sport
– Hobbys: Krimis lesen, Volleyball, Musik hören

Fernsehprogramme untersuchen **107**

b Nenne die Sendungen, die Lena sich wohl ansehen wird.

DAS ERSTE	ZDF	RTL	SAT.1	PROSIEBEN	MDR
5.30 Morgenmagazin 9.00 Tagesschau 9.05 Das Waisenhaus für wilde Tiere HD 9.55 Wetter 10.00 Tagesschau 10.03 Brisant 10.30 Sportschau live 10.30 Skeleton: Weltcup, Frauen, 1. und 2. Lauf, aus St. Moritz (CH) (Reporter: Eik Galley) **13.00 Mittagsmagazin** **14.00 Tagesschau** **14.10 Sportschau live** HD Bob: Weltcup, Frauen, 1. Lauf, aus St. Moritz (CH); ca. 14.25 Biathlon: Weltcup, 10 km Sprint Männer, aus Antholz (I) (Reporter: Wilfried Hark); ca. 16.00 Bob: Weltcup, Frauen, 2. Lauf, aus St. Moritz (CH) (Reporter: Eik Galley); ca. 16.25 Skispringen: Weltcup, 1. und 2. Durchgang **18.50 Drei bei Kai** Das Familienquiz **19.45 Wissen vor acht – Werkstatt** Thema: Warum werden Wolken kurz vor dem Regen dunkelgrau? **19.50 Das Wetter** **19.55 Börse im Ersten** **20.00 Tagesschau**	5.30 Morgenmagazin 9.00 heute 9.05 Volle Kanne – Service täglich. Magazin 10.30 Die Rosenheim-Cops. Krimiserie: Ein mörderischer Abgang 11.15 SO-KO Kitzbühel. Krimiserie: Hochzeitsglocken 12.00 heute 12.10 drehscheibe Deutschland **13.00 Mittagsmagazin** **14.00 heute – in Deutschland** **14.15 Küchenschlacht** **15.00 heute** **15.05 Topfgeldjäger** mit Steffen Henssler **16.00 heute – in Europa** **16.10 Die Rettungsflieger** Die Entscheidung **17.00 heute** **17.10 hallo deutschland** Magazin, D 2012 **17.45 Leute heute** Journal, D 2012 **18.00 SOKO Kitzbühel** HD Krimiserie: Entsorgt, mit Kristina Sprenger **19.00 heute** **19.25 Forsthaus Falkenau** HD Familienserie: Von Menschen und Mäusen, mit Hardy Krüger jr., Gisa Zach	6.00 Punkt 6 7.30 Alles, was zählt. Familienserie 8.00 Unter uns. Serie 8.30 GZSZ. Serie 9.00 Punkt 9. Magazin 9.30 Mitten im Leben! Doku-Soap 10.30 Mitten im Leben! Doku-Soap 11.30 Unsere erste gemeinsame Wohnung. Doku-Soap **12.00 Punkt 12 – Das RTL-Mittagsjournal** Magazin, D 2012 **14.00 Mitten im Leben!** Doku-Soap 2012 **15.00 Verdachtsfälle** Doku-Soap 2012 **16.00 Familien im Brennpunkt** Doku-Reihe, D 2012 **17.00 Betrugsfälle** Doku-Soap 2012 **17.30 Unter uns** Serie **18.00 Explosiv – Das Magazin** **18.30 Exclusiv** **18.45 RTL Aktuell** **19.03 Wetter** **19.05 Alles, was zählt** Familienserie **19.40 Gute Zeiten, schlechte Zeiten** Serie	5.30 Sat.1-Frühstücksfernsehen. Mit Simone Panteleit, Matthias Killing, Jan Hahn und Karen Heinrichs. live 10.00 Leßen & Partner. Reihe, D 2002–09 11.00 Barbara Salesch. Gerichtsshow, D 2011 12.00 Alexander Hold. Gerichtsshow, D 2011 **13.00 Britt** Talk-Show mit Britt Hagedorn, D 2011 **14.00 Kallwass** Psychologie und Lebensberatung mit Angelika Kallwass **15.00 Barbara Salesch** Gerichtsshow, D 2011 **16.00 Alexander Hold** Gerichtsshow, D 2011 **17.00 Niedrig und Kuhnt** Reihe, D 2003–11, mit Cornelia Niedrig, Bernhard Kuhnt **17.30 Schicksale – und plötzlich ist alles anders** Reihe, D 2010 **18.00 Das Sat.1-Magazin** Magazin, D 2012, live **18.30 Anna und die Liebe** Telenovela **19.00 K 11 – Kommissare im Einsatz** **20.00 Nachrichten**	8.35 Malcolm mittendrin 9.05 The Big Bang Theory 9.30 Big Bang Theory 9.55 Scrubs 10.25 Scrubs 10.50 Scrubs 11.15 How I Met Your Mother 11.40 How I Met Your Mother 12.05 How I Met Your Mother 12.35 Malcolm mittendrin **13.00 Malcolm mittendrin** Gewissensbisse **13.30 The Big Bang Theory** Comedyserie **14.20 Scrubs** Meine Aufrichtigkeit **14.45 Scrubs** Mein Freund, der Hausmeister **15.10 Scrubs** Mein Mittagessen mit Cox **15.40 How I Met Your Mother** Comedyserie **16.05 How I Met Your Mother** Comedyserie **16.30 How I Met Your Mother** Comedyserie **17.00 taff** Boulevardmagazin, D 2012 **18.00 Newstime** **18.10 Die Simpsons** Bart gewinnt Elefant! **18.40 Die Simpsons** Burns Erbe **19.05 Galileo** Magazin mit Aiman Abdallah, D 2012	7.45 Sturm der Liebe – Die schönsten Momente 8.35 Brisant 9.15 Escher 10.00 Hauptsache gesund 10.48 artour 11.18 Länderzeit kompakt 11.20 Spaßvögel ... packen aus 11.45 MDR um zwölf 12.30 In aller Freundschaft **13.15 Das Wolgadelta in Russland** Dokumentation **14.00 Dabei ab zwei** Magazin, Thema: Verkehrssünder – Raser, Drängler, Bummelanten **14.30 LexiTV** Wissen für alle, **15.30 Eisenbahn-Romantik** Dampfreise durch den wilden Südwesten (2), Reihe **16.00 Neues von hier** **16.30 Gäste zum Kaffee** **17.00 Leichter leben** Service-Magazin **17.40 Neues von hier** **18.00 Aktuell** **18.07 Brisant Classix** **18.48 Wetter für 3** **18.54 Sandmann** **19.00 Regional** **19.30 Aktuell** **19.50 Elefant, Tiger & Co.** Doku-Soap

5

a Ordne den Fernsehformaten 1–8 die Erklärungen A–H zu. Ergänze, wenn möglich, ein aktuelles Beispiel.

1 Daily Soap **2** Ratgebersendung **3** Nachrichten **4** Dokumentation
5 Talkshow **6** Quizsendung **7** Castingshow **8** Dokusoap

A Informationssendung zum aktuellen Tagesgeschehen (Politik, Wirtschaft, Sport)
B Serie, die täglich gesendet wird
C Dokumentarserie mit teilweise inszeniertem Ablauf
D öffentliches Auswahlverfahren von Kandidaten in einer Show
E Informationssendung zu einem bestimmten Thema
F Sendungen, in denen über die Lösung von Problemen informiert wird
G Sendung mit unterhaltenden Elementen, wie kurzen Interviews, Musik, Tanz, Filmeinspielungen, Quiz
H Gesprächsrunde mit mehreren Teilnehmern zu unterschiedlichen Themen

→ S.14 Diskussionen führen

b Fernsehsendungen unterscheidet man nach ihrem Unterhaltungs-, Informations- und Bildungsgehalt. Diskutiert darüber, ob diese These stimmt.

c Übertrage die Tabelle in dein Heft und ordne die Fernsehformate 1 bis 8 aus Aufgabe a richtig ein.

eher unterhaltend	eher informativ	eher bildend
Daily Soap	...	...

6

a Lies den folgenden Text und erkläre den Zusammenhang zwischen Programm, Quote und Geld.

»Geld und Quote« – ihr Einfluss auf die Programmgestaltung
»Geld und Quote« spielen bei der Programmplanung eine nicht unwichtige Rolle. Das Programm kostet Geld. Das Geld kommt aus Fernsehgebühren und Werbung bzw. bei den Privatsendern nur aus der Werbung.
5 Die Quote zeigt dem Planer den Erfolg des Programms. Sie ist für ihn eine wichtige Rückmeldung des Publikums. Eine hohe Quote bringt über die Werbung viel Geld, eine niedrige Quote bringt weniger Geld.
Die Programmwünsche der Zuschauer sind auf Unterhaltung
10 ausgerichtet. Anspruchsvolle Programme, insbesondere aus dem Bereich von Information und Kultur, finden deshalb nicht so viele Zuschauer. Die öffentlich-rechtlichen Rundfunkanstalten geraten deshalb mit Teilen ihres Programms ins Hintertreffen, solange Erfolg und Qualität von Sendungen nur an der Quote gemessen werden.
15 Die privaten Sender orientieren sich fast ausschließlich an den Interessen ihrer Zielgruppe, den Werbekunden. Dadurch erreichen sie hohe Werbeeinnahmen. Das Programm wird auf die Zielgruppe der Werbung hin ausgerichtet.

b In der Zeitung kannst du meist die Einschaltquoten des Vortags finden. Prüfe, ob die Verteilung der Marktanteile dem Text aus Aufgabe a entspricht.

Einschaltquoten (Zuschauer in Mio., Marktanteil in %)
1. Stubbe – Von Fall zu Fall	ZDF	8,85	27,9
2. Kommissar Stolberg	ZDF	6,39	21,4
3. Ich bin ein Star – Holt mich hier raus!	RTL	6,22	34,1
4. Deutschland sucht den Superstar (DSDS)	RTL	5,84	18,5

c Seht euch das folgende Diagramm an und tauscht euch darüber aus, in welchem Programm es zu welcher Tageszeit am lohnendsten wäre, Werbezeit zu verkaufen.

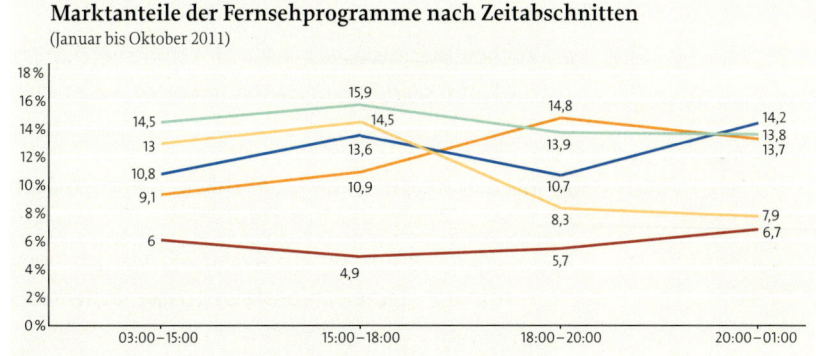

Marktanteile der Fernsehprogramme nach Zeitabschnitten
(Januar bis Oktober 2011)

Legende: Das Erste, ZDF, SAT.1, RTL, ProSieben

Zeitabschnitt	Das Erste	ZDF	SAT.1	RTL	ProSieben
03:00–15:00	14,5	13	10,8	9,1	6
15:00–18:00	15,9	14,5	13,6	10,9	4,9
18:00–20:00	14,8	13,9	10,7	8,3	5,7
20:00–01:00	14,2	13,8	13,7	7,9	6,7

7 Stellt euch vor, es gäbe JU.KA, einen »Jugendkanal«. Welche Formate und welche Sendungen würdet ihr dort senden? Entwerft ein Werbeplakat mit Ausschnitten aus dem Tagesprogramm.

8

a Lies folgenden Auszug aus dem Rundfunkstaatsvertrag und nenne die Arten von Werbung, die darin geregelt werden.

§ 7 Werbegrundsätze, Kennzeichnungspflichten
(7) […] Auf eine Produktplatzierung ist eindeutig hinzuweisen. Sie ist […] angemessen zu kennzeichnen. […]

§ 7a Einfügung von Werbung und Teleshopping
(1) Übertragungen von Gottesdiensten sowie Sendungen für Kinder dürfen nicht durch Werbung oder Teleshopping-Spots unterbrochen werden.

§ 8 Sponsoring
(1) Bei Sendungen, die ganz oder teilweise gesponsert werden, muss zu Beginn oder am Ende auf die Finanzierung durch den Sponsor […] deutlich hingewiesen werden. […]

§ 45 Dauer der Fernsehwerbung
(1) Der Anteil an Sendezeit für Fernsehwerbespots und Teleshopping-Spots innerhalb einer Stunde darf 20 vom Hundert nicht überschreiten. Satz 1 gilt nicht für Produktplatzierungen und Sponsorhinweise.

110 Mit Medien umgehen

    b Seht euch unterschiedliche Sendungen kritisch an. Stoppt die Zeit der Werbeunterbrechungen und achtet auf Produktplatzierung und Sponsoring. Tauscht euch darüber aus, ob die Bestimmungen von den Sendern eingehalten werden.

    c Recherchiere, was der Rundfunkstaatsvertrag ist und welche Aufgaben die Landesmedienanstalten haben.

9 Moderne technische Möglichkeiten ändern auch das Fernsehen.

    a Lies den Textauszug aus der JIM-Studie und werte das Diagramm aus. Formuliere deine Schlussfolgerungen in zwei bis drei Sätzen.

> Trotz der guten Ausstattung mit Computer und Netzzugang und der hohen Alltagsrelevanz des Internets erfolgt die Fernsehnutzung bei Jugendlichen auch 2011 noch überwiegend über ein stationäres Fernsehgerät.

Basis: Befragte, die mind. einmal in den letzten 14 Tagen ferngesehen haben

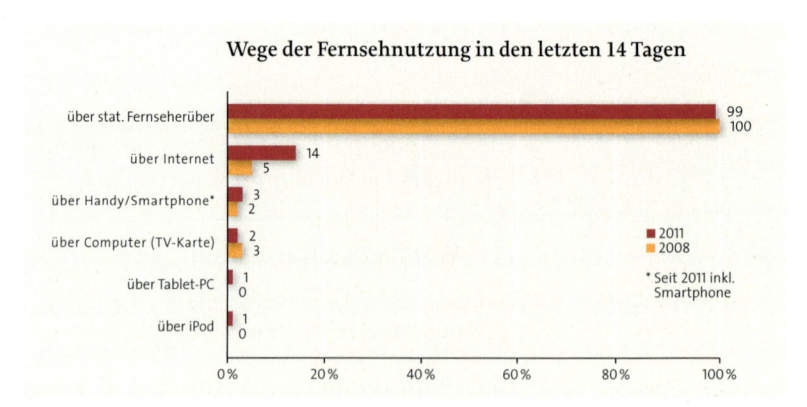

Wege der Fernsehnutzung in den letzten 14 Tagen

Weg	2011	2008
über stat. Fernseher	99	100
über Internet	14	5
über Handy/Smartphone*	3	2
über Computer (TV-Karte)	2	3
über Tablet-PC	1	0
über iPod	1	0

* Seit 2011 inkl. Smartphone

    b Informiere dich über moderne Möglichkeiten des Fernsehens.

10 Gestaltet eine Präsentation zum Thema »Fernsehen heute«. Nutzt die erarbeiteten Materialien in Form von Diagrammen, Plakaten oder Collagen für eine größere Ausstellung in eurer Schule.

→ S.53 Präsentieren

Was habe ich gelernt?

11 Überprüfe, was du über das Fernsehen gelernt hast. Gestalte ein Plakat zu den Besonderheiten des Mediums. Nutze dazu Karikaturen, eine Sammlung von Zitaten, eine Collage o. Ä.

Wortarten und Wortformen

Verben

Die Modusformen des Verbs

1

a Lest den Text. Fasst zusammen, worüber der Artikel informiert und mit welchen Personen gesprochen wurde.

»Frida, zeig noch mal den Salsa-Grundschritt!«, ruft der Tanzlehrer. 24 Schüler der 9. Klasse in S. konnten dieses Schuljahr zwischen Tanzen und Sportunterricht wählen – und haben sich fürs Tanzen entschieden. »Früher hätte man Sie für verrückt erklärt, wenn Sie an einer Hauptschule Paartanz als Sportunterricht angeboten hätten.« Da ist sich der Schulleiter sicher. »Klar, ein paar Jungs und Mädels mussten wir erst überreden«, sagt Lilly. Hakim ist Hip-Hop-Fan: »Das ist ein tolles Angebot. Zu Hause tanze ich auch vor dem Spiegel.« Getanzt wird 90 Minuten, Rumba, Foxtrott, Salsa. Das erfordere Konzentration und Kondition, meint Frida. Die Idee zum Tanzunterricht hatte die Psychologielehrerin. In Bayern sei Tanzen Teil des Musikunterrichts. »Da haben sich schon etliche vom Kampftrinker zum Sozialwesen entwickelt«, sagt sie. Für die Jungen etwa sei es eine gute Erfahrung zu führen – in einem Alter, »in dem sie sich sonst ausgeliefert fühlen«. Der Tanzlehrer ist positiv überrascht von der Atmosphäre im Unterricht. Die Schüler seien sehr diszipliniert. Die Musik aus den Charts zu Disco-Fox und Rumba würden sie kennen. Zur Belohnung studiere er Hip-Hop mit ihnen ein.

b Sucht im Text alle Stellen, die Äußerungen der Gesprächspartner wiedergeben. Sagt, woran ihr dies jeweils erkannt habt.

c Bestimmt, um welche Modusformen es sich bei den Verben im Text der Aufgabe a handelt. Orientiert euch am folgenden Merkkasten.

> **!** Verben bilden **Modusformen** (Formen der Aussageweise):
> - Verbformen im **Indikativ** (Wirklichkeitsform) verwendet man, um Tatsachen oder direkte (wörtliche) Rede wiederzugeben, z.B.: *Nils liebt Baseball. »Tanzen gefällt mir aber auch«, sagt er.*
> - Verbformen im **Konjunktiv I** (Möglichkeitsform) werden zur Wiedergabe von indirekter (nicht wörtlicher) Rede genutzt, z.B.: *Sein Bruder sagt, Nils liebe Baseball, Tanzen gefalle ihm aber auch.*
> - Verbformen im **Konjunktiv II** (Möglichkeitsform) drücken irreale (unwirkliche) Wünsche, Bedingungen und Vergleiche aus, z.B.: *Ich wünschte, Tanzen wäre ein Schulfach. Wenn das so wäre, gäbe es weniger Bewegungsmuffel. Mancher tanzte wie ein Kreisel.*
> - Verbformen im **Imperativ** (Befehlsform) verwendet man für Aufforderungen, z.B.: *Konzentriert euch jetzt! Fang schon mal an.*

2 Wiederhole mithilfe der Tabelle, wie man Konjunktivformen bildet. In welchen Personalformen starker und schwacher Verben sind die Formen des Konjunktivs I und II gut bzw. nicht erkennbar?

Indikativ	Konjunktiv I	Indikativ	Konjunktiv I
Präsens			
ich spiele	ich spiele	ich fahre	ich fahre
du spielst	du spielest	du fährst	du fahrest
er spielt	er spiele	er fährt	er fahre
wir spielen	wir spielen	wir fahren	wir fahren
ihr spielt	ihr spielet	ihr fahrt	ihr fahret
sie spielen	sie spielen	sie fahren	sie fahren
Perfekt			
sie hat gespielt	sie habe gespielt	sie ist gefahren	sie sei gefahren
Indikativ	Konjunktiv II	Indikativ	Konjunktiv II
Präteritum			
ich spielte	ich spielte	ich fuhr	ich führe
sie spielten	sie spielten	sie fuhren	sie führen
Plusquamperfekt			
er hatte gespielt	er hätte gespielt	er war gefahren	er wäre gefahren

3 Bilde zu folgenden Indikativformen den Konjunktiv und ergänze den Imperativ (Singular, Plural, Höflichkeitsform).

1 er ruft an – er rief an – er hat angerufen **2** sie liest vor – sie las vor – sie hatte vorgelesen **3** sie grüßt ihn – sie grüßte ihn – sie hat ihn gegrüßt

1. er rufe an – er riefe an – er habe angerufen; ruf an – …

> **!** Die **Modusformen der Verben** sind für die Kennzeichnung von Rede-
> wiedergabe besonders bedeutsam. Äußerungen von Personen
> müssen bei der Wiedergabe als solche erkennbar sein:
> - **direkte (wörtliche) Rede** als Zitat mit Verbformen im **Indikativ**, z. B.:
>   »*Ich bin Techno-Freak und gehe oft zu Konzerten*«, sagte Nils.
> - **indirekte (nicht wörtliche) Rede** mit Verbformen im **Konjunktiv I**,
>   z. B.: *Nils sagte, dass er Techno-Freak sei/ist und oft zu Konzerten gehe/geht.*
>
> Bei Formengleichheit von Indikativ und Konjunktiv I werden Verb-
> formen im **Konjunktiv II** oder die ***würde*-Ersatzform** (v. a. im Münd-
> lichen und bei ungebräuchlichen Formen des Konjunktivs II)
> verwendet, z. B.:
> *Nils sagte, sie gehen zu Konzerten.* (Indikativ = Konjunktiv I)
> *Nils sagte, sie gingen zu Konzerten / wären … gegangen.*
> (Konjunktiv II)
> *Nils sagte, sie würden zu Konzerten gehen.* (Ersatzform mit *würde*)

→ S.148 Zitieren

4
a Ordne die folgenden Beispiele der Redewiedergabe den Varianten im Merkkasten zu und begründe deine Zuordnung.

1. Frau Professor Laube erklärte, dass das Tanzen bei unseren Vorfahren Ritualcharakter gehabt habe.
2. Die Tänzer hätten ein Ziel verfolgt.
3. »Mit ihren Tänzen wollten unsere Vorfahren Götter und Geister milde stimmen und sie um Regen, Kriegsglück oder reichliche Jagdbeute bitten«, erläuterte Prof. Laube.
4. Neuseeländische Rugby-Mannschaften würden noch heute diese uralten Traditionen fortführen.
5. Vor jedem Spiel zeige man einen Kriegstanz der Maori, um den Gegner mit bösen Blicken einzuschüchtern.

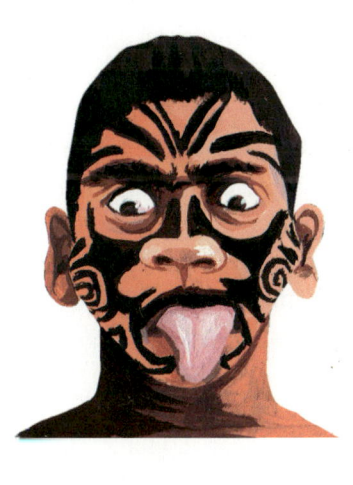

b Formuliere die Sätze aus indirekter Rede in direkte Rede (Zitate) um.

1. Frau Professor Laube erklärte: „Das Tanzen …

c Tauscht euch darüber aus, wie man Satz 3 in indirekter Rede wiedergeben könnte.

→ S. 148
Zitieren

5 Verfasse für eure Schülerzeitung einen Artikel über die Swing-Kids. Zitiere dabei sowohl direkt als auch indirekt aus dem folgenden Interview.

Redaktion Sie haben recherchiert, dass das Swingtanzen in Nazi-Deutschland verboten war.
5 **Herr T.** Ja, das stimmt. Ab 1935 durfte im deutschen Radio keine Swingmusik mehr gespielt werden. Und nach dem Ausbruch
10 des 2. Weltkriegs 1939 hingen in den Tanzlokalen Schilder mit der Aufschrift »Swing tanzen verboten«.
Redaktion Wo hat man damals Swing getanzt?
Herr T. In den Großstädten wie Hamburg, Dresden, Frankfurt am Main.
15 **Redaktion** Sind die Swing-Kids Widerstandskämpfer gewesen?
Herr T. Ich denke, das waren eher unpolitische junge Leute, die einfach ihre Lebenslust ausleben wollten und ihre Individualität.
Redaktion Was hat die Jugendlichen denn am Swing so begeistert?
Herr T. Das war eindeutig die flotte amerikanisch-britische Musik.
20 Aber auch die lässige Kleidung hat ihnen gefallen und der freie Lebensstil.
Redaktion Gab es damals schon so etwas wie einen Dresscode?
Herr T. Aber ja. Für die Mädchen hieß das kurze enge Kleider und offenes Haar statt Trachtenröcken und Zöpfen. Und sie waren ge-
25 schminkt. Die Jungs trugen anstelle sauber gezogener Seitenscheitel und Braunhemden Mode im britischen Stil und lange Haare, die sie mit Zuckerwasser nach hinten kämmten.
Redaktion Das entsprach ja nicht dem Einheitsdrill der Hitlerjugend.
30 **Herr T.** Die Swing-Kids wollten sich auch genau davon abgrenzen.

Verben **115**

6 Standardsprache oder Umgangssprache?

→ S.156 Sprachvarianten

a Formuliert mithilfe der folgenden Tabelle Regeln für den Gebrauch von Zeit- und Modusformen.

Standardsprache	Umgangssprache
1 Er sagte, dass er gern tanze.	Er hat gesagt, dass er gern tanzt (tanzen würde).
2 Er fragte, ob wir ausgingen.	Er hat gefragt, ob wir ausgehen (ausgehen würden).
3 Er sagte, dass sie im Urlaub gewesen seien.	Er hat gesagt, dass sie im Urlaub waren (gewesen sind, gewesen wären).

b Ordnet die folgenden Beispiele richtig der Standard- oder Umgangssprache zu und begründet eure Entscheidung.

1 Maike hat uns gesagt, dass sie in den Ferien keine Zeit hat.
2 Maike sagte uns, sie habe (hätte) in den Ferien keine Zeit.
3 Daniel hat gesagt, dass er euch anruft.
4 Daniel hat gesagt, dass er euch anrufen würde.
5 Daniel hat gesagt, er rufe euch an.

7 Formuliere Toms Worte in indirekte Rede um. Verwende jeweils Standardsprache (A) und Umgangssprache (B).

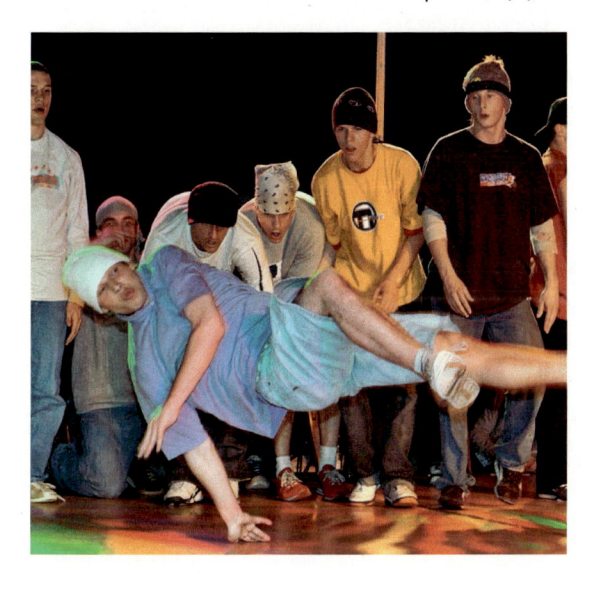

1 »Meine Freunde lästerten anfangs über mich.«
2 »So nach dem Motto: Tanzen ist doch nichts für Männer.«
3 »Dann begleitete mich mein Freund Vitja zur Tanzprobe.«
4 »Diese Stunde hat ihn echt sprachlos gemacht.«
5 »Jetzt musste ich ihm sogar ein Tanzvideo ausleihen.«

1 A Tom sagte, seine Freunde hätten anfangs über ihn gelästert.

1 B Tom sagte, dass …

8

a Entscheide, ob die Person, die die fremde Rede wiedergibt, überzeugt davon ist, dass die wiedergegebenen Informationen der Wahrheit entsprechen.

1. Leon sagt, Nina hätte fleißig geübt.
2. Frida und Hakim treten möglicherweise beim Abschlussfest auf.
3. Mascha will auch davon gehört haben.
4. Dana soll zwei Paar Tanzschuhe gestohlen haben.
5. Danas Mutter bezweifelt, dass ihre Tochter das getan hat.

b Finde für jeden Satz heraus, welche sprachlichen Mittel diesen Eindruck bei dir hervorgerufen haben.

→ S. 148 Zitieren

> **!** Eine **Bewertung** der wiedergegebenen Äußerung, ob als Distanzierung oder als Zustimmung, lässt sich ausdrücken durch:
> - **Konjunktiv II**, z. B.:
>   *Sie sagte, sie hätte nichts davon gewusst.*
> - **redeeinleitende Verben**, z. B.:
>   *Sie bestätigte (versicherte, behauptete), nichts davon gewusst zu haben.*
> - **Adverbien, Adverbialbestimmungen**, z. B.:
>   *Ihrer Aussage nach hat sie offenbar (angeblich, vermutlich, zweifellos, mit großer Wahrscheinlichkeit) nichts davon gewusst.*
> - **Modalverb wollen, sollen**, z. B.:
>   *Sie will davon nichts gewusst haben.*
>   *Sie soll informiert worden sein.*

9 Erprobt die Wirkung der verschiedenen Varianten und tauscht euch darüber aus.

1. Die Jugendlichen sagen/behaupten/versichern, dass sie noch nie ein Tanztheaterstück von Pina Bausch gesehen haben.
2. Die jungen Tänzer haben angeblich/offensichtlich/vermutlich noch keine Bühnenerfahrung gehabt.
3. Sie sollen/müssen/wollen sich aus Neugier auf die Tanztheater-Anzeige gemeldet haben./Sie haben sich aus Neugier auf die Tanztheater-Anzeige gemeldet.
4. Bei den Proben habe/hätte es keine Konflikte gegeben.

10 Untersucht, ob und, wenn ja, in welcher Weise die wiedergegebenen Expertenäußerungen bewertet werden.

1 Tanzen halte fit und mache die Tänzer glücklich, sagt der Hirnforscher Steven Brown. **2** Dieser Aussage widerspricht Frau Wolff, Tanzlehrerin. Das würde nur auf diejenigen zutreffen, die gerne tanzen. **3** Unsere Lieblingsmusik setze Botenstoffe frei, die uns in Hochstimmung versetzten. **4** Man bekomme Gänsehaut, die Herzfrequenz steige, und dieses Glücksgefühl würde sich bei den Tänzer-Freaks durch Tanzbewegungen noch verstärken. **5** Stefan Koelsch, Musikexperte an der Universität Sussex, fand heraus, dass sich die neuronalen[1] Vorgänge bei Profis und Hobbytänzern deutlich unterscheiden, vor allem was Rhythmus und Raumgefühl angehe. **6** Diese Unterschiede seien mit jahrelanger Übung allein nicht erklärbar, meint Emily Cross, Psychologin am Max-Planck-Institut in Leipzig. **7** Forscher sollen sich auf die Suche nach einem »Tanz-Gen« begeben haben.

[1] die Nervenzellen betreffend

11 Die Choreografin Pina Bausch hat ihr Tanztheaterstück »Kontakthof« mit Jugendlichen aus verschiedenen Wuppertaler Schulen inszeniert.

a Lies, welche Antworten eine Reporterin bekommen hat.

Pina Bausch Den »Kontakthof« haben wir dreimal inszeniert: zuerst mit meinen Profi-Tänzern, dann mit Laien im Rentenalter und jetzt mit den Jugendlichen.
Jenny Keiner von uns hat Pina Bausch gekannt. Wir wussten nur, dass sie hier ein Tanztheater hat.
Paulas Bruder Paula hat nur mitgemacht, weil auch ihre Freundinnen dabei waren. Eigentlich findet sie Tanzen blöd.
Paulas Mutter Am schwersten ist es meiner Tochter gefallen, sich von Fremden anfassen zu lassen.
Paula Eigentlich bewege ich mich sehr gern zu Musik, wenn ich allein bin.
Rashid Durch Pina habe ich Selbstvertrauen gewonnen. Sie hat erkannt, dass ich ein Gespür für Musik habe.
Rashids Freund Wir waren alle überzeugt, dass Rashid in diesem Tanzprojekt nur ein Mädchen finden wollte.
Ballettmeister Sicherlich hat es Vorurteile zwischen Gymnasiasten und Hauptschülern, Dicken und Dünnen gegeben.

b Stellt redeeinleitende Verben zusammen.

bestätigen, versichern, erklären, …

c Gib die Aussagen der Befragten aus Aufgabe a wieder. Entscheide, welche du neutral und welche du wertend wiedergeben willst.

d Überlege, ob du Standardsprache oder Umgangssprache verwendet hast.

TIPP
Lies noch einmal den Merkkasten auf S. 112.

12 Was wäre, wenn? Formuliere die folgenden Aussagen in Satzgefüge um, die irreale (unwirkliche) Bedingungen ausdrücken. Bilde Nebensätze mit *wenn* und Konjunktiv II.

1 Andy mag Tennis nicht. Deshalb kam er nicht zu eurem Turnier.
2 Leon hat den Bus verpasst. Deshalb ist er zu spät gekommen.
3 Oles Vater benutzt kein GPS. Er hat sich total verfahren.
4 Susi hatte ihr Handy vergessen. Sie hat die SMS nicht bekommen.

1. Wenn Andy Tennis mögen würde, wäre …

13 Erkläre, wodurch in den folgenden Sätzen die Wirkung eines irrealen (unwirklichen) Vergleichs entsteht.

1 Mir ist, als hätte ich meinen Ausweis eingesteckt, aber er ist nicht da.
2 Unser Lehrer brüllt uns an, als ob wir schwerhörig wären.
3 Wir grüßten, aber unser Nachbar tat so, als wären wir Fremde.
4 Arno sitzt kerzengerade, als ob er ein Messer verschluckt hätte.

14
a Formuliere die folgenden Vergleiche in Sätze mit *als ob* und Konjunktiv II um.

1 Sonja benimmt sich wie eine Verrückte.
2 Seine Mutter spricht mit ihm wie mit einem Kleinkind.
3 Mascha treibt ihren Bruder wie einen Dienstboten an.
4 Der Trainer hat Knut wie einen Kranken behandelt.

Sonja benimmt sich, als ob …

b Formuliere die Sätze in Wunschsätze mit Konjunktiv II um.

Ich wünschte, Sonja …

Aktiv und Passiv

→ S.190 Merkwissen (Verb)

1 Wiederhole, was du über Aktiv- und Passivformen weißt. Begründe, um welche Formen es sich in den folgenden Sätzen handelt.

1 Die Band »Staff Benda Bilili« wurde im Jahr 2004 gegründet.
2 Die Straßenmusiker aus Kinshasa spielen auf Blechkanistern und Gitarren.
3 Die erste Platte der Band aus dem Kongo ist veröffentlicht.

> **!** Von den meisten Verben kann man Aktiv- und Passivformen bilden.
> **Aktivformen** rücken die Handelnden in den Mittelpunkt,
> **Passivformen** die Handlungen, weil die Akteure unwichtig oder unbekannt sind.
> Beim Passiv unterscheidet man zwei Formen:
> - das **Vorgangspassiv**, das den Ablauf der Handlung betont,
> - das **Zustandspassiv**, das den neuen Zustand als Ergebnis einer vorhergegangenen Handlung benennt.
>
> **Vorgangspassiv**
> *Die Mikros wurden ausgestellt.*
> **werden** + Partizip II
>
> **Zustandspassiv**
> *Die Mikros sind ausgestellt.*
> **sein** + Partizip II

2 Suche die Passivformen heraus und entscheide, ob es sich jeweils um eine Form des Vorgangspassivs oder des Zustandspassivs handelt.

1. Auf den Straßen von Kinshasa machen sechs Männer auf Motorrädern Musik: eine Mischung aus Funk, Reggae, Rumba und kongolesischem Folksong.
2. Ihnen werden von Passanten Songtitel zugerufen, die sie dann auf Blechkanistern, Gitarren und der einsaitigen Elektro-Laute spielen.
3. Die jungen Männer haben sich zur wohl eigenwilligsten Band des Kongo zusammengefunden.
4. Ihre Motorräder sind zu Dreirädern umgebaut, denn nur mit ihrer Hilfe oder auf den Händen können sich die Musiker fortbewegen, weil sie alle Polio (Kinderlähmung) hatten.
5. In der Millionenstadt Kinshasa, wo auch die medizinische Versorgung kaum noch funktioniert, wird den Musikern nichts geschenkt.
6. Vom Weltmusik-Label »Crammed Discs« ist die Band »Staff Benda Bilili« jetzt unter Vertrag genommen worden.
7. Ihre erste Platte ist in Europa schon veröffentlicht.

3 Ergänze die passenden Formen des Zustandspassivs.

geklärt sein – beeinflusst sein – geöffnet sein – eingeladen sein – abgeschlossen sein – angestellt sein

1. Der Fall ▬▬▬ ▬▬▬ .
2. Er ▬▬▬ bei einer Plattenfirma ▬▬▬ .
3. Der Zuschauersaal ▬▬▬ noch nicht ▬▬▬ .
4. Die Reisevorbereitungen ▬▬▬ ▬▬▬ .
5. Ihre Musik ▬▬▬ von Reggae, Rumba und Funk ▬▬▬ .
6. Die Musiker ▬▬▬ zu einer Tournee durch Deutschland ▬▬▬ .

1. Der Fall ist geklärt. 2. ...

Verben

4 Ist alles schon erledigt? Formuliere die Antworten im Zustandspassiv. Ergänze die folgenden Wörter und Wortgruppen.

(doch) schon – (doch) bereits – noch nicht

1 Ist der Computer schon angeschaltet worden? – Nein, er _____.
2 Hat jemand den Drucker angeschlossen? – Ja, er _____.
3 Du kannst jetzt eine CD einlegen. – Die CD _____.
4 Stell bitte den Internet-Zugang her. – Der Internet-Zugang _____.
5 Hast du die Mails schon verschickt? – Ja, die Mails _____.
6 Ist das neue Grafikprogramm schon installiert worden? – Nein, es _____.

5

a Entscheide, ob es sich bei den Passivformen um Zustandspassiv oder Vorgangspassiv handelt.

1 Der Bühnenaufbau ist abgeschlossen.
2 Die Scheinwerfer sind eingestellt worden.
3 Die Verstärkeranlage war schon aufgebaut worden.
4 Die Licht- und Tonproben wurden verschoben.
5 Der Strom war zeitweilig abgestellt.
6 Das Konzert ist abgesagt.

b In folgenden Sätzen sollen die Vorgänge betont werden. Ergänze die Verben im Vorgangspassiv.

aufbauen – liefern – einstellen – verschieben – herstellen – absagen – informieren

1 Das Bühnenbild _____ gerade _____.
2 Die Verstärkeranlage _____ schon gestern _____.
3 Die Scheinwerfer _____ morgen _____.
4 Auch die Tonprobe _____.
5 Zuerst muss aber die Stromversorgung wieder _____.
6 Wenn das Konzert doch _____, müssen die Zuschauer _____.

Grammatische Proben nutzen

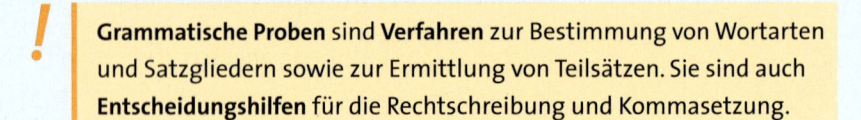

> **Grammatische Proben** sind **Verfahren** zur Bestimmung von Wortarten und Satzgliedern sowie zur Ermittlung von Teilsätzen. Sie sind auch **Entscheidungshilfen** für die Rechtschreibung und Kommasetzung.

1 Nutze für die Lösung der folgenden Aufgaben geeignete Proben.

a Bestimme den Fall der unterstrichenen Wörter.

Speed-Badminton spielt man draußen ohne Netz und auch bei Wind.

b Ermittle alle Attribute und nenne ihre jeweiligen Bezugsnomen.

Speed-Badminton verbindet Elemente der etablierten Sportarten Badminton, Tennis und Squash zu einer völlig neuen Sportart, die mittlerweile rund um den Globus gespielt wird.

c Entscheide, welche Schreibung die richtige ist, und begründe.

1. Speed-Badminton ist ein dem Badminton ähnliches Spiel, das/dass man auch draußen ohne Netz und auch bei Wind spielen kann.
2. Die Fans fasziniert an dem schnellen Sport, das/dass man ihn auf jedem Untergrund spielen kann, auf Rasen, Tennisplätzen, Straßen, Sandflächen und in der Halle.

d Bestimme die unterstrichenen Satzglieder und ihren Fall.

Erfunden hat die Bälle und die Grundzüge der Spielidee im Jahre 2001 der Berliner Bill Brandes.

e Schreibe den folgenden Satz in dein Heft. Unterstreiche alle Attribute, markiere deren Bezugswörter mit einem Pfeil und ergänze die beiden fehlenden Kommas.

Achtung, Fehler!

Windresistente Kunststofffederbälle die kleiner und schwerer als herkömmliche Federbälle sind und Speeder genannt werden sowie entsprechende Schläger ermöglichen Spiele bis Windstärke 4.

Grammatische Proben nutzen

Probe	Beispiel
Artikelprobe • zur Ermittlung der Groß- und Kleinschreibung	■ pielen – _das_ Spielen Mit ■ anzen verdient Kim Geld. – mit _dem_ Tanzen
Ersatzprobe • zur Fallbestimmung • zur Ermittlung der Schreibung (Wortartenbestimmung)	_Speed-Badminton spielt man ohne_ Netz. – _ohne einen Balken_ (Akkusativ) _Das_ (dieses) _Spiel,_ _das_ (welches) _gestern stattfand, war kurz._ (Artikel, Relativpronomen) _Ich bin froh,_ _dass_ (–) _das_ (dieses) _Spiel kurz war._ (Konjunktion, Artikel)
Erweiterungsprobe • zur Ermittlung der Groß- und Kleinschreibung (Nominalgruppen)	_Peter liebt_ ■ _aufen. – Peter liebt_ _schnelles_ _Laufen._
Frageprobe • zur Bestimmung von Satzgliedern (Satzgliedteilen) • zur Fallbestimmung	_Er entwickelte für Speed-Badminton_ _windresistente Bälle_. _Wen/Was entwickelte er?_ (Objekt, Akkusativ)
Umformungs-/Auflösungsprobe • zur Ermittlung der Bedeutung von mehrfach zusammengesetzten Wörtern und Sätzen	_Weltranglistenzweiter_ → _Zweiter der Weltrangliste_ _Der Sieger, der, nachdem er seine Verletzung überwunden hatte, erstmals wieder gewann, wurde bejubelt._ → _Der Sieger wurde bejubelt. Seine Verletzung ..._
Umstellprobe • zur Ermittlung der Satzglieder	_Die erste WM | wurde | 2011 | in Berlin | ausgetragen._ _2011 | wurde | in Berlin | die erste WM | ausgetragen._
Verlängerungsprobe • zur Ermittlung der Schreibung einsilbiger Wörter	_Bal_ ■ _– Bälle_ → _Ball_ _Gol_ ■ _– golden_ → _Gold_
Verwandtschaftsprobe • zur Ermittlung der Schreibung des Wortstamms	_aufw_ ■ _ndig – Aufwand_ → _aufwändig_
Weglassprobe • zur Ermittlung der grammatisch notwendigen Satzglieder	_Speed-Badminton ist eine (relativ junge) Sportart (, die erst vor Kurzem entstand)._
Zerlegeprobe • zur Ermittlung der Schreibung (Silben, Wortbausteine)	_Ten-nis, Spiel-feld, viel-leicht, Sauerstoff-flasche_

Die Wortarten im Überblick

lateinische Bezeichnung	deutsche Bezeichnung	Art der Veränderung	Beispiele
Veränderbare (flektierbare) Wortarten			
Nomen/Substantiv	Hauptwort, Dingwort	deklinierbar	Hund, Hütte, Kind
Artikel	Geschlechtswort	deklinierbar	der, die, das; ein, eine, ein
Pronomen	Fürwort	deklinierbar	
• Personalpronomen	• persönliches Fürwort		ich, du, er/sie/es; wir, ihr, sie
• Possessivpronomen	• besitzanzeigendes Fürwort		mein, dein, sein/ihr; unser, euer, ihr
• Relativpronomen	• bezügliches Fürwort		der, die, das; welche
• Demonstrativpronomen	• hinweisendes Fürwort		dieser, jener
• Interrogativpronomen	• Fragefürwort		Wer? Was?
• Indefinitpronomen	• unbestimmtes Fürwort		Was für ein? Welcher? jeder, man, etwas, viel
• Reflexivpronomen	• rückbezügliches Fürwort		sich, mich, uns
Adjektiv	Eigenschaftswort	deklinierbar/ komparierbar	klug, freundlich, liebevoll
Verb	Tätigkeitswort, Zeitwort	konjugierbar	
• Vollverb			sprechen, lachen
• Hilfsverb			haben, sein
• Modalverb			dürfen, können, wollen
Unveränderbare (nicht flektierbare) Wortarten			
Präposition	Verhältniswort		an, auf, ohne, für
Adverb	Umstandswort		gern, dort, immer
Konjunktion	Bindewort		und, oder, weil
Interjektion	Empfindungs- oder Ausrufewort		ah, ach, oh weh

Satzbau und Zeichensetzung

Der einfache Satz

Die Satzglieder

1 Erarbeitet euch eine Übersicht über die Satzglieder in Form einer Tabelle. Nutzt das folgende Muster.

Satzglied	Frage	Beispiele
Subjekt	Wer? Was?	...
...	...	...

2 Bestimme, was für Satzglieder bzw. Satzgliedteile die unterstrichenen sprachlichen Einheiten sind. Überlege dazu, auf welche Fragen sie antworten. Nutze deine Tabelle aus Aufgabe 1.

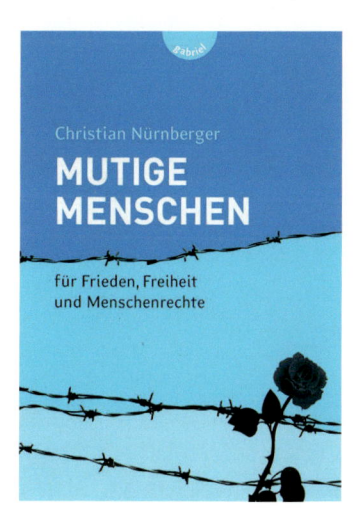

1 Der Journalist Christian Nürnberger hat ein Buch über mutige Menschen geschrieben.
2 Sie haben sich für Frieden, Freiheit und Menschenrechte eingesetzt.
3 Im Vorwort seines Buches schreibt er interessante Gedanken zu dem Begriff *Mut* auf: Von Natur aus sind die meisten Menschen feige.
4 Wer Mut beweist, riskiert etwas, gefährdet sich, setzt seine Karriere aufs Spiel, seine Gesundheit, seine Freiheit, sein Leben.
5 Wo ein Samenkörnchen Mut in den Boden fällt und ausnahmsweise mal aufgeht, verändert sich die Welt.
6 Am Anfang jeder Weltveränderung steht meist ein Mutiger oder der Mut einer kleinen Gruppe.
7 Alle im Buch Porträtierten haben die Wandlung vom normal natürlichen Feigling zum mutigen Menschen durchgemacht.
8 Christian Nürnberger erzählt die Geschichten nicht, um Heldenverehrung zu betreiben, sondern um zu zeigen, wie Menschen ihre Angst überwanden.
9 Der Mut, um den es hier geht, ist etwas anderes als Abenteuerlust.
10 Es geht um Menschen, die sich für andere eingesetzt und dabei ihre Angst überwunden haben.

126 Satzbau und Zeichensetzung

3 Bestimme mithilfe der in Aufgabe 1 erarbeiteten Übersicht weitere Satzglieder bzw. Satzgliedteile der Sätze von Aufgabe 2 (S. 125).

4

→ S. 122 Grammatische Proben nutzen

a Ermittle in den folgenden Sätzen mithilfe der Umstellprobe die Satzglieder bzw. Satzgliedteile.

1. Das Buch »Mutige Menschen« erzählt von Menschen aus verschiedenen Ländern.
2. Die erste Geschichte berichtet von einer afrikanischen Frau.
3. Ayaan Hirsi Ali wurde 1969 in Somalia geboren.
4. Sie wuchs in einer muslimischen Familie auf.
5. Ayaan wurde zur Unterordnung unter die Familie und besonders unter die Männer erzogen.
6. Ihr Vater wurde 1972 wegen seines Widerstands gegen die Regierung inhaftiert.
7. 1979 musste sie ihre Heimat verlassen.
8. Einige Jahre lebte sie in Äthiopien und Kenia.
9. Später floh sie in die Niederlande.
10. Dort studierte sie von 1995 bis 2000 Politikwissenschaften.

b Untersuche, in welchen Sätzen das Subjekt und in welchen ein anderes Satzglied am Anfang steht.

c Setze in allen Sätzen das Subjekt an die erste Stelle. Welche Wirkung entsteht dadurch?

d Wie verändert sich die Wirkung des Satzes, wenn du ein anderes Satzglied an die erste Stelle setzt?

e Bestimme alle Satzglieder mithilfe deiner Tabelle aus Aufgabe 1.

Kommasetzung im einfachen Satz

→ S.137 Die Kommasetzung im Überblick

Achtung, Fehler!

1

a Wiederholt die Regeln der Kommasetzung im einfachen Satz. Schreibt die folgenden Sätze ab (evtl. mit dem PC) und setzt die fehlenden Kommas.

1. Nur wenige Menschen nehmen für den Kampf um die Freiheit Nachteile bei der Karriere der Versorgung mit Gütern und dem Zugang zur Bildung in Kauf.
2. Nelson Mandela kämpfte unter Einsatz seines Lebens gefährdete seine Gesundheit und widersprach gefürchteten Autoritäten.
3. Nelson Mandela aus dem Volk der Xhosa stammend setzte sein Leben dafür ein anderen Menschen die Freiheit zu bringen.
4. In Südafrika dem Land der Apartheid[1] wurde er geboren studierte Jura und arbeitete aktiv im ANC der südafrikanischen Befreiungsbewegung.
5. Der junge Mandela zunächst Rolihlahla[2] genannt hatte sechs Geschwister: drei Schwestern und drei Brüder.
6. Rolihlahla hatte eine überaus glückliche naturverbundene Kindheit in relativem Wohlstand.
7. Im Alter von neun Jahren verlor er seinen Vater den Königsberater Gadla Henry Mandela.
8. Seine Mutter gab ihn ins Haus des Regenten um ihn dort mit dessen Sohn Justice erziehen zu lassen.
9. Mandela stammte aus dem Königshaus der Thembu und riskierte um der Freiheit willen den Bruch mit der Tradition mit seiner Familie.

[1] Rassentrennung

[2] ugs.: Unruhestifter

b Unterstreiche Aufzählungen mit einer einfachen Linie, nachgestellte Erläuterungen mit einer doppelten Linie und Infinitiv- und Partizipgruppen mit einer Wellenlinie.

c Bestimme mithilfe der Umstellprobe die Satzglieder.

Satzbau und Zeichensetzung

→ S.137 Die Kommasetzung im Überblick

Achtung, Fehler!

2 Im folgenden Text ist eine Reihe von Infinitivgruppen enthalten. Schreibe die Sätze mit Infinitivgruppen ab, unterstreiche diese und setze die notwendigen Kommas.

1 1910 wurde der Staat Südafrika gegründet. **2** Aber schon drei Jahre später wurde das Apartheid-Gesetz verabschiedet um die Rassentrennung zu zementieren: Schwarze hatten kein Wahlrecht, Mischehen waren verboten und das Land wurde in schwarze und weiße Wohngebiete aufgeteilt. **3** Aber mit dem Beginn der Entkolonialisierung wurde es fragwürdig solche Gesetze aufrechtzuerhalten. **4** Die weißen Herren begannen nun ihren Machtanspruch zu festigen. **5** Es war für Farbige verboten durch eine »Nur-für-Weiße-Tür« zu gehen. **6** Es war ein Verbrechen in einem »Nur-für-Weiße-Bus« zu fahren oder keinen Pass bei sich zu haben. **7** Mithilfe der Passgesetze versuchte der Staat die Schwarzen von den Städten fernzuhalten. **8** Die Rassentrennung zielte darauf die Privilegien für die Weißen zu sichern. **9** Das System der Apartheid bedeutete 15 Millionen Schwarze durch 4 Millionen Weiße zu unterdrücken. **10** Es bedeutete die Schwarzen dauerhaft von Bildung und sozialem Aufstieg auszuschließen.

Achtung, Fehler!

3 Folgende Sätze enthalten Partizipgruppen. Schreibe sie ab, setze die fehlenden Kommas und unterstreiche die Partizipgruppen.

1 Kaum gegründet führte der Staat Südafrika das Apartheid-Gesetz ein. **2** Schwarze hatten kein Wahlrecht, Mischehen waren verboten und das Land wurde die Rassentrennung zementierend in schwarze und weiße Wohngebiete aufgeteilt. **3** Den Machtanspruch der weißen Herren festigend sollten Privilegien gesichert werden.

TIPP
Manchmal gibt es zwei Möglichkeiten. Probiere beide aus.

4 Füge die in Klammern angegebenen nachträglichen Erläuterungen sinnvoll in die Sätze ein. Achte auf die Kommasetzung.

1 Der 1910 gegründete Staat Südafrika verabschiedete schon drei Jahre später das Apartheid-Gesetz. (im Jahr 1913) **2** Man führte zahlreiche Privilegien für Weiße ein. (zum Beispiel »Nur-für-Weiße-Türen«)
3 Mit der Zeit wurden diese Gesetze immer fragwürdiger. (spätestens mit dem Beginn der Entkolonialisierung)

Der zusammengesetzte Satz

Die Satzreihe (Parataxe)

1 Hauptsätze können Satzreihen (Satzverbindungen) bilden.

→ S.137 Die Kommasetzung im Überblick

Achtung, Fehler!

a Überlege, wo in den folgenden Satzreihen (Satzverbindungen) ein Komma stehen muss bzw. kann. Notiere die entsprechenden Stellen.

1. Nelson Mandela bekämpfte das menschenverachtende System in Südafrika und deshalb musste er 27 Jahre im Gefängnis verbringen.
2. In dieser Zeit konnte er auf der Gefängnisinsel Robben Island nur von der Befreiung der Schwarzen träumen aber dann ging sein Traum in Erfüllung.
3. Schon während seiner Haft war er für die unterdrückten Menschen ein Held doch nach der Befreiung wurde er von der ganzen Welt gefeiert.
4. 1961 wurde er Anführer des bewaffneten Kampfes und 1964 verurteilte man ihn wegen Sabotage und Planung des bewaffneten Aufstands zu lebenslanger Haft.
5. Mandela lehnte im Februar 1985 das Angebot einer Freilassung ab denn die war an die Bedingung geknüpft, auf den bewaffneten Kampf zu verzichten.

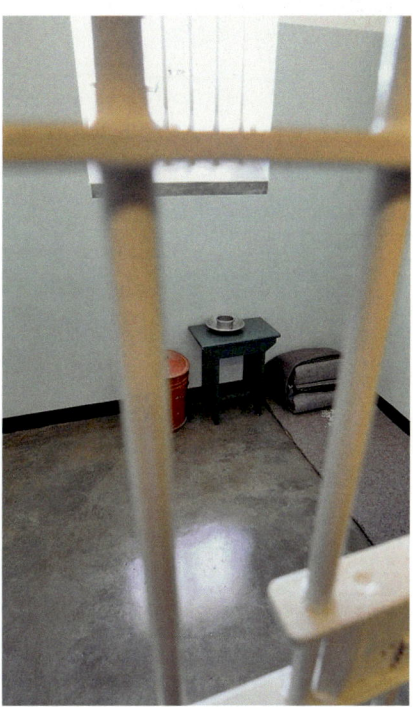

1. ... in Südafrika(,) und deshalb musste er ...
2. ...

b Unterstreiche die Konjunktionen, durch welche die einzelnen Hauptsätze miteinander verbunden sind.

c Tausche die Konjunktionen aus. Erläutere, wie sich dadurch der Sinn des jeweiligen Satzes verändert.

2

a Verbinde die folgenden Hauptsätze mithilfe einer passenden Konjunktion zu einer Satzreihe (Satzverbindung).

1 Den größten Teil seiner Freiheitsstrafe verbrachte Nelson Mandela auf der Gefängnisinsel Robben Island. Einige Jahre war er auch im Gefängnis Pollsmoor und im Victor-Vester-Gefängnis in Paarl inhaftiert.

2 Die US-amerikanische Regierung unter Ronald Reagan setzte ihn 1988 auf eine Liste der unerwünschten Personen. Auch in Großbritannien wurde er als »Terrorist« bezeichnet.

3 Der ANC (Afrikanische Nationalkongress) verstärkte den Kampf um seine Freilassung. Durch den internationalen Druck wurde er 1990 freigekämpft.

4 Erst im Jahr 2008 strich man ihn in den USA von der Terroristenliste. Bereits 1993 hatte er gemeinsam mit dem Staatspräsidenten de Klerk den Friedensnobelpreis erhalten.

b Erläutere, in welchen Sätzen verschiedene Konjunktionen möglich sind. Wie verändert sich die Bedeutung des Satzes?

3 In einigen Satzpaaren in den Aufgaben 1a und 2a bezeichnen die Subjekte dieselbe Person, manchmal mit Nomen/Substantiv und Personalpronomen, manchmal mit demselben Personalpronomen.

TIPP
Beachte, dass dann kein Komma stehen darf.

a Überprüfe, welche Satzpaare das betrifft, und überlege, welche man in einfache Sätze mit einer Aufzählung umwandeln kann, indem man im zweiten Satz das Subjekt weglässt und entsprechend umformuliert. Schreibe diese Sätze auf.

Nelson Mandela bekämpfte ... und deshalb musste er ... (gleiches Subjekt)

Nelson Mandela bekämpfte das menschenverachtende System in Südafrika und musste deshalb 27 Jahre im Gefängnis verbringen.

b Untersuche, was für Sätze nun entstanden sind. Welche Wirkung haben die Veränderungen?

Der zusammengesetzte Satz

Das Satzgefüge (Hypotaxe)

1 Christian Nürnberger schreibt in seinem Buch »Mutige Menschen« auch über Bertha von Suttner.

a Schreibe die Sätze ab, unterstreiche die Nebensätze mit einer Wellenlinie und setze die notwendigen Kommas.

Achtung, Fehler!

1 Das Palais Kinsky in Prag in dem Bertha aufwuchs ist eines der schönsten Rokoko-Schlösser der böhmischen Hauptstadt.
2 Berthas Vorfahren gehörten zu den protestantischen Adligen die sich gegen den Kaiser auflehnten.
3 Indem sie die kaiserlichen Beamten aus dem Fenster der Prager Burg warfen zeigten sie ihre Unzufriedenheit.
4 Dieses Ereignis das als *Prager Fenstersturz* in die Geschichte einging lieferte den Anlass für den Dreißigjährigen Krieg.
5 Wie Bertha später selbst sagte verfügte sie durch ihre Komtessenerziehung[1] über alle Voraussetzungen dass sie »schön, dumm und keusch« werden würde.
6 Stattdessen wurde aus ihr eine Schriftstellerin und Friedensaktivistin die mit einem sieben Jahre jüngeren Mann in den Kaukasus durchbrannte die dort in ärmlichsten Verhältnissen lebte und die eigenhändig den Fußboden schrubbte.
7 Man möchte gern erfahren wodurch sich ihr Leben so veränderte.

[1] Komtess: *früher:* unverheiratete Tochter eines Grafen

1. Das Palais Kinsky in Prag, in dem Bertha aufwuchs, ist ...

b Markiere in den Nebensätzen die Einleitewörter und unterstreiche die finiten Verbformen.

1. Das Palais Kinsky in Prag, in dem Bertha aufwuchs, ist ...

c Lies den Merkkasten auf der folgenden Seite und überprüfe, welchen Abhängigkeitsgrad die Sätze in Aufgabe a haben.

1. Das Palais Kinsky in Prag, in dem Bertha aufwuchs, ist ... (NS 1. Grades)

> **!** In den meisten Fällen ist der **Nebensatz vom Hauptsatz abhängig**. In diesem Fall spricht man von einer **Abhängigkeit 1. Grades**, z.B.:
> *Als junges Mädchen träumte Bertha davon, dass sie ein Leben in Reichtum und Sorglosigkeit führen würde.* (NS 1. Grades)
> Ist einem NS 1. Grades ein weiterer Nebensatz untergeordnet, so spricht man von einem **Nebensatz 2. Grades**, z.B.:
> *Bertha musste als Erzieherin in der Familie von Suttner arbeiten, weil ihre Mutter das Erbe ihres Vaters verspielt hatte* (NS 1. Grades), *sodass Bertha mittellos dastand.* (NS 2. Grades)
>
> HS , NS 1 , NS 2 .
>
> *Bertha musste als Erzieherin in der Familie von Suttner arbeiten, nachdem ihre Mutter das Erbe ihres Vaters, der bereits vor ihrer Geburt gestorben war* (NS 2, 2. Grades), *verspielt hatte.* (NS 1, 1. Grades)
>
> HS , NS 1/1 , NS 2 , NS 1/2 .
>
> In mehrfach zusammengesetzten Sätzen kann es auch **Nebensätze 3. oder 4. Grades** geben.

2

a Schreibe aus den folgenden Satzgefügen alle Nebensätze heraus. Markiere die Einleitewörter und unterstreiche die finiten Verbformen.

1 Manchmal besteht das Glück eines Menschen darin, dass ihm das Schicksal versagt bleibt, wonach er sich am heftigsten sehnt.
2 Manchmal braucht es ein paar Demütigungen, eine nicht ganz leichte Kindheit und ein notorisch überzogenes Bankkonto, damit aus einem Mädchen eine Persönlichkeit wird, die Geschichte macht, die den Nobelpreis bekommt und die unzähligen Schulen einen Namen gibt.
3 So eine Persönlichkeit, die jahrzehntelang nach einem ganz anderen Leben strebte, war die 1843 in Prag geborene Bertha von Suttner.
4 Das Leben, das ihr zunächst als junges Mädchen vorschwebte, war das des europäischen Hochadels.
5 Beinahe wäre Bertha da auch hineingeraten, weil sie mit ihrem berühmten Namen, der Bertha Sophia Felicita Gräfin Kinsky von Chinic und Tettau lautete, zu den vornehmsten Geschlechtern Böhmens gehörte.

1. …, dass ihm das Schicksal versagt bleibt, wonach er sich am heftigsten sehnt.

b Bestimme den Grad der Abhängigkeit der Nebensätze und zeichne die Satzbilder.

1. *HS _____ ,*
* NS 1 (1. Grades),*
*   NS 2 (2. Grades).*

> **!** Der **Nebensatz** erfüllt für den Satz, von dem er abhängig ist, die **Funktion eines Satzglieds oder Satzgliedteils** (Attribut). Man nennt ihn deshalb **Gliedsatz** oder **Gliedteilsatz** (Attributsatz).

Subjektsatz	Wer sich für das Leben anderer einsetzt, ist kein Feigling. (Wer ist kein Feigling?) Dass Nelson Mandela endlich freigelassen wurde, freute besonders die Schwarzen. (Was freute besonders die Schwarzen?)
Objektsatz	Ayaan Hirsi Ali wurde dafür angegriffen, dass sie sich islamkritisch äußerte. (Wofür wurde sie angegriffen?) Sie wusste nicht, ob ihr Leben noch sicher ist. (Was wusste sie nicht?)
Adverbialsatz	Bertha von Suttner veröffentlichte 1889 den Roman »Die Waffen nieder!«, weil sie selbst die Schrecken des Krieges erlebt hatte. (Warum veröffentlichte sie den Roman?) Als sie 46 Jahre alt war, veröffentlichte sie den Roman »Die Waffen nieder!«. (Wann veröffentlichte sie den Roman?)
Attributsatz	Der Roman »Die Waffen nieder!«, der großes Aufsehen erregte, machte Bertha von Suttner zu einer der prominentesten Vertreterinnen der Friedensbewegung. (Was für ein Roman?) Dieses Buch gegen den Krieg, das in 12 Sprachen übersetzt wurde, war ihr größter Erfolg. (Was für ein Buch?) Das Buch schildert das Leben der Gräfin Martha Althaus, die vier Kriege miterlebte. (Was für eine Gräfin?)

3

a Untersuche, welche inhaltliche Funktion die unterstrichenen Nebensätze in folgenden Sätzen haben. Nutze den Merkkasten auf S. 133.

1. Der Vater von Bertha von Suttner, <u>der schon vor ihrer Geburt gestorben war</u>, musste sich als dritter Sohn einer adligen Familie auf einen militärischen Beruf beschränken.
2. Ihre Mutter, <u>die das Erbe des Vaters bald in Kasinos verspielt hatte</u>, stammte aus der Familie von Körner.
3. Bertha, <u>die sehr wissbegierig war</u>, erhielt eine sehr gute Bildung.
4. 1873 musste sie eine Stellung als Erzieherin der vier Töchter des Freiherrn von Suttner, <u>der in Wien lebt</u>, annehmen.
5. Dort verliebt sie sich in den Sohn Arthur, <u>der sieben Jahre jünger als sie ist</u>.
6. Gemeinsam mit ihm, <u>den sie 1875 heimlich geheiratet hat</u>, flieht sie zu einer befreundeten Fürstin in den Kaukasus.
7. Arthur, <u>den seine Eltern wegen der Heirat mit Bertha enterbt haben</u>, kann ihr kein sorgloses Leben bieten.
8. Neun Jahre, <u>welche die beiden in schwierigen finanziellen Verhältnissen verbringen</u>, halten sie sich mit dem Schreiben von Unterhaltungsromanen sowie durch Übersetzungen über Wasser.

b Die Sätze enthalten außer den Nebensätzen auch weitere Attribute. Schreibe fünf davon zusammen mit ihrem Beziehungswort heraus. Unterstreiche die Attribute.

! **Einteilung der Nebensätze nach**

der Funktion, d. h. dem Satzgliedwert	der Stellung zum übergeordneten (Teil-)Satz (HS, NS)	der Art des Einleitewortes	dem Grad der Abhängigkeit vom übergeordneten (Teil-)Satz (HS, NS)
• Gliedsatz – Subjektsatz – Objektsatz – Adverbialsatz • Gliedteilsatz (Attributsatz)	• Vordersatz NS, HS. • Zwischensatz HS, NS, HS. • Nachsatz HS, NS.	• Konjunktionalsatz (z. B.: *da, weil, als*) • Relativsatz (z. B.: *der, die, das; welcher*) • Fragewortsatz (z. B.: *wo, wann, wie*)	• Nebensatz 1. Grades HS, NS. • Nebensatz 2. Grades HS, NS 1, NS 2.

Der zusammengesetzte Satz **135**

4

a Schreibe die folgenden Sätze ab (evtl. mit dem PC) und setze die fehlenden Kommas.

Achtung, Fehler!

1 Zu den Personen die in Christian Nürnbergers Buch über mutige Menschen vorgestellt werden gehört auch Martin Luther.
2 Als er 1483 geboren wurde schrieb man seinen Namen noch unterschiedlich.
3 So wusste er nicht ob er Luder, Lutter, Lüder oder gar Lauther geschrieben werden sollte.
4 Erst 1512 legte er fest dass er Luther genannt werden wollte.
5 1498 schickten ihn die Eltern auf das Franziskanerstift Eisenach wo er eine musikalisch-poetische Ausbildung erhielt die ihn prägte.
6 Als er 18 Jahre alt war begann er sein Studium an der Universität Erfurt.
7 Wer in dieser Zeit studieren wollte musste recht wohlhabende Eltern haben.
8 Sein Vater der als Hüttenmeister im Kupferschieferbergbau in Mansfeld arbeitete hatte sich einen bescheidenen Wohlstand erworben.
9 Auf dem Weg von Mansfeld nach Erfurt nachdem er seine Eltern besucht hatte wurde Martin Luther von einem schweren Gewitter überrascht das ihm Angst machte.
10 Dieses Erlebnis bewegte ihn dazu dass er sein Leben Gott weihen und Mönch werden wollte.

Lutherhaus in Eisenach

b Unterstreicht die Nebensätze mit einer Wellenlinie. Bestimmt sie nach:
- ihrer Funktion (dem Satzgliedwert),
- ihrer Stellung zum übergeordneten Satz/Teilsatz (HS, NS),
- der Art des Einleiteworts,
- dem Grad ihrer Abhängigkeit vom Hauptsatz.

1. Zu den Personen, die in Christian Nürnbergers Buch über mutige Menschen vorgestellt werden, gehört auch Martin Luther. (Attributsatz, Zwischensatz, Relativsatz, NS 1. Grades)
2. …

TIPP
Fakten dazu findest du auf S. 125–135.

Achtung, Fehler!

5

a Schreibe die folgenden Sätze ab und füge anstelle des Balkens einen Nebensatz ein, der den Satz sinnvoll ergänzt. Setze die nötigen Kommas.

1. Ein mutiger Mensch ist jemand der ▬▬▬▬ .
2. Die erste Geschichte des Buches das ▬▬▬▬ erzählt von der jungen Frau Ayaan Hirsi Ali die ▬▬▬▬ .
3. Über Nelson Mandela habe ich erfahren dass ▬▬▬▬ .
4. Er wurde zu lebenslänglicher Haft verurteilt weil ▬▬▬▬ .
5. Bertha von Suttner wuchs in Prag auf wo ▬▬▬▬ .
6. Weil ▬▬▬▬ wurde ihr Jugendtraum von einem Leben in Reichtum nicht wahr.
7. Später heiratete sie Arthur von Suttner der ▬▬▬▬ .
8. Bertha von Suttner die ▬▬▬▬ erhielt 1905 den Friedensnobelpreis.
9. Martin Luther wollte Mönch werden nachdem ▬▬▬▬ .
10. Die Schreibweise seines Familiennamens Luther war noch nicht festgelegt als ▬▬▬▬ .

1. Ein mutiger Mensch ist jemand, der sich ...

b Unterstreiche die Nebensätze mit einer Wellenlinie und bestimme sie nach den Kriterien des Merkkastens zur Einteilung der Nebensätze (S. 134).

*1. Ein mutiger Mensch ist jemand, der sich für andere einsetzt.
(Attributsatz, Nachsatz, Relativsatz, NS 1. Grades)*

c Ergänze die folgenden Sätze und bestimme die Nebensätze nach den Kriterien des Merkkastens zur Einteilung der Nebensätze (S. 134).

1. Höchste Anerkennung verdienen Menschen, die ..., weil ...
2. Es ist wichtig, dass ..., wenn ...

6 Stelle selbst einen Menschen oder eine Gruppe von Menschen vor, die deiner Meinung nach Anerkennung verdienen. Schreibe einen kurzen Text, der in der Schülerzeitung, auf der Schulhomepage oder an einer Wandzeitung veröffentlicht werden könnte.

TIPP
Erfinde eine geeignete Schlagzeile als Überschrift.

Die Kommasetzung im Überblick

Regel	Beispiel
Die Kommasetzung im einfachen Satz	
Ein Komma **muss** gesetzt werden bei: • **Aufzählungen** von Wörtern und Wortgruppen, wenn diese nicht durch *und, oder, sowie, sowohl ... als auch, weder ... noch* verbunden sind.	*Ayaan Hirsi Ali lebte in Somalia, Äthiopien, Kenia und in den Niederlanden.*
• **nachgestellten Erläuterungen** (auch in Form von Appositionen und Datumsangaben).	*Am Montag, dem 9. Mai 1994(,) wurde Nelson Mandela zum ersten schwarzen Präsidenten Südafrikas gewählt.*
• **Infinitivgruppen** (erweiterte Infinitive mit *zu*), wenn die Infinitivgruppe – durch Wörter, wie *um, ohne, (an)statt, außer* oder *als*, eingeleitet ist, – sich auf ein Nomen/Substantiv bezieht, – sich auf Wörter, wie *daran, darauf* oder *es,* bezieht.	*Nelson Mandela entschied sich früh(,) für die schwarze Mehrheit zu kämpfen.* *Er setzte sich, ohne sein Leben zu schonen, für die Entrechteten ein.* *Er kämpfte für das Ziel, aus Südafrika ein Land mit gleichen Rechten für alle zu machen.* *Sein Leben lang hat er darum gerungen, die Apartheid zu besiegen.*
• **Partizipgruppen**, wenn sie als nachgestellte Erläuterung auftreten.	*Müde dahinstolpernd(,) ist Luther unterwegs.* *Ein Gewitter, von Gott geschickt, überrascht ihn.*
Die Kommasetzung im zusammengesetzten Satz	
Durch Komma abgetrennt werden: • **Nebensätze** vom Hauptsatz bzw. einem weiteren Nebensatz.	*Weil sich Bertha von Suttner für den Frieden, der ihr wichtig war, mutig einsetzte, erhielt sie 1905 den Friedensnobelpreis.*
• **gleichrangige Hauptsätze** einer Satzreihe, wenn diese nicht durch *und, oder, sowie* verbunden sind.	*Sie wurde 1843 als Gräfin Kinsky in Prag geboren, aber ihre Kindheit war nicht sehr glücklich(,) und sie strebte bald nach einem anderen Leben.*
Komma bei Anreden, Ausrufen, Ausdrücken einer Stellungnahme	
Durch Komma abgetrennt werden: • **Anreden**.	*Hallo, Max, ich empfehle dir dieses Buch.*
• besonders hervorgehobene **Ausrufe** und **Ausdrücke einer Stellungnahme**.	*Ach, du kennst es? Ja, ich habe es schon. Tatsächlich, das ist das Buch!*

Satz- und Textgestaltung

Mittel der Verknüpfung von Sätzen und Teilsätzen

1
a Lies den Text und untersuche, mit welchen Mitteln die Verknüpfung zwischen den Sätzen und Teilsätzen erfolgt. Informiere dich dazu im nachfolgenden Merkkasten.

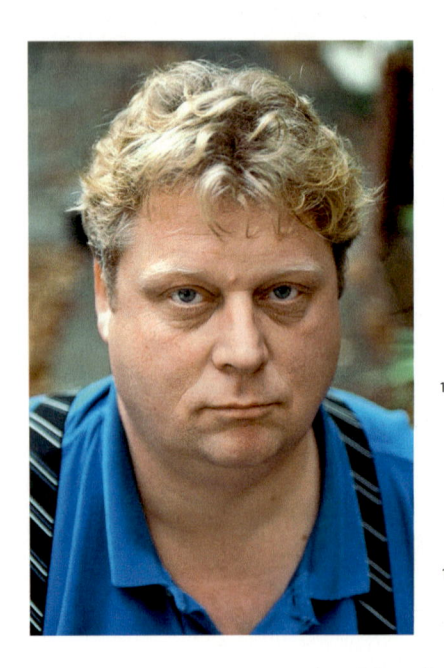

Am 2. November 2004 fährt der Filmemacher Theo van Gogh mit seinem Rad durch einen trüben Amsterdamer Morgen. Er will in seine Firma. Auf der Linaeusstraat tritt aus einem Hauseingang ein Mann mit
5 grauem Regenmantel und schwarzem Hut hervor, richtet seine Schusswaffe auf van Gogh und feuert. Schwer verletzt fällt der in ganz Holland bekannte Künstler vom Rad, schleppt sich über die Straße und bricht zusammen. Der Schütze folgt ihm, beugt sich
10 seelenruhig über ihn und hört sein keuchendes Opfer um sein Leben betteln. Statt zu antworten, richtet der Mann mit dem Hut abermals seine Waffe auf van Gogh. Dann schießt der Mörder noch vier- oder fünfmal auf das sein Leben aushauchende Opfer und stößt
15 ihm ein Messer in die Brust. Daran ist ein fünfseitiger Brief geheftet, adressiert an eine Frau namens Ayaan Hirsi Ali. Dass Theo van Gogh und Ayaan Hirsi Ali den Islam beleidigt haben, das wird man später in dem Brief des Mörders lesen, der sich jetzt gemächlichen Schrittes entfernt und dabei
20 in aller Ruhe seine Waffe nachlädt. Kurz darauf lässt er sich verhaften und wird 2005 zu lebenslanger Haft verurteilt.
Warum musste Theo van Gogh sterben? Was hatte Ayaan Hirsi Ali verbrochen? Beide haben einen religionskritischen Kurzfilm gedreht, bei dem frauenfeindliche Koranverse auf Frauenhaut zu sehen
25 waren. Der Film zeigt muslimische Frauen, die zu Allah beten. Doch statt die Augen zu senken, wie es ihnen seit Jahrhunderten geboten ist, blicken die Frauen nach oben und sagen ihrem Gott, dass sie nicht mehr länger gewillt sind, sich zu unterwerfen. Deshalb musste Theo van Gogh sterben. Deshalb steht Ayaan Hirsi Ali auf der Todes-
30 liste.

> **!** Die Wirkung und Verständlichkeit von Texten hängt wesentlich von der **Satzverknüpfung** ab. Inhaltliche Zusammenhänge und verschiedene Wirkungen entstehen durch:
> - die **Satzgliedstellung**
>   Man kann das **Vorfeld** des Satzes (die Stelle vor der finiten Verbform) mit dem Subjekt oder einem anderen Satzglied besetzen, z. B.:
>   *Theo van Gogh* (Subjekt) *fährt* mit seinem Rad durch den Amsterdamer Morgen.
>   *Auf der Linaeusstraat* (Lokalbest.) *tritt* aus einem Haus ein Mann.
>   *Schwer verletzt* (Modalbest.) *fällt* der bekannte Künstler vom Rad.
>   Im Vorfeld kann etwas Bekanntes stehen, man kann aber auch etwas ins Vorfeld setzen, was besonders hervorgehoben werden soll, z. B.:
>   *Theo van Gogh fährt mit seinem Rad durch den Amsterdamer Morgen. Er will in seine Firma. Schwer verletzt bleibt er liegen.*
> - **spezielle sprachliche Mittel**, wie:
>   – Pronomen, z. B.: *er* (Theo van Gogh); *sie* (die Frauen),
>   – Adverbien, z. B.: *Statt zu antworten, richtet der Mann mit dem Hut seine Waffe auf van Gogh. Dann schießt er. Deshalb musste Theo van Gogh sterben.*
>   – Konjunktionen, Relativpronomen, Fragewörter, z. B.:
>   *und, aber, dass, weil; der/die/das/welcher; wie, wer, warum,*
>   – bedeutungsähnliche Wörter (Synonyme, Ober-/Unterbegriffe), z. B.:
>   *der Filmemacher Theo van Gogh – der bekannte Künstler.*

b Schreibe Beispiele für die sprachlichen Mittel der Verknüpfung aus dem Text der Aufgabe a heraus.

2 Lest euch den Text der Aufgabe 1 a gegenseitig so vor, dass in jedem Satz das Subjekt im Vorfeld, d. h. vor der finiten Verbform, steht. Sprecht darüber, wie sich die Wirkung des Textes verändert.

3
a Lies den Text über Bertha von Suttner (S. 134, Aufgabe 3 a). Untersuche, welche Satzglieder jeweils im Vorfeld der Sätze stehen.

b Überprüfe die Wirkung des Textes, wenn du das Subjekt immer ins Vorfeld setzt.

→ S.129 Die Satzreihe (Parataxe)

→ S.131 Das Satzgefüge (Hypotaxe)

> **!** Ein weiteres **Mittel der Satz- und Textgestaltung** ist die Verknüpfung von inhaltlich miteinander verbundenen Sätzen und Teilsätzen, z.B.:
> - **Parataxe (Nebenordnung)**: Zwei oder mehrere Hauptsätze können in einer Satzreihe (Satzverbindung) unverbunden nebeneinander stehen oder durch **nebenordnende Konjunktionen**, wie *und, oder, aber, denn, (je)doch,* oder **Adverbien**, wie *deshalb, dann, trotzdem,* verbunden werden, z.B.:
>   *Als nichteheliches Kind wuchs Alice Schwarzer bei ihren Großeltern auf(,) und ihren Großvater bezeichnete sie später als »mütterlich«.*
> - **Hypotaxe (Unterordnung)**: Dem Hauptsatz werden ein oder mehrere Nebensätze untergeordnet (Satzgefüge). Die unterschiedliche inhaltliche Verknüpfung des Nebensatzes mit dem Hauptsatz wird mithilfe verschiedener **Einleitewörter** erreicht:
>   – unterordnende Konjunktionen, z.B.: *weil, (so)dass, wenn,*
>   – Relativpronomen, z.B.: *der, die, das; welche(-r, -s),*
>   – Fragewörter, z.B.: *wie, wo, warum.*
>   *Alice Schwarzer entwickelte einen großen Gerechtigkeitssinn, weil ihre Familie vom Kampf gegen die Nazis und der Solidarität mit den Opfern geprägt war.*

4 Verbinde jeweils beide Sätze miteinander. Überlege, ob der inhaltliche Zusammenhang eher eine Parataxe (Nebenordnung) oder eine Hypotaxe (Unterordnung) verlangt. In welchen Sätzen ist beides möglich?

1. 1971 initiierte Alice Schwarzer die Aktion »Frauen gegen den § 218«. Sie wollte die selbstbestimmte Entscheidung der Frauen über eine Schwangerschaft.
2. Alice Schwarzer ist wohl die umstrittenste Vertreterin der deutschen Frauenbewegung. Durch ihre Veröffentlichungen wird sie weit über Westdeutschland hinaus bekannt.
3. Im Januar 1977 erschien die erste Ausgabe der von ihr gegründeten Zeitschrift »Emma«. Seitdem ist sie deren Verlegerin und Chefredakteurin.
4. Ein Ziel ihres Kampfes ist die finanzielle Unabhängigkeit der Frauen. Sie hat großen Anteil an der Reform des Ehe- und Familienrechts.

5 Untersucht die Sätze in den Aufgaben 3a und 4a (S.134–135) daraufhin, ob es sich dabei um Hypo- oder Parataxen handelt. Prüft gemeinsam, welche Sätze man umwandeln kann.

Stilistische Mittel

1 Untersucht folgende Beispiele und tragt zusammen, welche bildhaften Ausdrucksweisen ihr bisher kennen gelernt habt.

1 am Fuß des Berges **2** das Flussbett **3** eine faule Ausrede **4** eine warme Farbe **5** der Sturm heult **6** der Vulkan spuckt Feuer **7** jemanden beim Wort nehmen **8** die Beine in die Hand nehmen **9** Wer andern eine Grube gräbt, fällt selbst hinein. **10** Viele Köche verderben den Brei.

> Um Texte wirkungsvoller zu gestalten, kann man z. B. folgende **stilistische Mittel** verwenden:
> - **Metapher**: Übertragung eines Wortes oder Ausdrucks mit seiner ursprünglichen Bedeutung auf einen anderen Sachbereich; Grundlage ist ein gemeinsames Merkmal der Ähnlichkeit in beiden Bedeutungen, z. B.:
>   *Wüstenschiff* (Kamel), *Nussschale* (kleines Boot), *Mutter Natur*.
> - **Personifizierung**: Übertragung typisch menschlicher Verhaltensweisen und Eigenschaften auf unbelebte Gegenstände und Erscheinungen, z. B.: *Der Tag verabschiedet sich. Die Sonne lacht.*
> - **Anapher**: Wiederholung eines Satzanfangs, z. B.:
>   »*Ich war nicht physisch müde. […] Ich war auch nicht alt. […] Ich war 42.*« (Rosa Parks in ihrer Autobiografie, Nürnberger, 2008, S. 121.)
> - **Parallelismus**: Wiederholung einer Satzkonstruktion, z. B.:
>   »*Warum kuschen die meisten Menschen vor ihrem Chef? Warum schweigen so viele in der U-Bahn oder sehen weg, wenn ein paar Skinheads einen dunkelhäutigen Menschen anpöbeln oder junge Türken einen Deutschen?*« (Nürnberger, 2008, S. 10.)
> - **Ellipse**: Satz, in dem Wörter oder Satzteile weggelassen wurden, den man aber trotzdem verstehen kann, z. B.:
>   *Was nun?* (statt: *Was machen wir nun?*) *Guten Morgen.* (statt: *Ich wünsche einen guten Morgen.*) *Hilfe!* (statt: *Ich brauche Hilfe!*)

2
a Klärt gemeinsam die Bedeutung der folgenden Metaphern.

1 Mauer des Schweigens **2** Warteschlange **3** Baumkrone **4** rosarote Brille **5** Schnee von gestern

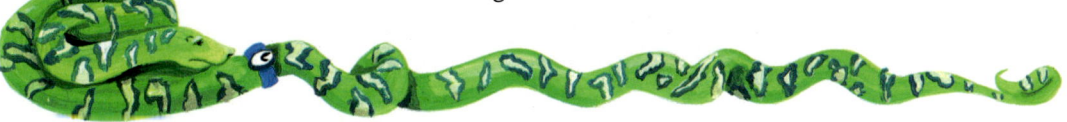

b Auch in Redewendungen trifft man auf Metaphern. Klärt die Bedeutung folgender Redewendungen.

1 auf einer Erfolgswelle reiten **2** jemandem nicht das Wasser reichen können **3** das Recht mit Füßen treten **4** die Nadel im Heuhaufen suchen **5** den Nagel auf den Kopf treffen

c Wähle fünf Metaphern aus den Aufgaben a und b aus und verwende sie in sinnvollen Sätzen.

3 Im folgenden Zitat aus dem Buch »Mutige Menschen« ist der Parallelismus unterstrichen. Untersuche, welche Wirkung damit erzielt wird.

»Noch bevor wir also beginnen können, unser Schicksal selbst in die Hand zu nehmen, sind schon wesentliche, schicksalsbestimmende Entscheidungen gefallen. Allein dadurch, dass der eine sein Glück in einem Land suchen darf, das von Demokraten regiert wird, während
5 der andere es unter den Bedingungen einer Diktatur suchen muss. Und es macht noch einmal einen Unterschied, ob man gestern, vor zwanzig oder vierzig Jahren mit dieser Suche begann, ob man es im Krieg tut oder im Frieden, mit weißer Hautfarbe und männlichem Geschlecht oder als Frau mit schwarzer Haut, und schließlich: ob
10 man als Kind geliebt wurde oder gehasst oder einfach nicht beachtet, ob man eine robuste körperliche Konstitution mitbekommen hat oder eine schwache.« (Nürnberger, 2008, S. 161.)

4 Christian Nürnberger schreibt über eine Rede Martin Luther Kings. Tauscht euch über die Wirkung der Wiederholung aus.

»Und er sprach. Er sprach so, dass er jedem aus dem Herzen sprach. Plötzlich hatten die fünftausend, und nicht nur sie, sondern alle Schwarzen der ganzen Stadt, eine Stimme, die endlich aussprach und auf den Punkt brachte, was bisher nur wortlos gefühlt und erlitten wurde. Schon bald sprach diese Stimme für alle Schwarzen der USA. Die Stimme gehörte dem 26 Jahre jungen Reverend Martin Luther King. So wie damals sollte er in seiner unverwechselbaren Art noch oft reden.« (Nürnberger, 2008, S. 122 f.)

5 Für die Darstellung folgender Situationen kann man das Mittel der Wiederholung nutzen. Wählt eine aus und schreibt einen kurzen Text, in dem mit Wiederholungen eine bestimmte Wirkung erzielt wird.

1 unaufhörliches Regnen
2 ständiges langweiliges Reden eines Freundes
3 Ermahnungen durch die Eltern
4 Werbespots im Fernsehen

6 Lest die folgenden Zitate aus dem Buch »Mutige Menschen«. Benennt die unterstrichenen stilistischen Mittel. Sprecht darüber, welche Wirkung Christian Nürnberger mit ihrer Verwendung erzielt.

1 Nelson Mandela »hämmert seinen Zuhörern ein: Weg mit den Minderwertigkeitskomplexen der Schwarzen, ›die Farbe meiner Haut ist schön, wie die schwarze Erde von Mutter Afrika‹.« (Nürnberger, 2008, S. 107.)
2 »Die Überlegenheit der weißen Kultur […] ist ihnen seit Beginn der Schulzeit eingeimpft worden.« (Nürnberger, 2008, S. 106.)
3 Mandela »hat nichts mehr dagegen, dass es Kommunisten im ANC gibt. Die Kommunisten behandeln die Schwarzen als Menschen mit gleichen Rechten und nehmen sie ernst. Sie verschanzen sich nicht hinter ihren Privilegien als Weiße und haben den Kampf gegen die Unterdrückung der Rassen zu ihrem eigenen gemacht«. (Nürnberger, 2008, S. 108.)
4 Über Nelson Mandelas Gefangenschaft heißt es: »Das Leben im Gefängnis ist hart, darauf ausgerichtet, den Willen der Gefangenen zu brechen, sie zu demoralisieren und zu demütigen. An Nelson Mandela zerschellt diese Strategie.« (Nürnberger, 2008, S. 114.)
5 »Unter dieser Stimmung bildete und vollendete sich unsichtbar jene Konstellation, die dann nur noch eines Zündfunkens bedurfte, um sich zum Flächenbrand auszuweiten.« (Nürnberger, 2008, S. 121.)
6 »Abends feierte man in den Kirchen, hörte sich Reden von Martin Luther King an, man musizierte und tanzte bin in die Nacht und tankte Kraft und Mut für die nächsten Widerstandsaktionen.« (Nürnberger, 2008, S. 127.)

7 Ordne folgenden Situationen die passenden Metaphern oder bildhaften Redewendungen zu.

1 sehr müde sein **2** sehr traurig sein **3** sehr froh und erleichtert sein
4 sehr enttäuscht sein **5** sehr abgespannt sein

kaputt – am Boden zerstört – geknickt – über allen Wolken schweben – erledigt – zerschlagen – entzaubert – ernüchtert – niedergedrückt – freudestrahlend – abheben

8 Ergänze die unterstrichenen Ellipsen jeweils zu einem vollständigen Satz. Erkläre, warum der Autor wohl die Ellipse vorgezogen hat.

1 »Am Anfang jeder Weltveränderung steht meistens ein Mutiger. <u>Oder der Mut einer kleinen Gruppe.</u>« (Nürnberger, 2008, S.12.)
2 Bertha Kinsky (spätere von Suttner) beginnt ein Verhältnis mit Arthur, dem jüngsten Sohn der Familie von Suttner: »Die vier Töchter kriegen es mit, aber schweigen solidarisch. <u>Zweieinhalb Jahre lang!</u> Dann merkt die Baronin Suttner, was los ist. <u>Und feuert Bertha noch am selben Tag.</u>« (Nürnberger, 2008, S.188.)
3 »Nach neun Jahren Kaukasus bekommt Arthur Heimweh, und Bertha macht sich Sorgen um ihre Mutter, mit deren Gesundheitszustand es bergab geht. Als von Arthurs Familie zunehmend versöhnliche Botschaften kommen, kehren sie 1885 nach Wien zurück. <u>Zu spät, um Berthas Mutter noch zu sehen.</u> Sie ist im Winter 1884 gestorben.« (Nürnberger, 2008, S.191.)
4 »Und er [Mahatma Gandhi] blieb ›rein‹, jedenfalls im Sinne seiner Kaste. <u>Kein Sex, kein Wein, kein Fleisch.</u>« (Nürnberger, 2008, S.137.)

9 Drücke deine Reaktion auf folgende Situationen mithilfe einer Ellipse aus.

1 Der Bus fährt dir vor der Nase weg.
2 Du erhältst ein unerwartetes Geburtstagsgeschenk.
3 Das Ergebnis deiner Klassenarbeit ist besser ausgefallen als gedacht.
4 Dein Lieblingsschauspieler will seinen Beruf aufgeben.

Satz- und Textgestaltung

Mittel der Verdichtung und Auflockerung

1 Vergleicht folgende Formulierungen und tauscht euch über die Unterschiede aus. In welcher Situation bzw. in welcher Art von Texten würdet ihr die Formulierungen der linken und in welcher die der rechten Spalte verwenden?

1	Die Gäste kamen um 15 Uhr an.	Die Ankunft der Gäste war um 15 Uhr.
2	Drei interessierte Bürger gründeten einen Verein.	Es erfolgte die Gründung eines Vereins durch drei interessierte Bürger.
3	Wir interessierten uns sehr für …	Wir hatten großes Interesse an …
4	Am Montag wurde die neue Anlage in Betrieb genommen.	Am Montag erfolgte die Inbetriebnahme der neuen Anlage.
5	Mein Freund freute sich nicht darüber.	Mein Freund zeigte keine Freude darüber.

→ S. 156 Sprachvarianten

! Um einen Text zu **verdichten** und schwierige Sachverhalte kurz darzustellen, kann man den **Nominalstil** nutzen. Er wird häufig in schriftlichen Texten sowie in der Wissenschafts- und Fachsprache verwendet, z. B. in Facharbeiten. Dabei werden oft Verben nominalisiert/substantiviert oder Ableitungen auf -ung verwendet, z. B.:

Verbalstil
Das Problem ist, dass in dieser Branche oft Leiharbeiter beschäftigt werden, die nicht genügend ausgebildet sind.

Nominalstil
Die Beschäftigung nicht genügend ausgebildeter Leiharbeiter in dieser Branche ist ein Problem.

Den Nominalstil verwendet man auch, wenn man zur Vorbereitung eines Vortrags Sätze in Stichpunkte umwandelt, z. B.:

Mahatma Gandhi wurde 1869 in Indien geboren.
1888 begann er sein Jurastudium in London.

1869 Geburt Mahatma Gandhis in Indien
1888 Beginn des Jurastudiums in London

2

Verwende den Nominalstil in den folgenden Sätzen. Ergänze den neu entstandenen Satzanfang durch weitere Aussagen.

1. Der neue Chef besichtigte den Betrieb.
2. Er traf die neuen Geschäftspartner.
3. Bei der Besprechung wurden die strittigen Probleme diskutiert.
4. Der neue Mitarbeiter wurde genau beobachtet.
5. Die Firma passte sich an die veränderte Marktsituation an.
6. Man kann die Produktion um 20 % steigern.

1. An der Besichtigung des Betriebes durch den neuen Chef nahmen auch die Abteilungsleiter teil.
2. ...

3

a Christian Nürnberger schreibt in seinem Buch auch über Rosa Parks. Lies den ersten Teil ihrer Biografie.

Am 4. Februar 1913 wurde Rosa in Tuskegee/Alabama geboren. Der Vater, ein Zimmermann, verließ 1915 die Familie und Rosa Parks wuchs zusammen mit ihrem Bruder bei ihrer Mutter auf der Farm ihrer Großeltern in Alabama auf.

Schon vor dem ersten Schulbesuch brachte die Mutter Rosa das Lesen bei und förderte ihr Interesse für Bücher. Im Alter von elf Jahren besuchte Rosa Parks eine private Schule für Mädchen, die von liberalen Nordstaatlern gegründet worden war.

1932 heiratete sie den Friseur Raymond Parks, der in der Wahlrechtsbewegung für Schwarze aktiv mitwirkte. Auch Rosa Parks engagierte sich in verschiedenen Bürgerrechtsorganisationen in Montgomery. Ihren Lebensunterhalt verdiente sie in dieser Zeit als Haushälterin, Näherin oder Versicherungsverkäuferin.

Ihren Ruf als »Mutter der Bürgerrechtsbewegung« erwarb sich Rosa Parks 1955 im Zusammenhang mit dem Montgomery-Bus-Boykott. In Montgomery waren die ersten vier Reihen in den Bussen für weiße Passagiere reserviert, die Sitze dahinter durften von Farbigen benutzt werden, waren aber für Weiße wieder zu räumen. Am 1. Dezember 1955 fuhr Rosa Parks nach der Arbeit mit dem Bus nach Hause und nahm im mittleren Teil des Busses Platz. Als der weiße Busfahrer sie aufforderte, ihren Platz für einen Weißen frei zu machen, weigerte sich Rosa Parks und blieb einfach sitzen, worauf sie verhaftet und ins Gefängnis gebracht wurde.

(vgl. Nürnberger, 2008, S. 118 ff.)

Satz- und Textgestaltung **147**

b Notiere das Wesentliche dieses Lebensabschnitts von Rosa Parks in Stichpunkten. Verwende den Nominalstil.

c Informiere dich im Internet über das weitere Leben von Rosa Parks. Notiere dir das Wesentliche in Stichpunkten, verwende dabei den Nominalstil. Gib die Quelle(n) exakt an.

→ S.148 Zitieren

d Halte mithilfe der Stichpunkte einen kurzen Vortrag über das Leben von Rosa Parks. Lockere dabei deine kurzen Stichpunkte wieder auf, indem du sie zu Sätzen umformst und finite Verbformen verwendest.

4 Christian Nürnberger gibt jeweils am Anfang seiner Kapitel eine kurze, verdichtete Übersicht über das Leben eines mutigen Menschen.

a Lies die verdichtete Form der Kurzbiografie der Journalistin Anna Politkowskaja.

– 1958 Geburt in New York als Kind ukrainischer Eltern
– Journalistikstudium an der Universität Moskau
– ab 1982 Mitarbeit in diversen Verlagen und Zeitungen
– 1994–1999 leitende Redakteurin für Notfall- und Krisensituationen, Kommentatorin und stellvertretende Chefredakteurin bei Wochenzeitung *Obschtschaja Gazeta,* später bei oppositioneller Zeitung *Novaja Gazeta*
– 2001 nach Morddrohungen Flucht nach Österreich
– 2002 Verhaftung durch russisches Militär in Tschetschenien
– 2004 Mordversuch während Berichterstattung über Geiselnahme von Beslan
– 2006 Ermordung in Moskau   (vgl. Nürnberger, 2008, S.213.)

! Die der Verdichtung entgegengesetzte Darstellungsweise nennt man **Auflockerung**. Sie ist vorwiegend ein Mittel der mündlichen Sprache. Dabei werden viele Verben verwendet, vor allem finite Verbformen (**Verbalstil**).

b Lockere die verdichtete Form auf, indem du Sätze formulierst.

c Sammle weitere Informationen über Anna Politkowskaja, schreibe sie als verdichtete Stichpunkte auf und halte mit ihrer Hilfe einen Vortrag.

Zitieren

1 Ein Sprichwort lautet: Man schmückt sich nicht mit fremden Federn.

a Tauscht euch darüber aus, was das Sprichwort mit dem Verfassen von Facharbeiten oder Vorträgen zu tun haben könnte.

→ S.190 Merkwissen

b Wiederholt, was ihr bereits über die Zeichensetzung beim Zitieren gelernt habt.

> Ein **Zitat** ist die wörtliche Wiedergabe einer Textstelle in einem anderen Text, z. B. in einer Facharbeit oder einem Vortrag.
> Ein **direktes (wörtliches) Zitat** muss buchstabengetreu übernommen und in **Anführungszeichen** gesetzt werden. Auslassungen werden durch drei Punkte in einer eckigen Klammer [...] gekennzeichnet. Das Zitat sollte mit einem **einleitenden Satz** in den eigenen Text eingebunden werden, z. B.:
> *Christian Nürnberger beginnt das Vorwort zu seinem Buch mit den Worten: »Mut ist etwas Sonderbares. Man hält die Sache für klar und denkt nicht weiter darüber nach [...].« (Nürnberger, 2008, S.9.)*
> *Nürnberger bezeichnet Mut in seinem Vorwort als »etwas Sonderbares«. (Nürnberger, 2008, S.9.)*
> Ein **indirektes (nicht wörtliches, sinngemäßes) Zitat** ist die sinngemäße Wiedergabe von Gedanken eines Autors. Beim indirekten Zitieren wird meist der Konjunktiv I verwendet, z. B.:
> *Christian Nürnberger schreibt in seinem Buch darüber, dass er mit seinen Geschichten keine Heldenverehrung betreiben, sondern darstellen wolle, dass der Mut der kleinen Leute nicht vergeblich sei. (vgl. Nürnberger, 2008, S.13.)*
> Bei beiden Zitierformen ist eine **Quellenangabe** erforderlich.

→ S.113 Die Modusformen des Verbs (Merkkasten)

2 Lies Nürnbergers Aussagen in Aufgabe 5 (S.143) noch einmal und beantworte folgende Fragen. Nutze dazu mindestens ein direktes und ein indirektes Zitat. Gib die Quellen exakt an.

1 Was hämmerte Mandela seinen Zuhörern ein?
2 Was erfährt man über das Leben im Gefängnis?
3 Wie tankte man Kraft und Mut für die Widerstandsaktionen?

Zitate verwenden

3 Du sollst das Buch »Mutige Menschen« von Christian Nürnberger kurz vorstellen und dabei Zitate verwenden.

a Ordne die passenden einleitenden Sätze A bis C den jeweiligen Zitaten 1 bis 3 zu.

A Der Autor beschreibt das Leben Martin Luthers so:
B Über die Friedensaktivistin Bertha von Suttner berichtet der Autor:
C Der Autor stellt dar, wie Nelson Mandela, der aus wohlhabenden Verhältnissen stammt, den Weg in den Widerstand findet:

1 »Obwohl die Augustiner ein Bettelorden sind, ist das Kloster vermögend. [...] Dennoch wird der Novize Martin Luder zum Betteln über die Dörfer geschickt, damit er die Lebensweise Jesu und seiner Jünger am eigenen Leib erfahre.« (Nürnberger, 2008, S. 74.)

2 »Nelsons Bewusstsein beginnt sich zu ändern, als es 1946 zu einem der größten Streiks in der südafrikanischen Geschichte kommt. [...] Jetzt greift der Staat ein. Polizisten drängen die Arbeiter mit Bajonetten in die Schächte zurück und töten dabei neun von ihnen. [...] Jetzt ist Nelson empört, bestürzt und tief bewegt. Er besucht die Streikenden in den Minen und führt Gespräche mit Gewerkschaftern.« (Nürnberger, 2008, S. 101 f.)

3 »Auch die Kirche greift sie an, weil sie die Waffen segnet. Und den Glauben, Gott würde im Krieg der eigenen Armee zu Schlachtenglück verhelfen, entlarvt sie als Dummheit, ruft doch der Gegner denselben Gott an.« (Nürnberger, 2008, S. 194.)

Luthers Zelle im Augustinerkloster Erfurt

b Stelle das Buch in einem kurzen Text vor. Nutze beim Schreiben die Ergebnisse der Aufgabe a.

Christian Nürnberger stellt in seinem Buch „Mutige Menschen" ...

4 Stelle in einem Vortrag einen Menschen vor, den du besonders schätzt, z. B. einen Schriftsteller, Musiker oder Politiker. Verwende dazu Bücher, Zeitungen, Zeitschriften und Informationen aus dem Internet. Nutze direkte Zitate und gib sie korrekt an. Binde die Zitate mit einleitenden Sätzen sinnvoll in deinen Text ein.

→ S. 55 Präsentieren

! Um Herkunft und Wortlaut eines **direkten Zitats** überprüfbar zu machen, muss man die **Quelle** präzise angeben, z. B.:
- **in Klammern** hinter dem Zitat, z. B.:
»Mut ist etwas Sonderbares.« (Nürnberger, Christian: Mutige Menschen für Frieden, Freiheit und Menschenrechte. Stuttgart: Gabriel Verlag, 2008, S. 9.)
- als **Fußnote** am Ende der Seite, z. B.:
»Mut ist etwas Sonderbares.«[1]
[1] Nürnberger, Christian: Mutige Menschen für Frieden, Freiheit und Menschenrechte. Stuttgart: Gabriel Verlag, 2008, S. 9.
- als **Verweis** ins Quellenverzeichnis, wo eine ausführliche Quellenangabe zu finden ist, z. B.:
»Mut ist etwas Sonderbares.« (Nürnberger, 2008, S. 9.)

Auch bei **indirekten (sinngemäßen) Zitaten** muss eine Quelle angegeben werden. Um deutlich zu machen, dass nur sinngemäß übernommen wurde, steht vor der Quellenangabe *vgl.* (vergleiche), z. B.:
Christian Nürnberger schreibt in seinem Buch darüber, dass er mit seinen Geschichten keine Heldenverehrung betreiben wolle. (Vgl. Nürnberger, 2008, S. 13)

Am Ende eines Textes, für den man Quellen genutzt hat, muss ein **Quellenverzeichnis** (Literaturverzeichnis) stehen, in dem alle verwendeten Quellen vollständig aufgeführt sind. Dabei unterscheidet man:

Buch: Name, Vorname: Titel. Ort: Verlag, Jahr.	*Nürnberger, Christian: Mutige Menschen für Frieden, Freiheit und Menschenrechte. Stuttgart: Gabriel Verlag, 2008.*
Zeitung oder **Zeitschrift:** Name, Vorname: Titel. Aus: Zeitung/Zeitschrift, Nr. bzw. Datum der Ausgabe, Seite/Seiten des Artikels.	*Hirsi Ali, Ayaan: Sie wissen nichts vom Holocaust. Aus: Die Welt, 16. 12. 2006, S. 9.*
Internet: (Verfasser, wenn vorhanden): Titel. Online im Internet: Internetadresse [Datum des Abrufs].	*Stiftung Luthergedenkstätten in Sachsen-Anhalt: Von daher bin ich – Martin Luther und Eisleben. Online im Internet: http://www.martin-luther.de/de/martin-luthers-geburtshaus/ausstellung.html [11. 01. 2012].*

Zitieren **151**

Ein Quellenverzeichnis erstellen

TIPP
Nutze den PC, da du die Quellenangaben anschließend leichter sortieren und ergänzen kannst.

5 Stelle dir vor, du hast bei der Vorstellung des Buches von Christian Nürnberger (S.149, Aufgabe 3) Zitate aus folgenden Quellen genutzt.

a Leider hast du die Angaben nicht korrekt aufgeschrieben. Sortiere sie in der richtigen Reihenfolge und schreibe sie mit der korrekten Zeichensetzung auf. Nutze dazu den Merkkasten auf S.150.

1. Bertha von Suttner – Ein Leben für den Frieden – Hamann, Brigitte – 2006 – Piper Verlag – S.13 – München
2. Russisches Tagebuch – S.27 – Politkowskaja, Anna – Dumont – Köln – 2007
3. Gauck, Joachim – Die Liebe zur Wahrheit – Aus: Chrismon – 05/2008 – S.24
4. Aus: Die Zeit – 10/2007 – Luther braucht keinen Hammer – Auch der neueste Fund klärt nicht auf, ob der Reformator seine Thesen wirklich angeschlagen hat – Leicht, Robert – S.34
5. Mandela, Nelson – Fischer Taschenbuch – Frankfurt am Main – 2002 – Der lange Weg zur Freiheit – S.51
6. Der eitle Asket – [12.01.2012] – Gandhis Weg der Gewaltlosigkeit erwies sich als Sackgasse – Franz, Angelika – Online im Internet – http://www.zeit.de/2005/09/P-Gandhi

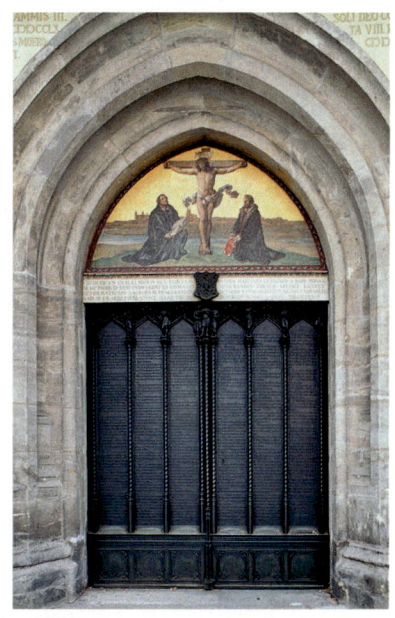

Schlosskirche in Lutherstadt Wittenberg, Thesentür

1. Hamann, Brigitte: Bertha von Suttner. Ein Leben für den Frieden. …

b Stelle nun aus den korrigierten Quellenangaben ein Quellenverzeichnis zusammen. Ordne sie dazu alphabetisch.

6 Überprüfe, ob deine Quellenverzeichnisse zu Vorträgen oder schriftlichen Arbeiten im Fachunterricht vollständig und korrekt sind.

Wortbedeutung

1 In unserer Sprache sind viele Wörter mehrdeutig, d. h., sie haben zwei oder mehr Bedeutungen und bezeichnen so verschiedene Tätigkeiten, Gegenstände oder Eigenschaften.

a Verwende die Wörter in ihren verschiedenen Bedeutungen. Bilde Wortgruppen oder kurze Sätze mit den in Klammern gegebenen Wörtern. Erläutere anschließend die jeweilige Bedeutung durch ein Synonym, einen Oberbegriff oder eine Umschreibung.

1. abschneiden: 1. (Brot), 2. (Prüfung)
2. Kopf: 1. (Haare), 2. (Gruppe)
3. Pferd: 1. (reiten), 2. (Sprungübung)
4. Linse: 1. (Suppe), 2. (Mikroskop)
5. verschieben: 1. (Tisch), 2. (Arbeit)
6. sinken: 1. (Schiff), 2. (Stimmung)
7. einsteigen: 1. (Straßenbahn), 2. (Training)
8. leicht: 1. (Koffer), 2. (Aufgabe)
9. kalt: 1. (Luft), 2. (reagieren)
10. bunt: 1. (Blumen), 2. (durcheinanderliegen)

1. abschneiden: 1. eine Scheibe Brot abschneiden = eine Scheibe vom Brot abtrennen

2. ...

TIPP
Wiederhole dazu, was du über die Metapher weißt.

b Erläutere an ausgewählten Beispielen der Aufgabe a, welche gemeinsamen Merkmale die unterschiedlichen Bedeutungen eines Wortes haben.

c Überlege anhand der Beispiele in Aufgabe a, wodurch ein mehrdeutiges Wort bei seiner Verwendung eindeutig wird. Formuliere dazu eine Regel.

Ein mehrdeutiges Wort wird bei seiner Verwendung im Text dadurch eindeutig, dass ...

Wortbedeutung **153**

→ S.190 Merkwissen

2 Erkläre folgende Begriffe in Form von zwei Wortgleichungen. Verknüpfe dazu je zwei der bereitgestellten Ausdrücke miteinander.

mit einer Bedeutung – mit mehreren Bedeutungen – mehrere Wörter – ein Wort

Pferd

Computer Rechner

Mehrdeutigkeit = … + …

Synonym(e) = … + …

3 Seit Längerem wird in jedem Jahr in Deutschland von einer Fachjury der Gesellschaft für deutsche Sprache das Wort des Jahres gewählt. Die Ergebnisse der letzten Jahre waren: *Stresstest* (2011), *Wutbürger* (2010) und *Abwrackprämie* (2009).

TIPP
Recherchiere dazu im Internet.

a Ermittle, wie die Wahl zum Wort des Jahres vor sich geht.

b Untersuche bei jedem Wort, welche Bedeutung die zwei Bestandteile haben und welche Gesamtbedeutung damit in der Zusammensetzung entsteht.

Stress: …   Test: …   → Stresstest: …

TIPP
Recherchiere dazu im Internet.

c Finde heraus, auf welches Ereignis sich das jeweilige Wort im Jahr seines Entstehens bezog und welche konkrete Bedeutung es dadurch in jenem Jahr hatte.

d Überlegt, welchen anderen Sachverhalt das jeweilige Wort auch bezeichnen könnte. Verwendet es dazu in einem kurzen Text.

Zukünftige Piloten müssen sich vor ihrer Ausbildung einem Stresstest unterziehen, in dem sie ihre physische und psychische Belastbarkeit nachweisen. …

! **Mehrdeutige Wörter** werden bei der Verwendung in einem Text durch den dabei entstehenden Zusammenhang mit anderen Wörtern, d.h. durch den **Kontext**, eindeutig.

4

a Schreibe aus dem folgenden Textausschnitt alle Wörter heraus, die in einer übertragenen, bildhaften Bedeutung gebraucht sind. Erkläre ihre Bedeutung in dem Text durch ein Synonym oder eine Umschreibung.

Gefrierschrank-Wetter in Sachsen
Bis minus 25 Grad – größter Kälteeinbruch seit 1986
Leipzig. Der Winter kommt in dieser Woche so richtig in Fahrt und verwandelt auch Sachsen in einen Gefrierschrank. Grund dafür ist das Kältehoch Cooper. [...] »So eine starke Kälte gibt es in Deutschland nur sehr selten zu beobachten [...]«, erklärt Wetterexperte
5 Dominik Jung von Wetter.net. Besonders kalt wird es ab morgen. Dann bleiben die Höchstwerte teils unter minus zehn Grad stecken. Nachts ist mit sehr strengem Frost zwischen minus zehn und minus 20 Grad zu
10 rechnen. »Über Schnee rutschen die Temperaturen noch einen Tick tiefer. Dort kann es auf minus 25, am Erdboden sogar nahe minus 30 Grad gehen«, so Jung. [...]
Sachsens Landwirte hoffen auf ein kurzes In-
15 termezzo des Winters; schützend eingreifen könnten sie nicht. [...] Die schnell sinkenden Temperaturen könnten ohne eine schützende Schneedecke direkt auf den Boden einwirken. [...] »Bauchschmerzen« bekäme
20 Udo Jentzsch, Geschäftsführer des Landesverbandes Sächsisches Obst, wenn das Hoch Cooper für mehrere Wochen Temperaturen von minus zehn Grad bescheren würde. [...]

Gefrierschrank-Wetter: sehr kaltes Wetter mit Temperaturen ...

b Verwende die in Aufgabe a gefundenen bildhaften Ausdrücke in ihrer ursprünglichen Bedeutung.

Das Eis liegt im Gefrierschrank. ...

c Tauscht eure Meinungen darüber aus, welche Wirkung durch die verwendeten bildhaften Mittel im Text der Aufgabe a erzielt wird.

d Diskutiert, ob die bildhafte Ausdrucksweise in dieser Textsorte (Zeitungsbericht) angemessen ist.

Wortbedeutung **155**

5 Sachtexte enthalten manchmal mehrdeutige Wörter. Zeige das an Beispielen aus dem Text von Aufgabe 6 (S. 91) und begründe, warum der Autor diese Wörter verwendet hat.

6

a Lies den folgenden Text von Hans Fallada (1893–1947).

Penne

In der Schule oder, wie wir sie nannten, in der Penne spielte ich zu jener Zeit eine höchst unselige Rolle. Ich ging auf das Prinz-Heinrich-Gymnasium in der Grunewaldstraße, und das war damals ein sehr feines Gymnasium, womit gesagt werden soll, dass dort in der
5 Hauptsache die Söhne vom Offiziers- und Beamtenadel, auch von reichen Leuten die Schulbank drückten. Meine Eltern aber waren für äußerste Sparsamkeit, so kam es, dass ich, war eine Hose durchgerutscht, keine neue bekam, sondern dass meine Mutter ein paar handfeste Flicken in die
10 arg verwundete setzte. Da sie nun aber oft keinen genau passenden Stoff hatte, so wurden ohne erhebliche Hemmung auch andere Stoffe dafür gewählt. [...] Es war eine dunkelblaue Bleyle-Hose, und mit grauen Flicken wurde sie geziert.
15 [...] Es waren natürlich nicht die wirklich »Feinen« in der Klasse, die mich damit aufzogen. [...] Aber die andern, die Coyoten der Wölfe gewissermaßen, wie offen und schamlos verhöhnten sie mich! Da war einer, ein langer Laban[1], über einen Kopf war er größer als ich, Friedemann hieß die Canaille, im Unterricht durch äußerste Unwis-
20 senheit ausgezeichnet, schon dreimal bei der Versetzung »kleben« geblieben – aber etwas verstand dieser Bursche ausgezeichnet: mich zu zwiebeln! [...]

[1] *allg.*: hochgewachsener Mann

b Schreibt aus dem Text möglichst viele mehrdeutige Wörter in übertragener Bedeutung heraus und verwendet sie jeweils in mindestens zwei verschiedenen Bedeutungen in Wortgruppen.

feines (Gymnasium): Gymnasium für Söhne von Reichen
fein: 1. feiner Sand, 2. ...

c Tauscht euch darüber aus, welche Wirkung Hans Fallada in dieser literarischen Textsorte (Erzählung) durch die Verwendung mehrdeutiger Wörter in übertragener Bedeutung erzielt.

Sprache im Wandel

Sprachvarianten

> **!** **Mündliche** und **schriftliche Kommunikation** unterscheiden sich voneinander durch das verwendete Medium (gesprochene oder geschriebene Sprache als Laute/Schallwellen oder Schrift-/Druckzeichen), durch die damit verbundenen Sprachtätigkeiten (Sprechen/Hören, Schreiben/Lesen) und durch die Verwendung bestimmter sprachlicher Mittel (mündliche bzw. schriftliche Sprache/Schriftsprache). **Mündliche** und **schriftliche Sprache** kommen in verschiedenen Kommunikationssituationen und Textsorten unterschiedlich häufig vor.

Mündliche und schriftliche Sprache untersuchen

1

a Lies diese mündliche Äußerung von Kai. Ermittle, welche Besonderheiten es im Satzbau gibt.

»Lies mal diesen Text. Den hab ich heute gefunden. In der Tageszeitung von gestern. Also ganz aktuell.«

b Tauscht euch darüber aus, warum Sätze in mündlicher Sprache oft auf diese Weise gebildet werden.

c Formuliere die Äußerung als mündliche Aufgabenstellung einer Lehrerin / eines Lehrers. Schreibe mehrere Varianten auf. Beschreibe jeweils die Unterschiede im Satzbau im Vergleich zu Kais Äußerung.

2 Thea und Annika gehen in der Pause zu ihrer Mathematiklehrerin.

a Lies die Äußerung von Thea. Sprich sie anschließend leise vor dich hin.

»Äh, wir haben da gestern zusammen geübt, Annika und ich. Ja, und da ging das bei Annika, ne, schon ganz gut. So, und nun wollen wir das noch paarmal so machen. Hm, und deshalb wollten wir Sie bitten, ähm, dass Sie uns noch weitere Aufgaben geben. Okay?«

b Sucht typische Wörter für mündliche Sprache heraus. Tauscht euch darüber aus, ob sie etwas bedeuten, und begründet ihre Verwendung.

Sprachvarianten **157**

c Untersucht, wo die typischen Wörter in den Sätzen jeweils stehen. Erklärt, warum sie als Gliederungswörter bezeichnet werden.

d Bewertet, ob Theas Äußerung ihrer Lehrerin gegenüber in mündlicher Kommunikation angemessen und höflich ist.

e Thea findet ihre Lehrerin an diesem Tag nicht und schreibt ihr Anliegen auf. Formuliere ihre Äußerung in einen schriftlichen Text um. Erprobe mehrere Varianten. Kennzeichne deine Änderungen.

3

a Lest die folgenden Gesprächsausschnitte zuerst leise und dann laut.

> Eh, du bist gestern wieder nicht pünktlich zum Training gekommen.

> Na und? …

> Du, diese Aufgabe ist aber richtig schwer.

> Ach wo! …

b Erläutere, was die Reaktionsformeln *Na und?* und *Ach wo!* hier ausdrücken. Formuliere, wie die Antworten fortgesetzt werden könnten.

c Sucht weitere Reaktionsformeln, die für Gespräche typisch sind. Formuliert mit ihnen kurze Dialoge und tragt sie vor. Erklärt, was die Reaktionsformeln im Textzusammenhang jeweils ausdrücken.

> **!** In der **mündlichen Sprache** treten oft folgende Unterschiede zur schriftlichen Sprache auf, z. B.:
> - aufgelockerter Satzbau: kurze oder unvollständige Sätze,
> - Gliederungswörter, z. B.: *äh, ne,*
> - Reaktionsformeln, z. B.: *Na und? Ach wo!*

4

a Lest die beiden Sätze und tauscht euch darüber aus, ob beide grammatisch richtig sind.

1 Sie haben das gleich erledigt, weil das so am besten war.
2 Sie haben das gleich erledigt, weil das war so am besten.

→ S.134 Einteilung der Nebensätze

b Ermittle, wie sich die beiden mit *weil* eingeleiteten Nebensätze in ihrem Bau unterscheiden. Bestimme ihre Funktion.

c Überprüft mithilfe eurer Spracherfahrung, ob beide *weil*-Satz-Strukturen in mündlicher und schriftlicher Kommunikation vorkommen.

d Überlegt, wo ihr sie verwenden würdet. Welche Variante würdet ihr zur Umgangssprache, welche zur Standardsprache rechnen?

5 Bilde aus den folgenden einfachen Sätzen Satzgefüge mit *weil*. Schreibe die Variante für schriftliche Sprache auf und formuliere die Varianten für mündliche Sprache. Nenne Beispiele für ihre jeweilige Verwendung.

1. Diese Aufgabe habe ich nicht gelöst. Ich habe sie nicht verstanden.
2. Das Projekt war ein Erfolg. Fast alle haben ihre Ideen eingebracht.
3. Hanna rief ihre Oma noch spätabends an. Sie brauchte dringend ihre Hilfe.

> **!** In kausalen (begründenden) **Nebensätzen mit der Konjunktion *weil*** steht in schriftlicher Sprache die finite Verbform an der letzten Satzgliedstelle. In mündlicher Sprache dagegen kann als umgangssprachliche Variante die finite Verbform an der zweiten Satzgliedstelle stehen.

Fachsprache untersuchen

6 Im Zusammenhang mit Sportarten hat sich ein umfangreicher Fachwortschatz entwickelt.

a Erklärt die folgenden Fachwörter des Fußballs durch genaue Umschreibung. Verwendet dazu, wenn nötig, bildliche Darstellungen.

Eckstoß – dribbeln – Abseits – Libero – Foul – Steilpass – Flanke – Querschläger

TIPP
Nutzt ggf. ein Lexikon oder das Internet.

b Stellt den Ergebnissen aus Aufgabe a gegenüber, wie ihr diese Fachwörter einem Fußball-Laien erklären würdet.

c Wähle eine andere Sportart. Stelle ein kleines Wörterbuch mit Grundbegriffen zusammen und erkläre ihre Bedeutung. Erläutere mithilfe dieser Fachwörter Regeln und Besonderheiten der Sportart.

Sprachvarianten **159**

7 Auch im Sprachunterricht benutzt du Fachwörter.

a Wie sind die folgenden Beispiele gebildet worden? Nenne die Fachwörter für die beiden Arten der Wortbildung. Wiederhole, welche Merkmale dabei zu unterscheiden sind.

Wörter|buch – be|sprechen, Sprech|er

b Setze die Fachwörter für die vier Kasus (Fälle) der Deklination ein.

1 der Computer (1. Fall / Wer-Fall) **2** des Computers (2. Fall / Wes-Fall)
3 dem Computer (3. Fall / Wem-Fall) **4** den Computer (4. Fall / Wen-Fall)

8 Diskutiert an Beispielen der Aufgaben 6 und 7 folgende Fragen.

1 Wann könnt ihr Fachwörter benutzen?
2 Wann solltet ihr sie vermeiden?
3 Wie könnt ihr diese Wörter dann ersetzen?

9 Viele Fachwörter sind auch bei Jägern gebräuchlich.

TIPP
Nutze ggf. ein Lexikon oder das Internet.

a Ordne den Fachwörtern 1–10 die richtigen Bedeutungen A–J zu.

1 äsen **2** Bache **3** Falkner **4** Kanzel **5** Witterung **6** Blume **7** Vorstehhund **8** Schweiß **9** Lichter **10** Halali

A austretendes Blut bei angeschossenem Tier **B** Jäger, der mit Greifvögeln (z.B. Falke, Habicht) jagt **C** Jagdhund, der Wild durch »Davor-Stehenbleiben« anzeigt **D** Geruchssinn bzw. Geruch des Wildes **E** Augen des Schalenwilds (Reh, Hirsch, Wildschwein) **F** Nahrung aufnehmen **G** Jagdhornsignal: Gruß bzw. Anfang oder Ende der Jagd **H** Hochsitz **I** weibliches Wildschwein **J** Schwanz des Hasen

b Überprüft, welche dieser Wörter auch in der Alltagssprache, aber mit einer anderen Bedeutung gebraucht werden. Verwendet sie in einem entsprechenden Satz.

10 Viele Fachwörter für Motortechnik wurden, bedingt durch die Rolle der Fahrzeuge im täglichen Leben, in die Alltagssprache übernommen.

a Erkläre die Bedeutung der folgenden Fachwörter möglichst genau.

1 Zweizylinder **2** Hinterradantrieb **3** Gang **4** Xenon-Licht **5** Super **6** ABS

b Stellt weitere Fachwörter aus diesem Bereich zusammen, mit denen technische Neuerungen bezeichnet werden. Erläutert sie anschließend in der Klasse. Verwendet dazu gegebenenfalls bildliche Darstellungen.

> **!** Bezeichnungen für bestimmte Gegenstände, Tätigkeiten usw. in Berufen, Wissenschaften, Unterrichtsfächern und speziellen Lebensbereichen (Interessen/Hobbys) werden als **Fachsprache** oder **Fachwortschatz** zusammengefasst. **Fachwörter** bezeichnen einen Sachverhalt kurz, genau und eindeutig. Sie sind Ausdruck für das Spezialwissen bestimmter Gruppen von Menschen.

11 Stelle Fachwörter für dein Hobby als Wörterbuch zusammen. Erläutere ihre Bedeutung durch Synonyme, Ober- und Unterbegriffe und Umschreibungen. Stelle das Ergebnis in der Klasse vor.

TIPP
Nutzt diese Übersichten für die Vorbereitung auf Tests.

12 Sammelt für ein Unterrichtsfach eurer Wahl zu einem Thema wichtige Fachwörter. Notiert zu jedem Fachwort, welches Spezialwissen damit bezeichnet wird. Tauscht eure Ergebnisse gegenseitig aus.

Jugendsprache untersuchen

13 Sammelt Wörter, die ihr in eurer Gruppe als Ausdruck für höchste Zustimmung verwendet. Kennzeichnet, welche älter und welche neu sind.

14

a Ordne den folgenden standardsprachlichen Wendungen 1–8 die jugendsprachlichen Wendungen A–H zu.

1 entspannen, sich ausruhen **2** sehr schlecht **3** lustig **4** Diskothek **5** schön, modern **6** auf jmdn. einreden **7** kein Geld haben **8** niedergeschlagen sein

A auf Nass sein **B** Zappelbude **C** zutexten **D** chillen **E** grottenschlecht **F** stylish **G** down sein **H** jokig

b Prüft, ob ihr die Wendungen A–H auch in eurer Gruppe benutzt oder ob ihr für die genannten Beispiele 1–8 andere jugendsprachliche Wörter bzw. Ausdrücke verwendet. Schreibt sie auf. Versucht zu erklären, warum sie gerade so gebildet worden sind.

> **Jugendsprache** ist eine spezielle Ausdrucksweise von Jugendlichen zur Kommunikation in ihrer Gruppe. Jugendliche wollen sich damit von den Erwachsenen, manchmal auch von anderen Gruppen abgrenzen, sich untereinander aber als eine Gruppe verstehen. Jugendsprache ist somit eine Zusammenfassung verschiedener **Gruppensprachen**.
> Das entscheidende Merkmal sind bewusst erfundene, originelle und auffällige Wörter. Viele davon sind kurzlebig. Manche verschwinden völlig, andere werden in die Umgangssprache übernommen und dann auch von Erwachsenen gebraucht.

15 Lege deinen Eltern eine Liste mit jugendsprachlichen Wörtern bzw. Ausdrücken vor und lass dir erklären, welche sie kennen bzw. verstehen. Frage sie, welche speziellen Wörter sie in ihrer Jugend verwendet haben.

Cool!

16 Sucht besonders originelle jugendsprachliche Wörter bzw. Ausdrücke. Verwendet sie in einem Satz. Erläutert, was sie bedeuten und warum sie eurer Meinung nach originell sind.

17 Suche Beispiele für Jugendsprache aus einem Jugendbuch heraus. Beschreibe, welche Wirkung die Mittel in dem literarischen Text haben.

> Eine **Sprachvariante (Sprachvarietät)** ist ein spezieller Teil, eine Verwendungsvariante einer Sprache. Sprachvarianten entstehen z.B. durch die Verwendung von Sprache in bestimmten Situationen (**mündliche/schriftliche Sprache**) oder durch speziellen Sprachgebrauch in sozialen Gruppen aufgrund von Spezialwissen (**Fachsprache/Fachwortschatz**) bzw. aufgrund des Alters (**Jugendsprache**). Auch **Standardsprache**, **Umgangssprache** und **Dialekt** sind Sprachvarianten.

Zur Geschichte der deutschen Sprache

> **!** Unsere **Muttersprache** ist einerseits stabil – das zeigen Regeln z.B. zur Schreibung von Wörtern, zur Bildung von Wortformen und zum Satzbau. Andererseits **verändert** sie **sich zu jeder Zeit** in bestimmten Bereichen – z.B. sehr auffällig im Wortschatz, zum Teil auch in der Schreibung. Solche Entwicklungen zeigen sich bei Vergleichen zwischen älteren Sprachformen und dem heutigen Deutsch, sie vollziehen sich aber auch – oft unbemerkt, in kleinen Schritten – in unserer Gegenwartssprache.

TIPP
Nutze ein Wörterbuch.

1 Das Nibelungenlied wurde in mittelhochdeutscher Sprache (um 1200) aufgeschrieben. Erläutere, wie sich die folgenden Wörter in ihrer Form (Schreibung) und ihrer Bedeutung verändert haben.

mæren (Geschichten) – arebeit (Kämpfen und Mühen) – hochgezîten (Festzeiten)

mæren (Geschichten) – heute: …

TIPP
Nutze ein Wörterbuch.

2 Im Volksbuch von Till Eulenspiegel (1519) wird eine Geschichte über Till und einen Bäcker in Braunschweig erzählt. Erkläre, was die unterstrichenen frühneuhochdeutschen Wörter bedeuten, und untersuche, ob sie in der deutschen Gegenwartssprache noch in derselben Form (Schreibung) und mit derselben Bedeutung existieren.

1 Till hat sich beim Bäcker verdingt. **2** Der Bäcker fragt ihn, was für ein handwerckß man er sei. **3** Till behauptet, der Bäcker habe ihn geheissen, Eulen und Meerkatzen zu backen.

1. sich verdingen (…) – heute: …

Zur Geschichte der deutschen Sprache

3 In den Briefen der Mutter des Dichters J. W. von Goethe wird sichtbar, wie die deutsche Sprache um 1800 gebraucht wurde.

a Lies still den folgenden Ausschnitt aus dem Brief an Goethes Ehefrau.

> Liebe Tochter!   den 21ten November 1807
> Da die Christfeyertage heran nahen; so mögte gerne wißen mit was ich Euch meine Lieben eine kleine Freude machen könte – August[1] soll dißmhal beßer bedint werden als vorm Jahr – mit Schrecken und Verdruß habe vernommen, daß das Tuch so Miserabel aus gefallen war, dem soll vorgebeugt werden […] bitte was der Liebe August aus wählt – Ehlen maß[2] und Farbe genau zu bestimmen. Vor Ihnen Liebe Tochter habe ich im Sinn ein Kleid das Sie zum Staate tragen könnten – nun ersuche Ihnen mir Ihre Lieblings Farbe anzugeben – wenn mann keine große Gaderobe hat; so bin ich sehr vor ein Kleid portirt[3] das mann Winter und Sommer tragen kan […].

[1] August: Sohn Goethes

[2] Ellenmaß

[3] *veraltet*: ich rate sehr zu

b Übertrage den Brief mündlich in heutiges Deutsch. Überlege, wie die unterstrichenen Wörter und Formen übertragen werden können. Prüfe, wo das Personalpronomen *ich* eingefügt werden muss.

c Übertrage die folgende Tabelle in dein Heft. Suche aus dem Brief alle Besonderheiten der Schreibung heraus und stelle sie dem heutigen Deutsch gegenüber.

TIPP
Konzentriere dich auf kurze/lange Stammvokale und die Getrennt- bzw. Zusammenschreibung.

Deutsch um 1800	heutiges Deutsch
Feyertage	…
…	

d Ermittelt Besonderheiten in der Verwendung von Komma, Semikolon und Gedankenstrich im Vergleich zum heutigen Deutsch.

e Schreibe den Briefausschnitt in heutigem Deutsch auf und beachte dabei alle notwendigen Regeln.

f Informiert euch, wann die verbindliche Rechtschreibung in Deutschland eingeführt wurde. Bewertet auf dieser Grundlage, wie die sprachlichen Besonderheiten in dem Brief von 1807 zu erklären sind.

→ S.190 Merkwissen (Wortbildung)

> ! Die **Entwicklung in unserer Gegenwartssprache** ist vor allem im **Wortschatz** sichtbar. Es entstehen ständig neue Wörter, viele davon durch Wortbildung, d. h., sie werden auf der Grundlage schon vorhandener Wörter bzw. Bauteile gebildet.

4

a Suche für jede der drei Gruppen ein Wort bzw. einen Ausdruck als Überschrift.

1 Energiewende – Strommix – erneuerbare Energien – Miniheizkraftwerk – dezentrale Energieerzeugung – Pumpspeicherwerkrenaissance – Atommüllendlager – Offshorewindpark

2 Elektroauto – Batteriezelle – E-Mobilität – Brennstoffzelle – Brennstoffzellenhersteller – Brennstoffzellenserienauto – Wasserstofftankstelle

3 Massentierhaltung – Legehennenhaltungsverordnung – Antibiotikaanwendungsbestimmung – Überwachungsbehörden – Verbraucherschutzministerium – Verbraucherzentrale

b Tauscht euch darüber aus, welche Veränderungen in der gegenwärtigen Gesellschaft durch diese neuen Wörter und Ausdrücke widergespiegelt werden.

TIPP
Nutze ein Nachschlagewerk, z. B. ein Wörterbuch, oder das Internet.

c Erkläre die Bedeutung der einzelnen Wörter und Ausdrücke genau. Zerlege sie dazu auch in ihre Bauteile.

d Wörter aus vier oder mehr Bauteilen können unübersichtlich und dadurch schwer verständlich werden. Begründe, welche der folgenden Schreibungen sinnvoll ist.

1 Mini-Heizkraftwerk **2** Miniheiz-Kraftwerk **3** Miniheizkraft-Werk

e Schreibe weitere solcher Wörter mit Bindestrich auf. Nutze dazu die Beispiele aus Aufgabe 4 a.

f Sucht in verschiedenen Medien nach weiteren Wörtern und Ausdrücken für neue Erscheinungen in der heutigen Gesellschaft. Bearbeitet sie wie in den Aufgaben a bis e. Stellt eure Ergebnisse in der Klasse vor.

> **!** Veränderung in der Sprache von heute zeigt sich auch bei neuen **Berufsbezeichnungen**, z.B.:
>
> | traditionelle Berufe | neue Berufe |
> |---|---|
> | *Sekretärin, Schuhmacher(in), Tischler(in), Maurer(in)* | *Kaufmann/-frau für Bürokommunikation, Mechatroniker(in)* |

→ S.64 Sich bewerben

5 Kläre mithilfe von Informationsmaterialien, welche Tätigkeitsmerkmale zu den im Merkkasten genannten Berufen gehören.

6

a Tauscht euch darüber aus, welche sprachlichen Besonderheiten in folgenden Berufsbezeichnungen auffallen.

1 Fachkraft für Möbel-, Küchen- und Umzugsservice **2** Kraftfahrzeugmechatroniker(in) **3** Tourismuskaufmann/-frau **4** IT-System-Elektroniker(in) **5** Fachkraft für Wasserversorgungstechnik

b Tauscht euch darüber aus, ob solche Berufsbezeichnungen auch im Alltag verwendet werden oder ob es dafür Varianten gibt.

> **!** Nicht nur bei Berufsbezeichnungen, sondern auch in anderen Lebensbereichen hat sich in den letzten Jahren die **Doppelschreibung männlicher und weiblicher Formen** verbreitet, z.B.:
> *Zuschauerinnen und Zuschauer – Zuschauerinnen/Zuschauer – ZuschauerInnen – Zuschauer/-innen – Zuschauer(innen).*

7

a Tauscht euch aus, warum diese Doppelformen gebraucht werden. Überlegt, wo euch diese Formen besonders oft begegnet sind.

TIPP
Denkt z.B. an mündliche und schriftliche sowie Alltags- und offizielle Texte.

b Untersuche, ob die folgenden Doppelformen (im Plural) in allen fünf Schreibvarianten möglich sind.

1 Schülerinnen und Schüler **2** Mitarbeiterinnen und Mitarbeiter **3** Kolleginnen und Kollegen

c Überprüft, welche der Varianten laut Wörterbuch der orthografischen Regelung entsprechen. Begründet eure Meinungen.

Teste dich selbst!

1 Lies den folgenden Text.

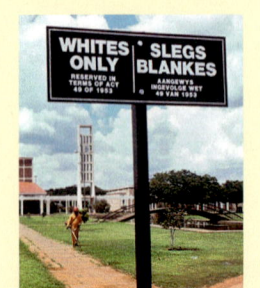

Rosa Parks: Als sie sitzen blieb, standen Tausende auf

1 In den USA herrschten in den 50er-Jahren des 20. Jahrhunderts ähnliche Verhältnisse wie in Südafrika. Auf allen Gebieten des Lebens galt die Rassentrennung, sogar auf den Bürgersteigen. Schwarze mussten den Weißen Platz machen. Ehen zwischen Schwarzen und
5 Weißen waren verboten. Das Recht wurde mit Füßen getreten, der weiße Rassismus war überall lebendig, z. B. auch in dem Bus, mit dem Rosa Parks immer von der Arbeit heimfuhr.

2 In jedem Bus waren die ersten vier Reihen für die Weißen reserviert und keinem Schwarzen war es erlaubt, dort Platz zu nehmen.
10 Wenn der hintere Teil so voll war, dass keine Stecknadel mehr fallen konnte, durften sie bis zur Mitte vorrücken. Diese mittleren Plätze mussten aber sofort wieder geräumt werden, wenn ein Weißer den Bus betrat und Anspruch auf einen Mittelplatz erhob.

3 Rosa Parks saß an jenem Tag dem 1. Dezember 1955 zunächst im
15 mittleren Teil des Busses. Als mehrere Weiße einstiegen verkleinerte der Busfahrer das Schwarzenabteil mit einem Blechschild. Er forderte die dort sitzenden Schwarzen dadurch auf ihre Plätze zu räumen. Drei Männer gehorchten und rückten nach hinten. Rosa Parks nicht. Der Busfahrer fuhr das schwerste Geschütz auf: Er rief die
20 Polizei die Rosa Parks verhaftete. Dieser kleine Widerstandsakt war der Beginn einer großen Bewegung die schließlich zur Abschaffung der Rassentrennung in den USA führte.

Achtung, Fehler!

2
a Schreibe den Text ab (am besten am PC). Setze im 3. Abschnitt die Kommas.

b Unterstreiche im Text zwei nachgestellte Erläuterungen.

c Unterstreiche eine Infinitivgruppe doppelt.

3
a Schreibe drei Nebensätze heraus, rahme die Einleitewörter ein und unterstreiche die finiten Verbformen.

b Bestimme die Nebensätze nach der Art des Einleiteworts.

c Bestimme die Funktion (den Satzgliedwert) der Nebensätze.

d Bestimme die Nebensätze nach ihrer Stellung zum übergeordneten (Teil-)Satz und dem Grad ihrer Abhängigkeit von ihm.

4 Schreibe eine Satzreihe (Satzverbindung) aus dem Text heraus.

5 Fasse den Inhalt des Textes in Stichpunkten zusammen. Verdichte ihn dabei mithilfe des Nominalstils.

6 Markiere im 1. und 2. Abschnitt je eine Form des Zustandspassivs und des Vorgangspassivs.

7 Entscheide, ob die folgenden Formen im Zustandspassiv oder Vorgangspassiv stehen. Forme die Sätze in die jeweils andere Passivform um.

1 Die Rassentrennung in den USA ist seit dem »Civil Rights Act« von 1964 offiziell aufgehoben.
2 Mit dem »Voting Rights Act« von 1965 wurde der schwarzen Bevölkerung in den USA das Wahlrecht garantiert.

8 Die Mitfahrer von Rosa Parks wurden zu den Vorgängen im Bus befragt, die zu ihrer Verhaftung führten.

a Lies den 3. Abschnitt noch einmal. Verwende diese Informationen in einer Zeugenaussage. Gib dabei Äußerungen des Fahrers, von Rosa Parks und anderen in indirekter Rede wieder. Nutze dazu Verbformen im Konjunktiv I und, wenn erforderlich, auch im Konjunktiv II.

b Unterstreiche in deiner Redewiedergabe alle Formen im Konjunktiv I.

9 Suche für die Wortarten *Adjektiv*, *Präposition* und *Pronomen* je zwei Beispiele im Text und schreibe sie mit ihrem jeweiligen Bezugswort heraus.

Fehlerschwerpunkte erkennen – Fehler korrigieren

Mit Rechtschreibprogrammen arbeiten – Regeln nachschlagen

1
a Lies den Hilferuf aus einem Schülerforum und berichtige die Fehler.

Achtung, Fehler!

> **Rechtschreibprogram** #1
>
> Hi Leute ich such ein Rechtschreibprogram dass alle Fehler und Kommas findet. Meine Deutschlehrerin meint das ich dass driengent brauche. 🙂
>
> Antwort

b Tauscht eure Erfahrungen mit Rechtschreibprüfprogrammen aus.

2
a Lies den Text und überlege, weshalb das Prüfprogramm den richtig geschriebenen Namen *Pemberton* als Fehler markiert hat.

Achtung, Fehler!

Vor 125 Jahren wanderte in einer Apotheke in Atlanta die erste Coca-Cola über den Ladentisch. Mit dem Produckt, das Heute verkauft wird, hatte sie nicht viel zutun. Das Getränk des Apotekers John Pemberton galt als Medizin, und zwar gegen Kopf schmerzen und
5 gegen Erschöpfung. So konnte man es auch auf den Flaschen Lesen. An der Rezeptur wurde mehrfach gefeilt. Das Getränk endhielt Anfangs Kokain und Alkohol. Diese Suchtgifte sind Heute verschwunden. Dafür ist nach wie vor eine kräftige Dosis Koffein und Phosphorsäure Enthalten. Dem menschlichen Knochenbau kann zu
10 viel Phosphor allerdings Schaden, vor allem, wenn er im wachsen ist. Das Rezept liegt heute noch in einem versiegelten Tressor, zu dem nur zwei Menschen einen Shclüssel haben sollen. Coca-Cola hat auch Werbegeschichte geschrieben. Schon die beiden großen C und die volle Schrift sind unverweckselbar. Ebenso die 1916 ent-
15 worfene, angeblich sogar im Dunkeln erkenbare Flasche. 2010 erzielte ein von dem amerikanischen Künstler Andy Warhol gemaltes Porträt einer Cola-Flasche 35 Millionen Dollar. Die Marke scheint ihr Geld wert zu sein.

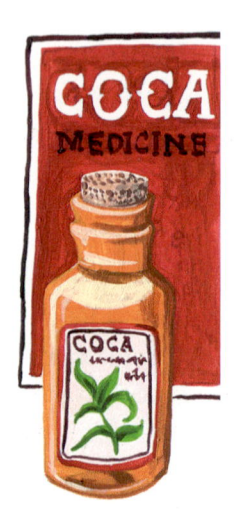

Mit Rechtschreibprogrammen arbeiten – Regeln nachschlagen

b Berichtige die vom Rechtschreibprogramm markierten Fehlerwörter.

c Überprüfe die Fehlerwörter:
- Schreibe die Wörter mit dem PC.
- Klicke im Menü »Extras« bzw. »Überprüfen« auf »Rechtschreibung und Grammatik«.
- Klicke dann auf »Ändern«.

d Suche neun weitere Fehler, die nicht markiert wurden, und korrigiere sie.

heute, …

> **!** **Rechtschreibprogramme** sind eine nützliche Hilfe, um Rechtschreib- oder Flüchtigkeitsfehler (Buchstabenvertauschungen, -auslassungen, z. B.: **shcwimmen, *Sraßenbahn*) in Computertexten zu markieren und zu korrigieren. Obwohl mit zunehmender Rechnerleistung die Rechtschreibprüfungen immer besser werden, weisen sie nach wie vor **Schwächen** auf. Dies betrifft vor allem die Bereiche der Groß- und Kleinschreibung (z. B.: **lautes lesen*) und der Getrennt- und Zusammenschreibung (z. B.: **Rad Weg*).

* kennzeichnet fehlerhafte Schreibungen

3 Auch beim folgenden Text wurde ein Rechtschreibprogramm eingesetzt, aber es hat keine Fehler gefunden.

a Lies den Text und notiere, welche Rechtschreibprobleme du trotzdem erkennst.

Achtung, Fehler!

1 Das dass Rechtschreibprogramm eine große Hilfe bei der Korrektur von Texten sein kann, dass ist inzwischen allgemein bekannt. **2** Viele glauben, dass so ein Programm fast alle Fehler erkennt. **3** Dass ist aber leider nicht so. **4** Dass heißt, das der Computer häufig keine nominalisierten/substantivierten Wortarten erkennt: *laufen – beim Laufen; schöner Herbst – das Schöne am Herbst; drei, eins – die Drei ist die Eins des kleinen Mannes.* **5** Das heißt auch, das der Computer nicht immer die Bedeutung eines Wortes erkennt: *einen Text frei sprechen – einen Angeklagten freisprechen.* **6** Und wie das mit der Unterscheidung von *das* und *dass* ist, dass erkennst du an diesem Text. **7** Das mit der Weiterentwicklung der Rechtschreibprüfungen das Problem gelöst werden kann, dass ist sicher nur eine Frage der Zeit.

Rechtschreibhilfen: Regeln nachschlagen und anwenden

b Wiederhole die Regeln zur Schreibung von *das/dass*. Schlage in einem Wörterbuch nach.

c Schreibe den Text aus Aufgabe a ab und berichtige die Schreibung von *das/dass*.

TIPP
Die Regeln zur Schreibung von *das/dass* findest du nicht im Regelverzeichnis, sondern im Wörterverzeichnis.

! Auch die Unterscheidung von ***das*** und ***dass*** gelingt den Rechtschreibprogrammen noch nicht zuverlässig.
Eine weitere Schwachstelle stellt die **Kommasetzung** dar. Der Computer erkennt Sinnzusammenhänge und Satzgrenzen oft nur unzureichend. Daher sollte man nach Möglichkeit die entsprechenden **Regeln** im Regelteil der Wörterbücher **nachschlagen**. Mit der Kenntnis einer einzigen Regel kann man meist viele Wörter richtig schreiben bzw. Kommafehler vermeiden, z. B.:
Nomen/Substantive schreibt man groß. Komma zwischen HS und NS. Die Regeln findet man in Wörterbüchern, z. B. im Duden, im Regelteil vor dem Wörterverzeichnis.

→ S.137 Die Kommasetzung im Überblick

4

a Schreibe den Text mit dem Computer ab und setze die notwendigen Kommas.

Achtung, Fehler!

Toller Sportunterricht. Es gibt Nachrichten die machen richtig neidisch. In Hawaii das ist ein amerikanischer Bundesstaat mitten im Pazifik sollen die Kinder künftig im Sportunterricht Surfen lernen. Das Wellenreiten wie das Surfen auf Deutsch genannt wird gehört somit ebenso zum Stundenplan wie Football Basketball Volleyball oder Schwimmen. Im Gegensatz zu Deutschland ist es in Hawaii immer warm die Wellen sind meterhoch und es gibt eine lange Surf-Tradition. Für die hawaiianischen Schülerinnen und Schüler ist es also nichts Besonderes wenn sie Unterricht am und im Meer haben.

b Überprüfe, ob du alle Wörter richtig abgeschrieben hast oder ob dir Tippfehler unterlaufen sind. Kontrolliere vor allem die Wörter, die das Rechtschreibprogramm markiert hat.

c Das Wort *hawaiianisch* markieren manche Rechtschreibprogramme als fehlerhaft, obwohl es laut Duden richtig geschrieben ist.
Stelle Vermutungen an, warum das so ist.

Fehlerschwerpunkte in Bewerbungen erkennen – Fehler vermeiden

→ S.66 Sich bewerben

1 Lies den folgenden Text und fasse zusammen, welche Konsequenzen du daraus ziehen solltest.

Das Bewerbungsschreiben und der Lebenslauf stellen die erste Begegnung der Bewerberin / des Bewerbers mit dem möglichen künftigen Arbeitgeber dar. Daher sollten diese Schreiben nicht nur inhaltlich und formal einen positiven Eindruck hinterlassen, sondern auch in der Rechtschreibung möglichst fehlerfrei sein. Die Hälfte von über 250 befragten Personalchefs sondert Bewerbungen mit zwei Rechtschreibfehlern und mehr gnadenlos aus. So ist es in der Bewerbungsstudie 2010 zu lesen.

2 In den folgenden Aufgaben werden die häufigsten Fehler dargestellt, die in Bewerbungsschreiben zu finden sind.

Höflichkeitsanrede

TIPP
Kontrolliere deine Lösungen mit den Dudenregeln K 83–84.

a Schreibe den folgenden Text mit den korrekten Anreden in dein Heft.

1 Sehr geehrte Damen und Herren, von einem ihrer/Ihrer Mitarbeiter erfuhr ich, dass in ihrem/Ihrem Betrieb Auszubildende eingestellt werden.
2 Ich möchte mich deshalb bei ihnen/Ihnen um einen Ausbildungsplatz als Elektroniker bewerben.
3 Ich wäre ihnen/Ihnen sehr dankbar, wenn sie/Sie mich zu einem Vorstellungsgespräch einladen würden.
4 Falls sie/Sie noch Fragen haben, so können sie/Sie mich über meine E-Mail-Adresse erreichen.
5 Sie finden sie/Sie auf diesem Bewerbungsschreiben.
6 Ich bedanke mich im Voraus für ihre/Ihre Mühe.

Unterscheidung von *seid – seit*

b Schreibe den Text ab und setze *seid* bzw. *seit* ein.

1 Schon ▬▬▬ meiner Kindheit interessiere ich mich …
2 ▬▬▬ dieser Zeit … 3 ▬▬▬ einem Jahr bin ich in einer AG … 4 ▬▬▬ September letzten Jahres bin ich in der 9. Klasse.
5 Ein guter Rat: ▬▬▬ sorgfältig bei der Gestaltung eurer Bewerbung. 6 ▬▬▬ auch beim Bewerbungsgespräch aufmerksam und höflich.

172 Fehlerschwerpunkte erkennen – Fehler korrigieren

TIPP
Schreibtipps findest du im Internet unter dem Stichwort *seit – seid*.

c Schreibe die folgende Regel ab und setze *seid* oder *seit* richtig ein. Ergänze je zwei Beispiele.

▬▬▬▬ wird stets bei Zeitangaben verwendet. Man kann es meistens durch das Wort *ab* ersetzen. ▬▬▬▬ ist eine Präsensform des Verbs *sein*, und zwar die zweite Person Plural: *ihr* ▬▬▬▬ bzw. eine Imperativform (Befehlsform) Plural.

Unterscheidung von ss – ß

d Immer wieder finden sich in den Bewerbungen Fehler bei der Schreibung von Wörtern mit *ss* oder *ß*. Berichtige die Fehlerwörter und schreibe sie auf.

TIPP
Schlage unter K 159 im Duden nach.

1 Ich will einen guten Realschulabschluß erreichen. **2** Ausserdem übermittle ich Ihnen noch Belege über Praktika. **3** Auserhalb des Unterrichts besuche ich noch eine AG. **4** In den letzten Monaten habe ich mich intensiv mit den Berufsbildern im Bürobereich befast. **5** Ich bin absolut verläßlich. **7** Anläslich eines Wohnungswechsels meiner Eltern hat sich unsere Adresse verändert. **8** Mein Abschlußzeugnis muß ich nachreichen. **9** Abschliessend bedanke ich mich für Ihre Mühe. **10** Mit freundlichen Grüssen

Achtung, Fehler!

Was habe ich gelernt?

3 Überprüfe, was du über Rechtschreibfehler in Bewerbungen gelernt hast. Entscheide dich, ob die Aussagen richtig oder falsch sind, und begründe.

1. Ein Fehler in der Adresse, z. B. im Namen des Betriebs, der Straße oder des Personalchefs, ist nicht so schlimm – die Post findet heutzutage jeden.
2. Bei der Anrede im Bewerbungsschreiben werden die Personalpronomen *Sie* und *Ihr* immer großgeschrieben.
3. Bewerbungsschreiben und Lebenslauf überprüfe ich mit dem Rechtschreibprogramm meines Computers. Der findet alle Fehler.
4. Bei schwierigen Wörtern sollte man im Wörterbuch nachschlagen oder jemanden fragen, der sich mit der Rechtschreibung auskennt.
5. Rechtschreibfehler sind ja nicht so schlimm. Hauptsache, Inhalt und Form stimmen im Bewerbungsschreiben.
6. Bei drei Fehlern und mehr landet die Bewerbung bei den meisten Personalabteilungen im Papierkorb.
7. Mehrere Tippfehler und Flüchtigkeitsfehler sind aber erlaubt. Das kann schließlich jedem einmal passieren.

Groß- und Kleinschreibung

Nominalisierungen/Substantivierungen

Rechtschreibhilfe: Regeln anwenden

1 Prüfe, welche wichtigen Regeln der Groß- und Kleinschreibung du kennst. Vervollständige die Sätze und schreibe die Regeln in dein Heft.

1 Satzanfänge schreibt man ▬▬▬ .
2 Eigennamen (z.B. *die Sächsische Schweiz*) schreibt man ▬▬▬ .
3 Nomen/Substantive (z.B. *Baum, Haus, Garten*) werden im Deutschen ▬▬▬ geschrieben.
4 Alle anderen Wortarten, z.B. Verben *(schreiben)*, Adjektive *(warm)*, werden ▬▬▬ geschrieben.
5 Allerdings muss man diese Wortarten ▬▬▬ schreiben, wenn sie nominalisiert/substantiviert wurden (z.B. *beim Schreiben, etwas Warmes*).

2

a Erkläre die unterschiedliche Groß- und Kleinschreibung in den Sätzen.

1 Der <u>Gefangene floh</u> aus dem Gefängnis.
2 Mit einem Satz sprang der <u>gefangene Floh</u> aus der Schachtel.
3 Die <u>alten Sagen</u> sind manchmal ziemlich spannend.
4 Die <u>Alten sagen</u>, dass wir einen schönen Sommer bekommen.

b Ändere die Aussage mithilfe von Groß- und Kleinschreibung in folgenden Wortgruppen und erkläre die unterschiedliche Bedeutung.

1 den kleinen Schätzen **2** den deutschen Boden verkaufen **3** kaltes Essen **4** der starke Trank **5** das liebe Ich **6** viele kluge Reden hören **7** die arme Haut **8** wo die wilden Menschen fressen

1. den kleinen Schätzen – den Kleinen schätzen,
2. …

c Bilde mit mindestens fünf Wortgruppen kurze Sätze.

Er wandte sich den kleinen Schätzen in der Truhe zu.
Man sollte auch den Kleinen schätzen. …

174 Groß- und Kleinschreibung

> **!** Etwa 15–20 % aller Rechtschreibfehler im Deutschen entfallen auf die Groß- und Kleinschreibung. Es ist daher sehr wichtig, nicht nur die **Regeln für die Groß- und Kleinschreibung** zu kennen, sondern auch charakteristische Merkmale von Nomen/Substantiven und nominalisierten/substantivierten Wörtern.
> Typische **Großschreibungssignale** sind z. B.:
> - **Suffixe**, wie *-ung, -heit, -keit, -nis, -schaft*, z. B.:
>   *Heizung, Freiheit, Heiterkeit, Erlebnis, Bereitschaft*,
> - **Begleitwörter**, wie Artikel, Adjektive, Pronomen, Präpositionen,
> - die **Stellung** in der nominalen Wortgruppe (ganz rechts), z. B.:
>   *die beliebte* Eins *(auf dem Zeugnis), mit seinem lauten* Schreien.

Rechtschreibhilfe: Begleitwörter suchen

3 Suche alle Nomen und nominalisierten Wörter in diesem Text heraus und schreibe sie mit ihren Begleitwörtern auf. Unterstreiche die Begleitwörter.

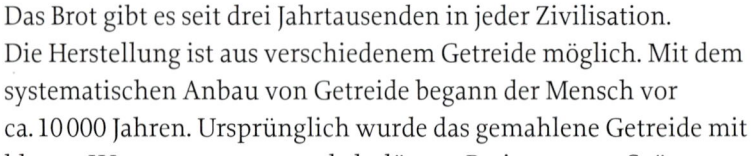

Das liebe Brot
Das Brot gibt es seit drei Jahrtausenden in jeder Zivilisation. Die Herstellung ist aus verschiedenem Getreide möglich. Mit dem systematischen Anbau von Getreide begann der Mensch vor ca. 10 000 Jahren. Ursprünglich wurde das gemahlene Getreide mit
5 klarem Wasser vermengt und als dünner Brei gegessen. Später wurde dieser Brei auf heißen Steinen oder in der glühenden Asche als schmackhaftes Fladenbrot gebacken. Das Interessante daran ist, dass gesäuertes Brot schon vor 5000 Jahren bekannt war, so zum Beispiel im alten Ägypten. Von dort aus gelangten die Kenntnisse
10 über das Backen von Brot über das alte Griechenland nach Europa.

das liebe Brot, …

> **!** Am häufigsten werden **Fehler** bei der **Groß- und Kleinschreibung** in folgenden Bereichen gemacht:
> - bei nominalisierten/substantivierten Adjektiven, Verben, z. B.:
>   *das Gute, beim Schreiben,*
> - bei der Schreibung von Superlativen, z. B.: *am schnellsten,*
> - bei festen Wendungen, z. B.: *im Allgemeinen, in Bezug auf,*
> - bei der Angabe von Tageszeiten, z. B.: *heute Abend, abends,*
> - bei geografischen Eigennamen auf *-er* und *-isch*, z. B.: *das Berliner Stadtzentrum, Sächsische Schweiz.*

Nominalisierungen/Substantivierungen 175

Rechtschreibhilfe: Regeln und Proben anwenden

→ S.122 Grammatische Proben nutzen

4 Schreibe die im Merkkasten auf S.174 genannten Fehlerbereiche ab und ordne ihnen folgende Beispiele in richtiger Groß- und Kleinschreibung zu. Lege dazu eine Tabelle an.

1 Das SCHÖNE beim JOGGEN in den Bergen ist die frische Luft.
2 Am SCHÖNSTEN aber ist die herrliche Umgebung.
3 IM GROSSEN UND GANZEN gefällt das auch meiner Freundin.
4 Sie findet jedoch das SCHWIMMEN und das TAUCHEN am BESTEN.
5 IN BEZUG auf den Musikgeschmack stimmen wir IM ALLGEMEINEN überein.
6 Bei JUNG UND ALT unterscheiden sich allerdings die Vorlieben.
7 Die JUNGEN wollen ABENDS meist noch in die Disko gehen oder Partys feiern.
8 Die ALTEN sagen, dass sie das LAUTE nicht so mögen, und bei den JUNGEN kann es oft nicht laut genug sein.
9 IM WESENTLICHEN ist das auch bei uns zu Hause so.
10 Niemand will AUF BIEGEN UND BRECHEN seine Meinung durchsetzen.

5

a Schreibe diesen Text ab und entscheide, welche Wörter du großschreiben und welche du kleinschreiben musst.

TIPP
Du kannst dir den Text auch diktieren lassen.

WARMES ODER KALTES WASSER?
NACH DEM BENUTZEN DER TOILETTE SOLLTE MAN DAS WASCHEN DER HÄNDE NICHT VERGESSEN. ABER BEIM AUFDREHEN DES HAHNS KOMMT HÄUFIG NUR KALTES WASSER AUS DER LEITUNG. IST ABER KALTES WASSER
5 BEIM REINIGEN DER HÄNDE GENAUSO GUT WIE WARMES? EIGENTLICH MERKT MAN SCHON BEIM SPÜLEN VON GESCHIRR, DASS WARMES WASSER BESSER DEN SCHMUTZ LÖST. SO IST ES AUCH BEIM HÄNDEWASCHEN. AUF UNSERER HAUT BEFINDET SICH EIN DÜNNER FETT-
10 FILM. DARAN KLEBEN AUCH DIE KRANKHEITSKEIME, DIE WIR BEIM FAHREN MIT DEM BUS ODER DER BAHN ODER AUF DER TOILETTE EINSAMMELN. IST DAS WASSER WARM, DANN LÖST SICH DER FETTFILM AM BESTEN. DIESE ERKENNTNIS IST JA EIGENTLICH NICHTS NEUES
15 UND NICHTS BESONDERES. MIT SEIFE UND WARMEM WASSER IST DAS WEGSPÜLEN DER MEISTEN KEIME KEIN PROBLEM MEHR.

b Unterstreiche in deinem Text alle nominalisierten Verben und Adjektive.

→ S. 145 Mittel der Verdichtung und Auflockerung

c Formuliere die Sätze mit nominalisierten Verben in Sätze mit finiten Verbformen um.

Wenn man die Toilette benutzt hat, sollte …

6

a Sieh dir noch einmal Regel K 72 aus dem Duden an.

> **K 72**
> 1. Als Substantive gebrauchte Adjektive und Partizipien werden in der Regel großgeschrieben.
> 2. Häufig zeigen vorangehende Wörter wie „alles", „etwas", „nichts", „viel", „wenig" den substantivischen Gebrauch an.
> 3. Die Großschreibung gilt auch in festen Wortgruppen und in [nicht deklinierten] Paarformeln zur Bezeichnung von Personen ⟨§57 (1)⟩.
> 4. Kleinschreibung gilt dagegen in festen adverbialen Wendungen aus Präposition und artikellosem, nicht dekliniertem Adjektiv ⟨§58 (3)⟩. Ist das Adjektiv dekliniert, kann es sowohl groß- als auch kleingeschrieben werden.
>
> 1. das Gute, die Angesprochene, Altes und Neues; und Ähnliches (Abk. u. Ä.), wir haben Folgendes/das Folgende geplant; der zuletzt Genannte (*oder* Zuletztgenannte), die zu spät Gekommenen (*oder* Zuspätgekommenen); die Rat Suchenden (*oder* Ratsuchenden); das der Schülerin Bekannte, das zu Beachtende, das dort zu Findende; etwas auf Englisch sagen; im Allgemeinen; der Einzelne; in Blau und Gelb; die Russisch-Orthodoxen
> 2. alles Gewollte, etwas [besonders] Gutes, nichts Wichtiges, viel Unnötiges, wenig Durchdachtes
> 3. im Dunkeln tappen, im Trüben fischen, auf dem Laufenden sein, zum Besten geben
> - ein Programm für Jung und Alt
> 4. durch dick und dünn, über kurz oder lang
> - von Nahem *oder* nahem, bis auf Weiteres *oder* weiteres

Rechtschreibhilfe: Regeln anwenden

Achtung, Fehler!

b In den folgenden Sätzen sind alle Adjektive kleingeschrieben, auch die nominalisierten. Schreibe die markierten Wortgruppen richtig heraus.

Gestern war eigentlich nichts besonderes. Ich verließ wie immer um 7 in der frühe das Haus. Meine Mutter wünschte mir alles gute für den Tag, weil in englisch eine LK anstand. So eine Kontrolle ist im großen und ganzen für mich nichts schlimmes. Meine Leistungen sind nicht schlecht. Ich bin im allgemeinen ganz auf dem laufenden. Nach dem Schulabschluss will ich für ein Jahr ins Ausland. Das gute daran ist, dass man viel neues, viel interessantes erleben kann.

nichts Besonderes, …

Nominalisierungen/Substantivierungen

7 Hier sind noch einmal häufige Fehlerquellen der Groß- und Kleinschreibung zusammengestellt.

a Schreibe die Wendungen, geordnet nach Groß- und Kleinschreibung, in dein Heft. Benutze unbedingt ein Wörterbuch.

1. sich über etwas im k/Klaren sein
2. seit l/Längerem
3. von n/Nah und f/Fern
4. im w/Wesentlichen
5. der e/Erste b/Beste
6. nach h/Hause gehen
7. etwas a/Außergewöhnliches
8. das f/Folgende aufschreiben
9. bis ins e/Einzelne
10. ein b/Bisschen warten
11. über k/Kurz oder l/Lang
12. im ü/Übrigen
13. nach langem h/Hin und h/Her
14. aufs h/Herzlichste grüßen
15. ein p/Paar Worte sagen (einige)
16. durch d/Dick und d/Dünn gehen
17. von k/Klein auf
18. etwas zu e/Ende bringen
19. bis zum l/Letzten kämpfen

b Bilde mit den Wortgruppen kurze Sätze.

1. Wir waren uns über die Schreibung im …

c Schreibe den Text in der richtigen Groß- und Kleinschreibung ab.

1. NUR IM DEUTSCHEN WERDEN NOMEN GROSSGESCHRIEBEN.
2. IM ALLGEMEINEN SIND DIE REGELN VERSTÄNDLICH.
3. SCHWIERIGKEITEN GIBT ES MIT DER NOMINALISIERUNG.
4. ES IST JA IM WESENTLICHEN BEKANNT, DASS JEDE WORTART NOMINALISIERT WERDEN KANN.
5. FÜR DIE DEUTSCHEN IST ES ALSO NICHTS BESONDERES, ADJEKTIVE ODER VERBEN MANCHMAL GROSSZUSCHREIBEN.
6. DAS NACHSCHLAGEN IM WÖRTERBUCH IST BEI UNSICHERHEITEN ABER ZU EMPFEHLEN.

TIPP
Bei Großbuchstaben steht *ss* für *ß*.

Getrennt- und Zusammenschreibung

1 Lies den Text laut. Überlege, weshalb das Lesen schwerfällt. Schreibe ihn dann in der richtigen Rechtschreibung auf.

Winfried Ulrich **Augendreher**
Wörterhabeneinenanfangundeinende.
ManCHE wörteR SCHreibT maN AM anFanGG roß.
Z wische nd enwör ter ng ib te sabst än de.
»Auch!« Satzz-eichen; hel … (fen) – beim? Lesen.
Gibn ich tauf!
Üb ungm acht denmei ster.
Esi stnochk ein meis terv omhim melgef all en.
Oh Nefl eißk Ei nenp Reis!
dU HA StS Gesch Aff T?!!

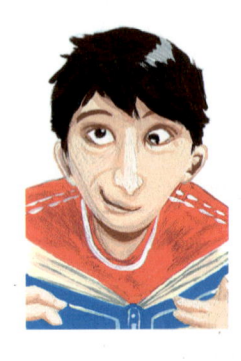

TIPP
Nur ein Wort wird zusammengeschrieben.

Achtung, Fehler!

2 Entscheide, welche Schreibweise der Wörter in Großbuchstaben richtig ist. Erläutere die Varianten der Getrennt- und Zusammenschreibung.

1. Wir wollen HANDBALLWELTMEISTER werden.
2. Wir wollen mit dem HANDBALLWELTMEISTER werden.
3. Wir wollen im HANDBALLWELTMEISTER werden.
4. Wir wollen in der HANDBALLWELTMEISTER werden.

! In der Regel werden die Wörter zum besseren Lesen getrennt geschrieben. Häufig entscheiden **Betonung** und **Bedeutung** von Wortgruppen über die Getrennt- und Zusammenschreibung.
- Liegt die **Betonung auf dem ersten Bestandteil**, dann wird zusammengeschrieben, z.B.: *hinauslehnen, gutschreiben* (Betrag).
- Werden **beide Bestandteile betont**, wird getrennt geschrieben, z.B.: *miteinander reden, schnell laufen, gut schreiben* (Aufsatz).
- Wird die Wortverbindung **in übertragener Bedeutung** verwendet, dann wird sie zusammengeschrieben, z.B.: *freisprechen* (von Schuld).
- Bei Verbindungen von Verben mit *bleiben* und *lassen* in übertragener Bedeutung ist sowohl Getrennt- als auch Zusammenschreibung möglich, z.B.: *sitzenbleiben* und *sitzen bleiben* (nicht versetzt werden).
- Bei Verbindungen mit *sein* wird immer getrennt geschrieben.

Getrennt- und Zusammenschreibung **179**

Fügungen mit undeklinierbaren Wörtern

TIPP
Nutze die Betonungsprobe und achte auf die Bedeutung.

3 Wende die Regeln aus dem Merkkasten (S. 178) an.

a Suche zu den Wörtern passende Verben und schreibe die entsprechenden Zusammensetzungen auf.

ab   auf   drauflos   empor   entzwei   fort   herab
heraus   hinzu   voran   zusammen   hinüber   hinterher
voraus   überein   vorbei   weiter   zurück

ablaufen, auftreten, ...

b Verwende zehn Zusammensetzungen in Wortgruppen und markiere die Betonung.

die Strecke <u>a</u>blaufen, im Theater <u>auf</u>treten, ...

c Erkläre den Bedeutungsunterschied der unterstrichenen Wörter.

1 Ben war schneller, sodass ich ständig <u>hinterherlaufen</u> musste.
2 Meine Freunde wollten <u>hinterher laufen</u> (nach dem Unterricht).

d Getrennt oder zusammen? Achte auf die Bedeutung und wende auch die Betonungsprobe an. Schreibe die Sätze in dein Heft.

1 Sie wollte bei dem Gespräch dabei/bleiben (nicht weggehen).
2 Er kann dabei/bleiben und muss seine Meinung nicht ändern.
3 Die Schüler mussten noch da/bleiben (durften noch nicht gehen).
4 Aber sie sollten da/bleiben, wo sie sicher sind.
5 Wir hoffen, dass alle ohne eine Verletzung davon/kommen.
6 Die Gefahr soll davon/kommen, dass der Reifen abgefahren ist.

Fügungen aus Adjektiv + Adjektiv

4 Bilde aus den folgenden Wortbestandteilen Zusammensetzungen und schreibe sie auf. Kontrolliere mit einem Wörterbuch und formuliere eine Regel mit entsprechenden Beispielen.

bitter – brand – dunkel – erz – extra – feucht –
lau – blau – nass – super – ultra

böse – alt – eilig – rot – gültig – weiß – scharf – modern – warm –
ernst – sauer – geil – faul – gefährlich – kalt – leicht

bitterböse, ...
Regel: Fügungen aus Adjektiv + Adjektiv ...

Fügungen aus Adjektiv + Verb

5 Getrennt oder zusammen? Übertragene oder ursprüngliche Bedeutung? Schreibe die Sätze in der richtigen Schreibung ab.

1 Wir lassen uns von der Bank den Betrag gutschreiben / gut schreiben.
2 Du musst deinen Lebenslauf aber gutschreiben / gut schreiben.
3 Die kleinen Taschen lassen sich leichtnehmen / leicht nehmen.
4 Die Prüfungsaufgaben werden ihm sicher schwerfallen / schwer fallen.
5 Wer im Bus schwarzfährt / schwarz fährt, kann bestraft werden.
6 Bei Glatteis kann man ziemlich schwerfallen / schwer fallen.
7 Man sollte die Aufgaben nicht zu leichtnehmen / leicht nehmen.
8 Du musst nicht immer alles schwarzmalen / schwarz malen und ständig schwarzsehen / schwarz sehen.
9 Nomen/Substantive muss man im Deutschen großschreiben / groß schreiben, alle anderen Wortarten dagegen kleinschreiben / klein schreiben.
10 Diesen Buchstaben kannst du auf dem Plakat ruhig ganz großschreiben / groß schreiben.

Fügungen mit *irgend-*

6
a Schlage im Wörterbuch nach, wie die folgenden Fügungen mit *irgend-* geschrieben werden. Schreibe sie richtig auf. Leite daraus eine Regel ab.

etwas – jemand – ein – einmal – wann – wer – welche – wie – wo – woher

irgendetwas, …
Regel: Fügungen mit „irgend-" werden stets …

b Bilde mit drei dieser Fügungen jeweils einen kurzen Satz.

Fügungen mit *sein*

7 Schreibe die markierten Fügungen heraus und formuliere die Regel zur Schreibung von Fügungen mit *sein*.

1 Er wollte pünktlich/sein. **2** Wir sollten deshalb alle um 10 Uhr da/sein. **3** Gegen 12 Uhr wird die Schule aus/sein. **4** Zu meinem Kätzchen muss man einfach lieb/sein. **5** Wir wollten besonders leise/sein.

1. pünktlich sein, …
Regel: Fügungen mit „sein" werden …

Getrennt- und Zusammenschreibung

8 Lass dir zunächst den ganzen Text vorlesen. Danach diktiert dir deine Lernpartnerin / dein Lernpartner die unterstrichenen Wörter (Auslesediktat).

Schon seit Längerem gibt es in den USA so genannte Schülerjäger, weil immer wieder Schülerinnen und Schüler dem Unterricht fernbleiben. Sie sagen, dass der Unterricht superlangweilig sei. Manche Schulen setzen extragroße Fangprämien aus. Um die wenig lern-
5 begeisterten Schulschwänzer einzufangen, beschäftigen die Schulleitungen großgewachsene Kopfgeldjäger. Diese ziemlich unauffällig gekleideten Schülerfänger in blaugrauer Jacke und dunkelblauen Jeans erhalten pro Fang immerhin 300 Dollar (ca. 250 Euro). Die schwer verständliche Maßnahme der Schulen basiert auf einem voll-
10 gültigen Abkommen mit den Jugendlichen, in dem geregelt ist, dass die Schüler unter peinlich genauer Beobachtung stehen. Einige großspurige Schulschwänzer wurden, nachdem man sie geschnappt hatte, recht kleinmütig. Dass diese erzkonservative Methode Erfolg hat, zeigt die ständig abnehmende Zahl der fernbleibenden Schüler.

Häufig vorkommende Schreibungen einprägen

9 Die folgenden Fügungen werden alle getrennt geschrieben. Präge sie dir ein und bilde mit ihnen kurze Sätze.

ein bisschen – auf einmal – noch einmal – vor allem – zu Ende – erst einmal – gar kein – gar nicht – wie viel – auf Wiedersehen

Vor der Prüfung habe ich ein bisschen Angst. ...

! Verbindungen aus **Verb + Verb** werden getrennt geschrieben, z. B.:
einkaufen gehen, singen lernen.
Nur **in übertragener Bedeutung** können Fügungen mit *bleiben* und *lassen* auch zusammengeschrieben werden, z. B.:
sitzenbleiben (nicht versetzt werden), *links liegenlassen* (nicht beachten).
Fügungen aus **Nomen/Substantiv + Verb** werden meist getrennt geschrieben, z. B.:
Auto fahren, Fußball spielen, Koffer packen, Rad fahren, Ski laufen, ...
Folgende Ausnahmen muss man sich einprägen:
eislaufen, heimfahren, irreführen, kopfrechnen, kopfstehen, leidtun, nottun, preisgeben, standhalten, stattfinden, stattgeben, teilhaben, teilnehmen.

Fügungen aus Verb + Verb und Nomen + Verb

10 Bilde mit den Beispielwörtern der Regeln aus dem Merkkasten mindestens zehn sinnvolle Wortgruppen.

nach der Schule einkaufen gehen, ...
mit Freunden Fußball spielen, ...

Häufig vorkommende Ausnahmen einprägen

11 Vervollständige die folgenden Sätze, schreibe die markierten Wortgruppen in dein Heft und präge dir die Schreibung dieser Ausnahmen ein.

1 Gestern war ich mit meiner Freundin <u>in der Halle (eislaufen)</u>.
2 Als sie stürzte, <u>hat es mir sehr (leidtun)</u>.
3 Aber tapfer hat sie <u>den Schmerzen (standhalten)</u>.
4 Dabei hatte sie <u>an einem Trainingskurs (teilnehmen)</u>.
5 Dieser Kurs hat aber schon <u>vor vier Wochen (stattfinden)</u>.
6 Als sie wieder auf den Beinen stand, sagte sie mit einem Lächeln im Gesicht: »Auch <u>wenn du (kopfstehen)</u>: Morgen gehe ich wieder <u>(eislaufen)</u>.«

1. in der Halle eislaufen, ...

TIPP
Bilde weitere Wortgruppen mit den Ausnahmewörtern und schreibe sie auf.

Die wichtigsten Regeln zusammenfassen

12 Gestalte nun selbst einen Merkkasten, in dem du die Regeln zur Getrennt- und Zusammenschreibung mit je zwei Beispielen übersichtlich zusammenfasst.

13 Wie sehr wir uns an die Regeln der Getrennt- und Zusammenschreibung gewöhnt haben, zeigt das folgende Gedicht.

a Versuche, den Text flüssig zu lesen.

Eugen Roth **Dassch nit zel**
E inmen schders iche insch nitz elb riet
bem erk ted assi hmd asmiss riet
jed ochda eressel bstgeb raten
tu terals wär'e sihmger aten
un dums ich nichtzus tra fen lü gen
isster's mitherz lich emvergnü gen

b Schreibe das Gedicht in richtiger Getrennt- und Zusammenschreibung auf. Achte auf die Zeichensetzung und die Groß- und Kleinschreibung.

Fremdwörter

1

a Lies die folgenden Zeilen und erkläre das Missverständnis.

> Anna zu ihrer Freundin Lena: »Benni hat sich bei mir beklagt. Du würdest ihn seit Längerem völlig ignorieren.«
> Lena ganz erstaunt: »Da kannst du mal sehen, wie der lügt. Ich habe mich seit einem Jahr überhaupt nicht mehr um ihn gekümmert.«

TIPP
Kontrolliere mit einem Wörterbuch oder einem Fremdwörterbuch.

b Suche aus dem Wörterbuch die Herkunft und Bedeutung des Wortes *ignorieren* heraus und schreibe das entsprechende Nomen dazu.

> **!** **Fremdwörter** sind Wörter, die aus einer fremden Sprache übernommen wurden und die sich in Lautung, Schreibung und Flexion unserer Sprache **noch nicht angepasst** haben. Viele Wörter kommen aus dem Griechischen, dem Lateinischen und dem Französischen. Sie sind an typischen Wortbauteilen (Präfixen, Suffixen) und ungewohnten Buchstabenkombinationen zu erkennen, z.B.: *rhythmisch* (griech.), *Diskussion* (lat.), *Blamage* (franz.).

Fremdwörter aus dem Griechischen und Lateinischen

2

a Ordne diese Fremdwörter aus dem Griechischen und dem Lateinischen den typischen Präfixen (Vorsilben) zu.

TIPP
Präge dir diese Präfixe ein.

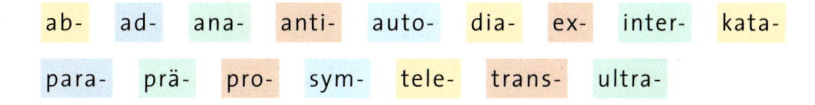

ab- ad- ana- anti- auto- dia- ex- inter- kata-
para- prä- pro- sym- tele- trans- ultra-

1 Abitur 2 absolut 3 abstrakt 4 Adjektiv 5 Adoption
6 Analyse 7 Analogie 8 Antibiotikum 9 Antiblockiersystem
10 automatisch 11 Autogramm 12 Dialekt 13 Dialog
14 Diamant 15 Examen 16 Exemplar 17 Expedition
18 Interpunktion 19 Intervall 20 Katastrophe 21 Katarrh
22 Katalog 23 parallel 24 Parasit 25 Parataxe 26 Präposition
27 Produktion 28 Programm 29 Prozent 30 Sympathie
31 Symphonie 32 Telefon 33 Transport 34 ultraviolett

ab-: Abitur, absolut, …

b Bilde von den Wörtern 5, 6, 10, 27 und 33 die dazugehörigen Verben.

5. Adoption – adoptieren,
6. …

TIPP
Merke dir diese Suffixe (Nachsilben).

3 Suche zu den folgenden griechischen und lateinischen Suffixen möglichst viele passende Wörter und schreibe sie auf. Markiere die Suffixe.

1 -ik **2** -ine **3** -ion **4** -ismus **5** -ist/-istisch **6** -iv **7** -or **8** -ität

1. Mus<u>ik</u>, Phys<u>ik</u>, …

! In den letzten 300 Jahren wurden sehr viele Fremdwörter **aus dem Französischen** übernommen, z.B.: Begriffe aus dem militärischen Bereich (*Artillerie*), aus der Kunst und dem Theater (*Souffleuse*), aus dem Bereich der Küche (*Sauce*), der Mode (*Blouson*), der Kosmetik (*Parfüm*), der Musik (*Chanson*), des Verkehrswesens (*Karosserie*) und der Post (*Couvert*).
Diese Fremdwörter unterscheiden sich vom Deutschen meist erheblich in **Schreibung** und **Aussprache**. Typische **Buchstabenkombinationen** sind z.B.: *age, aill, é, eau, oi, ou*.
Der Einfluss des Französischen ist gegenwärtig zugunsten des Englischen stark zurückgegangen.

Fremdwörter aus dem Französischen

4
a Schreibe die richtige Variante dieser Fremdwörter zusammen mit dem Artikel und der Pluralform auf. Kontrolliere mit einem Wörterbuch.

Achtung, Fehler!

1	Niveo	Niveau	Niwo	Nieveau
2	Ingenieur	Ingeneur	Inschenieur	Ingenjör
3	Medalle	Medaile	Medallje	Medaille
4	Passagier	Pasagier	Passagir	Passaschier
5	Cuosin	Cousin	Kuseng	Cosin
6	Changse	Chance	Chanse	Schance
7	Genie	Schenie	Geni	Jenie
8	Engagment	Angagement	Engaschement	Engagement

1. das Nive<u>au</u>, die …

b Markiere in deinem Heft die schwierigen Stellen der Schreibung.

Fremdwörter **185**

c Tauscht euch über die richtige Aussprache der Fremdwörter aus.

TIPP
Schlagt ggf. in einem Wörterbuch nach.

d Bilde mit jedem Fremdwort eine sinnvolle Wortgruppe.

1. das Niveau, die Niveaus – ein hohes Niveau haben

5 Lies den Text und schreibe die 29 Fremdwörter aus dem Französischen heraus (die unterstrichenen Wörter zählen jeweils als ein Wort). Füge jeweils den Artikel hinzu. Arbeite mit einem Wörterbuch. Achte neben der Bedeutung auch auf die Aussprache.

Essen wie Gott in Frankreich
Die französische Küche ist weltberühmt und vor allem von Gourmets heiß begehrt. Die französischen Restaurants sind daher immer gut besucht. Als Vorspeisen werden gern Bouillon oder ein Ragout Fin serviert. Auf dem Tisch steht ein Teller mit frischen Orangen,
5 dazu noch warme Croissants, aber auch Nougat-Pralinen und Bonbons fehlen nicht. Neben dem Besteck liegen elegant gefaltete Servietten.
Als Hauptgericht kann man ein delikates Filet vom Rind, Roulade oder Kotelett wählen. Als Beilagen sind Pommes Frites, Kroketten
10 oder Püree möglich. Die Saucen sind häufig mit Champignons und raffinierten Gewürzen verfeinert. Beim Dessert stehen Vanilleeis mit flambierten Früchten, Mousse oder zahlreiche süße Cremes zur Auswahl.
Wer möchte, trinkt noch einen Café oder ein Glas Champagner.
15 Na dann guten Appetit.

der Gourmet, …

Fremdwörter aus dem Englischen

6

a Lies die Programmvorschau und erkläre jemandem, der nicht so gut Englisch kann, die folgenden Sendungen.

8:00	Weck up	21:15	The Mentalist (Krimi)
10:25	Clever (Show)	22:15	Criminal Minds
14:00	The Voice of Germany		(Krimi)
	(Castingshow)	0:25	News & Stories
17:00	Messie-Alarm (Magazin)	1:10	Navy CIS (Krimi)
17:30	Race of Champions	2:30	Days of Thunder (Film)

b Versuche zu begründen, weshalb so viele Sendungen englische Titel haben.

> **!** Gegenwärtig werden viele Fremdwörter aus dem **Englischen übernommen (Anglizismen)**, insbesondere aus den Bereichen der Informationstechnik (*iPad, Bluetooth, W-LAN*), der Mode und des Sports (*Shorts, Mountainbike, Bungeejumping*), der Film- und der Musikbranche (*Boygroup, Rapper*).
> Gründe für die Übernahme von Anglizismen sind v. a.:
> - Einige englische Wörter lassen sich nur sehr umständlich ins Deutsche übertragen, z. B.: *Boygroup, Scanner*.
> - Englische Wörter sind manchmal kürzer und präziser, z. B.: *Stress, Pool*.
> - Die Sprache klingt vermeintlich moderner und gebildeter, z. B.: *Snowboard, Airbag, Aircondition, Beautycase, Event, Outdoor*.
> - Unattraktive Berufe sollen schmackhaft gemacht werden, z. B.: *Area Manager, Facility-Manager, Call-Center-Agent*.
>
> Manche Wörter gibt es im Englischen gar nicht, z. B.: *Handy, Service Point, Oldtimer, Evergreen, Basecap, Showmaster*.
> Andere Wörter haben im Englischen eine ganz andere Bedeutung, z. B.:
> *Public Viewing* (amerik., eigentlich: Aufbahrung eines Leichnams),
> *Bodybag* (eigentlich: Leichensack),
> *City* (eigentlich: Großstadt).

7 Weit verbreitet sind englische Wörter in der Werbung, um international und modern zu wirken, obwohl, einer Umfrage nach, die meisten Deutschen die Slogans nicht richtig übersetzen können.

a Lies folgende Beispiele für nicht gelungene Übertragungen ins Deutsche.

1 Colour your life (SAT.1): Färbe dein Leben.
2 Sense and simplicity (Philips): Denke simpel. Einfach wie eine Sense.
3 Broadcast yourself (YouTube): Mache deinen Brotkasten selbst. Füttere dich selbst.
4 Come in and find out (Douglas): Komm rein und finde wieder raus.

b Wie lauten deine Übersetzungen? Schreibe sie auf und vergleiche mit den Lösungen in der Randspalte.

Randspalte (auf dem Kopf stehend):
1 Bring Farbe in dein Leben.
2 Sinnvoll und einfach zu bedienen.
3 Sende (dich) selbst.
4 Komm rein und find es heraus.

Fremdwörter **187**

> ! Auch Fremdwörter aus dem Englischen sind an **typischen Buchstabenkombinationen**, wie *ea, eau, igh, ity, oo, ou, y*, zu erkennen. Wie im Französischen unterscheidet sich die Aussprache zum Teil erheblich von der Schreibung. Deshalb ist auch die Rechtschreibung englischer Wörter viel schwieriger als die deutscher Wörter, z. B.: *beauty, live, light.*

8

a Setze in die folgenden Anglizismen die erforderlichen Buchstabenkombinationen ein und schreibe die Wörter auf.

ea – eau – igh – ike – oo – oa – ou – ey – y – ow

1 T■m **2** P■l **3** l■t **4** Cit■ **5** Jock■ **6** Part■ **7** Hobb■ **8** B■m **9** c■l **10** M■ntainb■ **11** K■b■rd **12** B■tyfarm **13** D■nl■d **14** Backgr■nd **15** C■ntd■n **16** Rec■cling **17** Autol■sing

1. Team, 2. ...

b Füge für jede Buchstabenkombination mindestens zwei weitere Beispiele hinzu.

TIPP
Verwende ein Wörterbuch zur Kontrolle der Schreibung.

Achtung, Fehler!

9 Diese englischen Fremdwörter sind fast so geschrieben, wie man sie spricht. Berichtige die Schreibung, unterstreiche die schwierigen Stellen.

1 Interwju
2 Paplik Wjuing
3 Kauboij
4 Biefstejk
5 Mätsch
6 Dschiens
7 Speiks
8 Softwär
9 Säntwitsch
10 Tiehm
11 Träner
12 Hailait
13 kläver
14 fär
15 Mänätscher
16 Boijgruhp
17 Inlainskejts
18 Kätschap
19 Schattl
20 Fann

1. Inter<u>view</u>, ...

Teste dich selbst!

1

a Schreibe den Text ab und füge *s* oder *ss* ein.

1. Es ist kaum zu glauben, da■ neugeborene Babys unter Wasser keinerlei Probleme haben.
2. Seit geraumer Zeit ist bekannt, da■ die Kinder einen Tauchreflex besitzen.
3. Dieser Reflex verhindert, da■ da■ Wasser in die Lunge gelangt.
4. Beim Untertauchen registrieren feine Nervenenden in der Haut da■ Wasser, mit der Folge, da■ die Luftröhre verschlossen wird.
5. Leider verliert da■ Kind nach vier Monaten diesen angeborenen Reflex.
6. Danach muss es da■ Tauchen, da■ es ja schon konnte, wieder neu erlernen.
7. Da■ macht aber den meisten Kindern immer noch viel Spaß.

b Begründe deine Entscheidung, indem du die jeweilige Wortart (Artikel, Pronomen, Konjunktion) ergänzt.

2 Schreibe diesen Text in der richtigen Schreibung mit dem Computer ab. Kontrolliere mit einem Rechtschreibprogramm. Beachte, dass Rechtschreibprogramme nicht alle Fehler erkennen.

WENN MAN ALS RAUCHER FÜR SEINE LUNGEN ETWAS GUTES TUN WILL, SO IST ES DAS BESTE, MIT DEM RAUCHEN AUFZUHÖREN. DASS DAS AUFHÖREN VIELEN SO SCHWERFÄLLT, LIEGT DARAN, DASS SIE SÜCHTIG SIND.
5 DER KÖRPER VERLANGT NACH SEINER TÄGLICHEN PORTION. BEKOMMT ER DIESE NICHT, DANN MELDET SICH SEIN UNBEHAGEN. NACH DEM ANSTECKEN EINER ZIGARETTE HAT DAS GIEREN FÜR KURZE ZEIT EIN ENDE. ABER BALD GEHT DAS GANZE VON VORNE LOS. VIELE WOLLEN
10 DESHALB VOM RAUCHEN LOSKOMMEN. IHNEN UND IHREM UMFELD MISSFÄLLT DAS RÖCHELN DER BRONCHIEN, DIE BLÄSSE DER HAUT, DER SCHLECHT RIECHENDE ATEM, DIE LEERE IN DER GELDBÖRSE. UNTERSTÜTZEND BEIM ABGEWÖHNEN WIRKEN NIKOTINKAUGUMMIS
15 ODER BONBONS.

3 Bringe Ordnung in dieses Durcheinander und verwende die Verbindungen mit Verben in Wortgruppen. Achte auf die Getrennt- und Zusammenschreibung sowie auf die Groß- und Kleinschreibung.

bergrechnen – kopfbaden – standsteigen – skiklagen – preissaugen – staubhalten – wehgeben – brustrennen – maschineschwimmen – wettlanden – notlaufen – sonnenschreiben

4 Diese Fremdwörter werden häufig falsch geschrieben. Lass sie dir diktieren und schreibe jeweils ein verwandtes Wort dazu.

1	Blamage	12	funktionieren	23	Massage
2	Bibliothek	13	Ingenieur	24	Medaille
3	Batterie	14	Initiative	25	Milliarde
4	Chanson	15	Interview	26	Passagier
5	Chance	16	Journalist	27	Publikum
6	Chaos	17	Komitee	28	Qualität
7	charakterisieren	18	Kommission	29	Redakteur
8	chatten	19	korrigieren	30	Reparatur
9	engagieren	20	Labyrinth	31	Risiko
10	experimentieren	21	Lawine	32	Fußballstadion
11	Expedition	22	Manager	33	Theorie

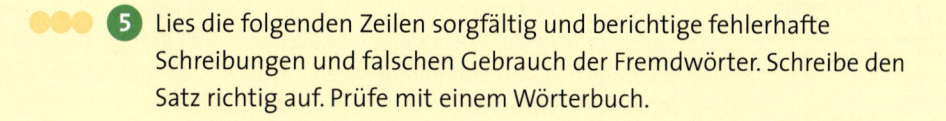

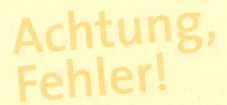

5 Lies die folgenden Zeilen sorgfältig und berichtige fehlerhafte Schreibungen und falschen Gebrauch der Fremdwörter. Schreibe den Satz richtig auf. Prüfe mit einem Wörterbuch.

Achtung, Fehler!

Wer auf der Flambiermeile von einem oppulenten Frühstück und von einem haarmohnischen Zusammenleben schwärmt und seinen emotionalen Gefühlen mit weiblicher Institution freien Lauf lässt und Leute bemitleidet, die physisch und körperlich nicht gut drauf sind und dazu noch auf der Bank ein defizitäres Manko haben, der sollte mal einen Blick ins Wörterbuch werfen, oder?

Merkwissen

Ableitung	Form der → **Wortbildung**, entsteht durch: - das Anfügen von → **Präfixen** und → **Suffixen** an einen Wortstamm, z. B.: be<u>acht</u>en, acht<u>sam</u>, <u>Acht</u>ung, <u>Ver</u>acht<u>ung</u>, - **Änderung des Stammvokals**, z. B.: *fliegen – Flug, wählen – Wahl*.
Adjektiv (Eigenschaftswort)	→ **Deklinierbare** und → **komparierbare Wortart**, die **Eigenschaften** und **Merkmale** bezeichnet, z. B.: *ein schönes Buch, mit schönen Bildern; schön, schöner, am schönsten.*
Adverb (Umstandswort)	**Nicht veränderbare Wortart**: Man unterscheidet **Adverbien** - **der Zeit** (Fragen: *Wann? Wie oft?*), z. B.: *morgens, heute,* - **des Ortes** (Fragen: *Wo? Wohin?*), z. B.: *oben, dort,* - **der Art und Weise** (Frage: *Wie?*), z. B.: *seltsamerweise,* - **des Grundes** (Frage: *Warum?*), z. B.: *darum, deswegen.*
Adverbial- bestimmung (Umstands- bestimmung)	**Satzglied**, das Prädikate näher bestimmt. Man unterscheidet u. a.: - **Temporalbestimmung** (Adverbialbestimmung der Zeit, Fragen: *Wann? Wie lange? Bis wann? Seit wann?*), z. B.: <u>Morgen</u> wird <u>von morgens bis mittags</u> gelernt, <u>ab 12 Uhr</u> gibt es Mittagessen. - **Lokalbestimmung** (Adverbialbestimmung des Ortes, Fragen: *Wo? Woher? Wohin?*), z. B.: Wir kommen <u>aus Plauen</u>, verbringen die Ferien <u>in Binz</u> und gehen jeden Tag <u>zum Strand</u>. - **Modalbestimmung** (Adverbialbestimmung der Art und Weise, Fragen: *Wie? Auf welche Art und Weise?*), z. B.: Sie arbeiteten <u>schnell</u>. <u>Mit viel Vergnügen</u> planschten sie im Wasser. - **Kausalbestimmung** (Adverbialbestimmung des Grundes, Fragen: *Warum? Weshalb? Weswegen? Aus welchem Grund?*), z. B.: <u>Wegen des Wetters</u> bleiben wir hier. Wir kamen zu spät, <u>weil wir verschlafen hatten</u>.
Anredepronomen	Gruppe von → **Pronomen**. Die **persönlichen Anredepronomen** *du/dein, ihr/euer* können in Briefen und E-Mails **klein- oder großgeschrieben** werden. Die **höflichen Anredepronomen** *Sie* und *Ihr* und alle ihre Formen muss man **immer großschreiben**.
Antonyme	**Wörter mit gegensätzlicher Bedeutung**, die teils gemeinsame, v. a. aber gegensätzliche Bedeutungsmerkmale haben, z. B.: *hell* (Lichtmenge, viel Licht) – *dunkel* (Lichtmenge, wenig Licht).
Apposition	→ nachgestellte Erläuterung

Argument	**Begründung + Beispiel**, um eine Behauptung zu stützen (**Pro-Argument**) bzw. zu widerlegen (**Kontra-Argument**), z. B.: *Schulessen ist gesund und schmackhaft (Behauptung),* *denn es ist abwechslungsreich und fettarm. (Begründung)* *Es gibt z. B. viel Gemüse und regelmäßig Fisch. (Beispiel)* Es gibt verschiedene **Arten von Argumenten**: - **Faktenargumente**, z. B. Erfahrungen, wissenschaftliche Erkenntnisse, - **Wertargumente**, z. B. anerkannte Normen und Werte, - **Autoritätsargumente**, z. B. Berufung auf Experten.
Artikel	→ **Deklinierbare Wortart**: **Begleiter** von Nomen/Substantiven, die Fall (Kasus), Zahl (Numerus) und Geschlecht (Genus) verdeutlichen. Man unterscheidet **bestimmte Artikel** *(der, die, das)* und **unbestimmte Artikel** *(ein, eine, ein)*.
Artikelprobe	Probe zur Ermittlung der Groß- bzw. Kleinschreibung: Steht bei dem Wort ein Artikel oder lässt es sich mit einem Artikel verwenden? Ja → Nomen/Substantiv → Großschreibung Nein → kein Nomen/Substantiv → Kleinschreibung
Attribut (Beifügung)	**Satzgliedteil**, das Nomen/Substantive näher bestimmt (Fragen: *Welche(-r, -s)? Was für ein(e)?*). Attribute können nicht allein umgestellt werden. Sie bleiben immer bei dem Nomen, zu dem sie gehören, und sind ein Teil dieses Satzglieds, z. B.: *Wir sahen	im Zimmer seines Bruders	einen lustigen Film.*
Aufzählung	Wörter, Wortgruppen oder Teilsätze können aufgezählt werden. Zwischen den Gliedern einer Aufzählung **muss** man ein **Komma** setzen, wenn diese nicht durch eine **aufzählende Konjunktion** (*und, oder, sowie* oder *sowohl ... als auch ...*) verbunden sind, z. B.: *Wir sahen dichte Wälder**,** grüne Wiesen und hohe Berge.* Steht zwischen den Gliedern einer Aufzählung eine **entgegenstellende Konjunktion** (*aber, doch, jedoch* oder *nicht nur ..., sondern (auch) ...*), **muss** auch vor der Konjunktion ein **Komma** gesetzt werden, z. B.: *Sie kamen**,** sahen**,** aber blieben nicht. Wir sahen nicht nur Wälder, Wiesen und Berge**,** sondern auch seltene Pflanzen.*
Ballade	**Textsorte**: mehrstrophiges, meist gereimtes Gedicht, das die Merkmale von Geschichten, Gedichten und Dramen in sich vereint (Erzählgedicht).
Berichten, Bericht	- **Darstellungsweise**, Textsorte, bei der i. d. R. **knapp**, **sachlich** und **in der richtigen Reihenfolge** über Sachverhalte oder Ereignisse **informiert** wird, indem man die wichtigsten W-Fragen beantwortet (*Was? Wann? Wo? Warum? Wer? Welche Folgen?*). Die Auswahl der Informationen und die Gestaltung eines **Berichts** hängen vom Anlass, Zweck und Empfänger ab. Besondere Berichtsformen sind der → **Praktikumsbericht** und das → **Protokoll**. - **Journalistische Textsorte**: ausführlichere Sachdarstellung.

Beschreiben, Beschreibung	**Darstellungsweise**, **Textsorte**, in der über **Gegenstände**, **Personen/Figuren**, **Tiere**, **Pflanzen**, **Bilder**, **Handlungen**, **Vorgänge**, **Experimente** informiert wird. Der Inhalt und die Gestaltung einer **Beschreibung** hängen vom zu Beschreibenden, vom Anlass, Zweck und Empfänger ab.
Bewerbung	Zu den Bewerbungsunterlagen gehören ein **Bewerbungsschreiben** (Bewerbungssatz, Gründe für die Bewerbung, kurze Vorstellung der eigenen Person, Bitte um persönliches Gespräch) und ein **tabellarischer Lebenslauf** (wichtige persönliche Angaben in übersichtlicher Form, z. B. Name, Adresse, Geburtsort und -datum, Sprachkenntnisse, Hobbys; Angaben zu Eltern, Geschwistern und Passfoto sind freiwillig). Ob weitere Unterlagen (z. B. Zeugniskopien) einzureichen sind, muss erfragt werden. Wird man zu einem **Vorstellungsgespräch** eingeladen, will der Arbeitgeber Eindrücke von der Persönlichkeit gewinnen und die Eignung der Bewerber(innen) feststellen. Darauf sollte man sich inhaltlich und organisatorisch **vorbereiten**. Man sollte: ▪ Auskunft zu sich selbst (Interessen, Berufswunsch) geben können, ▪ einiges über den Betrieb und den Ausbildungsberuf wissen, ▪ eigene Fragen stellen können (zu Anforderungen, zur Berufsschule, zum Ablauf des Ausbildungsjahrs u. Ä.), ▪ den Gesprächsort und den Weg dorthin kennen und pünktlich sein, ▪ angemessene Kleidung auswählen, für ein gepflegtes Erscheinungsbild sorgen.
Brainstorming (engl. *brain* – Gehirn, *storm* – Sturm)	**Methode zur Ideenfindung**: Schnell und ohne nachzudenken werden mit einem Bild, einem Begriff, einer Frage oder einem Problem verbundene Gedanken, Gefühle oder Erlebnisse geäußert und notiert.
Charakterisieren, Charakterisierung	**Darstellungsweise**, **Textsorte**, bei der neben den **äußeren Merkmalen** (Gesamterscheinung, Einzelheiten, Besonderheiten) einer Person oder Figur v. a. deren **innere Merkmale** (Lebensumstände, Gedanken, Gefühle, Verhaltensweisen, ihr Verhältnis zu anderen u. Ä.) dargestellt werden, die den Charakter der Person/Figur deutlich machen.
Cluster, Clustering (engl. *cluster* – Haufen, Schwarm, Anhäufung)	**Methode zum Sammeln von Ideen**: Man schreibt einen zentralen Begriff in die Mitte und ordnet ringsherum weitere Begriffe an. Dann verdeutlicht man die Beziehungen zwischen den Begriffen durch Verbindungslinien, sodass ein Netz (**Ideennetz**) entsteht.
Datumsangabe	→ nachgestellte Erläuterung
Deklination, deklinieren	**Beugung** (Formveränderung) von Nomen/Substantiven, Artikeln, Adjektiven und Pronomen, d. h., diese Wortarten verändern sich in **Fall** (Kasus), **Zahl** (Numerus) und **Geschlecht** (Genus), z. B.: ▪ Nominativ: *das neue Haus, die neuen Häuser* ▪ Genitiv: *des neuen Hauses, der neuen Häuser* ▪ Dativ: *dem neuen Haus, den neuen Häusern* ▪ Akkusativ: *das neue Haus, die neuen Häuser*

Dialekt (Mundart)	Älteste → **Sprachvariante (Sprachvarietät)**, im 8. Jh. n. Chr. entstanden, heute werden nur noch Reste (Wörter, Formen, Laute/Lautkombinationen) in einzelnen Regionen unterschiedlich gebraucht. In Deutschland gibt es drei **Dialektregionen** bzw. Großdialekte: - **Niederdeutsch** (**Plattdeutsch**), z. B. Mecklenburgisch-Pommersch, Niedersächsisch, - **Mitteldeutsch**, z. B. Sächsisch (Obersächsisch), Thüringisch, Hessisch, - **Oberdeutsch**, z. B. Bairisch, Alemannisch.
direkte (wörtliche) Rede	**Wörtliche Wiedergabe** von Gesagtem oder Gedachtem, durch **Anführungszeichen** gekennzeichnet, oft mit **Begleitsatz**, der durch Doppelpunkt oder Komma(s) abgegrenzt wird, z. B.: *Nils flüstert mir zu:* »*Bestimmt ist alles bald wieder in Ordnung.*« »*Das hoffe ich*«, *ruft Randi,* »*schließlich müssen wir heim!*« »*Dann geh doch einfach*«, *denke ich.*
Diskussion	Austausch über → **Sach-** oder → **Problemfragen**, in dem **Diskussionsteilnehmer** in **Diskussionsbeiträgen** ihre → **Standpunkte**, → **Argumente** und/oder Kenntnisse darlegen und auf andere eingehen (zustimmen, ablehnen, Kompromisse vorschlagen, Informationen austauschen). Diskussionen zu einer **Problemfrage** dienen v. a. dem Meinungsaustausch und der Meinungsbildung. Diskussionen zu einer **Sachfrage** dienen v. a. dem Austausch von Informationen zur Beantwortung der Sachfrage. Größere Diskussionen haben eine(n) **Diskussionsleiter(in)**, die/der die Diskussion eröffnet, die Redner aufruft, auf die Gesprächsregeln achtet und die Ergebnisse zusammenfasst. Auch ein(e) **Moderator(in)** kann eine Diskussion leiten. Sie/Er stellt die Beteiligten vor, führt in das Thema ein und bringt Fragen, Aussagen, Ereignisse, Erfahrungen, Zitate, Fakten, Definitionen in das Gespräch ein. Vor einer Moderation muss man sich gründlich mit dem Thema beschäftigt haben. Es empfiehlt sich, ein → **Protokoll** anfertigen zu lassen und abschließend die **Diskussion auszuwerten** (ggf. auf Grundlage des Protokolls).
Eigennamen	Wörter und Wortgruppen, die z. B. Personen, Orte, Veranstaltungen, Organisationen und Institutionen als einmalig bezeichnen. Eigennamen werden **immer großgeschrieben**, z. B.: *Emilia, Dirk Neumann, Bahnhofstraße, Potsdam, Sachsen-Anhalt, Europa, Deutsches Rotes Kreuz, Freie Universität, die Olympischen Spiele, die Vereinigten Staaten, Friedrich der Zweite.* Von geografischen Eigennamen abgeleitete **Adjektive auf -isch** werden kleingeschrieben, wenn sie nicht Teil eines Eigennamens sind, z. B.: *eine sächsische Großstadt.* Als Teil eines Eigennamens werden sie dagegen großgeschrieben, z. B.: *die Sächsische Schweiz.* Von geografischen Eigennamen abgeleitete **Adjektive auf -er** werden **immer großgeschrieben**, z. B.: *Thüringer Bratwurst.*

einfacher Satz	Satz, der mindestens ein → **Subjekt** und ein → **Prädikat** enthält; meist kommen weitere → **Satzglieder** hinzu. Die finite Verbform (→ **Verb**) steht i. d. R. an erster oder zweiter Stelle, z. B.: *Iva Procházková hat das Buch geschrieben. Die Handlung spielt in Berlin. Kennt ihr das Buch? Lies das Buch doch bald einmal!*
Epik, epischer Text	erzählender Text, → **Erzählung**
Erbwörter	Älteste Wörter unserer Sprache, die vor ungefähr 5000 Jahren entstanden und uns noch heute Auskunft über die Lebensweise der germanischen Stämme geben, z. B.: *Rind, Hund, Beil, weben.*
Erörtern, Erörterung	**Darstellungsweise, Textsorte**, die der Problemdarstellung und -lösung dient. Beim **schriftlichen Erörtern** setzt man sich denkend und schreibend mit einem **Problem (Thema)** und damit verbundenen **Fragen** auseinander, z. B.: *Mobbing unter Schülern: Was kann man gegen Mobbing tun? Ist Mobbing vermeidbar? ...* Man verschafft sich einen Überblick über das Problem, bildet einen → **Standpunkt,** sucht nach Lösungsmöglichkeiten und begründet diese mit → **Argumenten.** In einer **linearen (steigernden) Erörterung** führt man einen Standpunkt (eine These) und Argumente dafür *oder* dagegen an. In einer **kontroversen (dialektischen) Erörterung** führt man Argumente für *und* gegen einen Standpunkt (eine These) an; die Argumente können **im Block** oder **im Wechsel** angeordnet werden.
Ersatzprobe	Probe zur Ermittlung von Fällen und Satzgliedern, z. B.: *Die Suppe schmeckt den Kindern. – Die Suppe schmeckt dem Jungen/ihm.* (Dativ) *Sie aßen an einem schönen großen runden Tisch. – Sie aßen dort.* (Satzglied) Probe zur Unterscheidung von *das* und *dass*: ▪ Kann man *das* durch *dieses* ersetzen? → **Artikel** → *das* ▪ Kann man *das* durch *welches* ersetzen? → **Relativpronomen** → *das* ▪ Ergibt der Satz bei der Probe keinen Sinn? → **Konjunktion** → *dass*
Erweiterungsprobe	Probe zur Ermittlung der Groß- bzw. Kleinschreibung. Man erweitert eine **nominale Wortgruppe** (Nomen/Substantiv + Begleiter) durch Attribute, z. B.: *das Laufen, das schnelle Laufen, das anstrengende schnelle Laufen.* Das Wort, das ganz rechts steht, ist das Nomen/Substantiv bzw. eine Nominalisierung/Substantivierung und wird großgeschrieben.

Erzählen, Erzählung	**Darstellungsweise, Textsorte**, in der Erlebnisse, Ereignisse oder Erfundenes (nicht wirkliche/fiktive Geschichten) anschaulich und unterhaltsam wiedergegeben werden. Typische **Gestaltungsmittel** sind:
	▪ die **Erzählperspektive**:
	  – **Ich-Erzähler** (am Geschehen beteiligt, erzählt aus seiner Sicht), z. B.:
	    Heute ging ich besonders früh zu Bett, denn ich wollte ...
	  – **Sie-Erzählerin / Er-Erzähler** (nicht selbst beteiligt, beobachtet von außen),
	    z. B.: *Heute ging Fanny besonders früh zu Bett, denn sie wollte ...*

	- die **Handlungsgestaltung**:
	  – das zentrale Thema, der Handlungsverlauf (Abfolge der Ereignisse), Ort, Zeit, Umstände der äußeren Handlung,
	  – Erzeugung von Spannung (z. B. durch Zurückhalten von Informationen),
	- die **Figurengestaltung**:
	  – äußere und innere Merkmale (→ **Charakterisierung**),
	  – Beziehungen zu anderen Figuren,
	  – Entwicklung der Figuren,
	- die **Zeitgestaltung**:
	  – **Zeitdehnung**: Einfügen von Gedanken, Gefühlen, Beschreibungen u. Ä.; die Erzählzeit ist länger als die erzählte Zeit,
	  – **Zeitraffung**: verkürztes Wiedergeben des Geschehens, Zeitsprünge; die Erzählzeit ist kürzer als die erzählte Zeit,
	  – **Vorausdeutung**: Andeuten kommender Ereignisse,
	  – **Rückblende**: Aufgreifen von vergangenen Ereignissen,
	- die sprachliche Gestaltung:
	  – → **direkte Rede**,
	  – **innere Monologe** (Selbstgespräche der Figuren),
	  – **Wortwahl** und **Satzgestaltung** (→ stilistische Mittel, → Sprachvarianten).

Exzerpieren, Exzerpt	**Methode der Texterschließung und Informationssammlung**: Einem Text werden Informationen zur Beantwortung einer bestimmten Fragestellung entnommen und schriftlich festgehalten (Stichpunkte, ggf. → Zitate).
Fabel	**Textsorte**: Kurzer erzählender oder gereimter Text. Zu den **Merkmalen** einer Fabel gehören: - Tiere denken, handeln und sprechen wie Menschen, - Tieren sind bestimmte menschliche Eigenschaften zugeordnet, - enthält eine Lehre (zentrale Aussage).
Fachsprache	**Gruppensprache** von Spezialisten, die der genauen und eindeutigen Bezeichnung von Gegenständen und Tätigkeiten in verschiedenen Arbeits- und Lebensbereichen dient (**Fachwortschatz**), z. B. in bestimmten Berufen, Wissenschaften, Unterrichtsfächern.
fester Vergleich	Anschauliche, oft bildhafte Wortgruppen mit dem Vergleichswort *wie*, z. B.: *arm wie eine Kirchenmaus.*
flektieren (die Flexion), flektierbar	Ein Wort beugen, seine Form verändern (die Beugung, Formveränderung), z. B.: *(des) Flusses, (in den) Flüssen; (ich) gehe, (du) gehst, (wir) gingen.* Flexion ist der **Oberbegriff** zu → Deklination und → Konjugation.
Frageprobe	Probe zur Ermittlung von Fällen, Satzgliedern und Satzgliedteilen, z. B.: *dem Jungen helfen* – Wem helfen? (Dativ) *die Katze fangen* – Wen/Was fangen? (Akkusativ) *Sie essen den leckeren Kuchen nachmittags im Garten.* - Wer/Was isst …? (Subjekt) - Wen/Was essen sie …? (Objekt)

	- Wann essen sie …? (Temporalbestimmung) - Wo essen sie …? (Lokalbestimmung) - Welchen/Was für einen Kuchen …? (Attribut)
Fremdwort	Wort, das aus einer anderen Sprache übernommen wurde, sich aber in Aussprache, Schreibung und Betonung **nicht oder nur zum Teil dem Deutschen angepasst** hat, z. B.: *Sweatshirt, Ragout*.
Gedicht	**Textsorte**, in der Gedanken und Gefühle eines **lyrischen Sprechers** (**lyrisches Ich**) mithilfe besonderer Gestaltungsmittel (z. B. sprachliche Bilder, Vergleiche) ausgedrückt werden. Gedichte sind oft in **Strophen** unterteilt, die aus **Versen** (Gedichtzeilen) bestehen. Gedichte haben einen bestimmten **Rhythmus** und können sich nach einem bestimmten Schema **reimen**.
Genus (Geschlecht)	Grammatisches Geschlecht: **männlich**, **weiblich** oder **sächlich**. Das grammatische Geschlecht erkennt man am → **Artikel**, z. B.: *der/ein Regen, das/ein Wetter, die/eine warme Jacke*.
Handout (engl. *hand-out*)	**Thesenpapier**, **Arbeitsblatt**: Zusammenfassung des Inhalts einer Präsentation (die wichtigsten Informationen, ausgewähltes Text- und Bildmaterial), damit Zuhörer dem Vortrag besser folgen und die Informationen später nutzen können.
Hauptsatz	**Teilsatz eines → zusammengesetzten Satzes**, in dem die finite Verbform (→ Verb) an zweiter Stelle steht, z. B.: *Tim und Tom lächelten glücklich, als sie uns sahen.*
Homonyme	**Gleichnamige Wörter**, die gleich (bzw. fast gleich) geschrieben und ausgesprochen werden, aber unterschiedliche Bedeutungen haben, z. B.: *Bremse – Bremse*. Sie können auch zu verschiedenen Wortarten gehören, z. B.: *(der) Morgen – morgen*.
Hypertext, Hypertexte schreiben	Text, der **Hyperlinks** (Stichworte zum Anklicken) enthält und nicht »der Reihe nach« (linear) gelesen wird. So kann man Hypertexte verfassen: Textteil in eine Word-Datei schreiben, Stichwort markieren, auf »Einfügen« und dann auf »Hyperlink« klicken, Dateinamen eingeben und mit »OK« bestätigen, Fortsetzung schreiben usw.
Hypotaxe	→ zusammengesetzter Satz
indirekte Rede	**Nicht wörtliche Wiedergabe** von Gesagtem oder Gedachtem, i. d. R. mithilfe des **Konjunktivs I** (→ Verb). Oft sind dabei die → **Pronomen**, Orts- und Zeitangaben umzuformulieren, z. B.: *Nils flüsterte mir zu, er sei zu spät gekommen. Randi meint, sie helfe uns.* Auch die Wiedergabe im **Indikativ** (→ Verb) ist möglich, z. B.: *Randi sagt, dass sie uns hilft.* Manchmal wird der **Konjunktiv II** (→ Verb) oder die **würde-Ersatzform** verwendet, z. B.: *Nils flüsterte, er käme pünktlich. Randi sagt, sie würde uns helfen.*

		Eine **Bewertung** der wiedergegebenen Äußerung (Distanzierung, Zustimmung) lässt sich ausdrücken durch: ■ **Konjunktiv II**, z. B.: *Sie sagte, sie hätte nichts davon gewusst.* ■ **redeeinleitende Verben**, z. B.: *Sie bestätigte (versicherte, behauptete), nichts davon gewusst zu haben.* ■ **Adverbien**, **Adverbialbestimmungen**, z. B.: *Ihrer Aussage nach hat sie offenbar (angeblich, vermutlich, zweifellos, mit großer Wahrscheinlichkeit) nichts davon gewusst.* ■ **Modalverb wollen**, **sollen**, z. B.: *Sie will davon nichts gewusst haben. Sie soll informiert worden sein.*
Infinitivgruppe		Wortgruppe, die einen **Infinitiv** (→ Verb) **mit zu** enthält (**erweiterter Infinitiv mit zu**). Ist ein Infinitiv nicht erweitert, kann man ein Komma setzen, z. B.: *Sibylle versprach(,) zu helfen.* Man **muss** ein **Komma** setzen: ■ wenn die Infinitivgruppe mit *um, ohne, (an)statt, außer, als* eingeleitet wird, z. B.: *Sylva fuhr nach Berlin, um ihren Freund Niklas zu treffen.* ■ wenn sich die Infinitivgruppe auf ein Nomen/Substantiv bezieht, z. B.: *Sylva gab ihr den Rat, viel schwimmen zu gehen.* ■ wenn sich die Infinitivgruppe auf ein hinweisendes Wort, wie *daran, darum, damit, es,* bezieht, z. B.: *Sie bemühte sich darum, Sylva zu verstehen.* Fehler vermeidet man, wenn man beim Infinitiv mit *zu* immer ein Komma setzt.
Informationen suchen		Nach bestimmten Informationen kann man suchen in: ■ **alphabetischen**, **systematischen** oder **Onlinekatalogen** von **Bibliotheken**, ■ **Suchmaschinen** und **Web-Katalogen** im **Internet**, ■ **Lexika**, ■ **Inhaltsverzeichnissen**, **Klappentexten** und **Registern** von **Sachbüchern**, ■ **Inhaltsverzeichnissen** von **Zeitschriften**. Zur **Beurteilung der Suchergebnisse** sollte Folgendes geprüft werden: ■ **Autor/Autorengruppe** (Angegeben, anonym?) und **Herkunft** (Kontaktdaten/Impressum? Offizielle Organisation, Privatperson? Diskussionsforum?) ■ **Aktualität** (Entstehungszeit? Letzte Aktualisierung?) ■ **Inhalt** (Überprüfbarkeit? Quellen genannt?)
Inhaltsangabe (zu literarischen Texten)		Knappe, sachliche Darstellung des **wesentlichen Inhalts** eines literarischen Textes, Films oder Theaterstücks. Sie sollte folgende **Bestandteile** aufweisen: ■ Einleitung: Angaben zu Autorin/Autor, Textsorte, Titel, Thema; ■ Hauptteil: Darstellung der Figuren und des Handlungsverlaufs; ■ Schluss: Besonderheiten des Textes nennen. Folgende **sprachliche Besonderheiten** sollte man beachten: ■ Inhalt mit eigenen Worten wiedergeben (keine Zitate), ■ → **direkte Rede** in → **indirekte Rede** umwandeln, ■ in Präsens oder Perfekt (→ Verb) darstellen.

Interpretation, Interpretieren eines literarischen Textes	**Deuten** eines literarischen Textes anhand von Textstellen (→ Zitaten). Eine Textinterpretation schreibt man im **Präsens**. Sie sollte folgende **Bestandteile** aufweisen: • Einleitung: Autorin/Autor, evtl. biografische Daten, Textsorte, Titel, Thema, erster Eindruck vom Text, • Hauptteil: → Inhaltsangabe, Darstellung und Deutung von Besonderheiten (Handlungs-, Orts-, Zeit-, Figurengestaltung, Erzählperspektive, sprachliche Mittel), • Schluss: eigene Meinung zum Dargestellten, Bezug zum Leben.
Interview	Mündliche **Befragung**, um Informationen über eine Person und/oder deren Meinungen, Einstellungen, Wissen und Verhalten zu erhalten. Am besten eignen sich für Interviews Ergänzungsfragen, die man ausführlich beantworten muss. Entscheidungsfragen, auf die man nur Ja oder Nein antworten muss, sind weniger geeignet.
Jugendsprache	Zusammenfassung verschiedener **Gruppensprachen** von Jugendlichen, die jeweils der Abgrenzung von anderen und dem Zusammengehörigkeitsgefühl dienen. Das wichtigste Merkmal sind spezielle Ausdrucksweisen, z. B. erfundene, originelle, auffällige Wörter, die oft kurzlebig sind.
Kasus (Fall)	Fall in der Grammatik. Es gibt **vier Fälle**: • **Nominativ** (Fragen: *Wer? Was?*), z. B.: *Die Lehrerin liest vor. Langsam fließt das Wasser ab.* • **Genitiv** (Frage: *Wessen?*), z. B.: *Er fragt den Bruder seines Freundes.* • **Dativ** (Fragen: *Wem? Wo?*), z. B.: *Er hilft seiner Mutter. Wir helfen ihm.* • **Akkusativ** (Fragen: *Wen? Was? Wohin?*), z. B.: *Ihren kleinen Hund finden alle lustig. Wir spielen ein neues Spiel.*
Kommasetzung	Im → **einfachen Satz** müssen **Kommas** gesetzt werden: • bei der → **Aufzählung** von Wörtern und Wortgruppen, • bei → **Infinitivgruppen**, • bei → **Partizipgruppen**, • bei → **nachgestellten Erläuterungen** (auch in Form von **Appositionen** und **Datumsangaben**). Im → **zusammengesetzten Satz** müssen **Kommas** gesetzt werden: • in einem → **Satzgefüge** zwischen → **Haupt-** und → **Nebensatz**, z. B.: *Wir packten gleich aus, als wir angekommen waren. Nachdem wir ausgepackt hatten, liefen wir zum See.* • in einer → **Satzreihe** (**Satzverbindung**) zwischen den → **Hauptsätzen**, wenn sie nicht durch eine aufzählende → **Konjunktion** verbunden sind, z. B.: *Wir wollten etwas unternehmen, aber wir konnten uns nicht einigen. Tom ging ins Kino, ich blieb zu Hause.*
Kommentar	**Journalistische Textsorte**: Gibt die persönliche, namentlich gekennzeichnete Meinung eines Autors zu einem aktuellen Ereignis oder Vorgang wieder.

Komparation, komparieren	**Steigerung** von → Adjektiven: ▪ Positiv (Grundstufe), z. B.: *klein*, ▪ Komparativ (Mehrstufe), z. B.: *kleiner*, ▪ Superlativ (Meiststufe), z. B.: *am kleinsten*.
Konjugation, konjugieren	**Beugung** (Formveränderung) von Verben nach **Person**, **Zahl** (Numerus), **Zeit** (Tempus) und **Handlungsform** (Aktiv, Passiv), z. B.: *(ich) schreibe, (wir) schrieben, (er) wurde geschrieben*.
Konjunktion (Bindewort)	**Nicht veränderbare Wortart**, die Wörter, Wortgruppen und Teilsätze miteinander verbindet. Nach ihrer **Bedeutung** unterscheidet man: ▪ **aufzählende Konjunktionen**, z. B.: *und, sowie, sowohl ... als auch, oder, weder ... noch*), ▪ **entgegenstellende Konjunktionen**, z. B.: *aber, doch, nicht nur ..., sondern auch ...*). Nach der **Funktion** unterscheidet man: ▪ **nebenordnende Konjunktionen**, z. B.: *aber, und, sondern, denn*, ▪ **unterordnende Konjunktionen**, z. B.: *weil, dass, wenn, falls, ehe, bevor, nachdem, sodass*.
Konspekt, konspektieren	**Methode der Texterschließung** und Form, Textinformationen übersichtlich schriftlich festzuhalten. Der Konspekt folgt der Gliederung des Textes und **fasst** alle **Hauptaussagen zusammen** (Stichpunkte, ggf. → Zitate).
Kurzgeschichte	**Textsorte**: (in Anlehnung an die amerikanische *short story*) kurze und prägnante Erzählungen mit folgenden typischen **Merkmalen**: ▪ erzählt werden einzelne alltägliche Ereignisse oder Erlebnisse, ▪ wenige Figuren, ▪ unvermittelter Beginn und offenes, mitunter überraschendes Ende, ▪ begrenzte Handlungszeit (wenige Stunden oder Tage) und Handlungsorte (oft nur einer), ▪ knappe alltägliche Sprache, häufig Andeutungen und Metaphern.
Kurzwort	Wort, das durch das Weglassen von Wortteilen entsteht, z. B.: *Fotografie* → *Foto, Fahrrad* → *Rad*. Besondere Formen von Kurzwörtern sind: ▪ **Buchstabenwörter** (Buchstaben werden einzeln oder zusammenhängend gesprochen), z. B.: *Lkw* (gesprochen: el-ka-we, Lastkraftwagen), *PLZ* (Postleitzahl). ▪ **Silbenwörter** (aus Anfangssilben zusammengesetzte Wörter), z. B.: *Kriminalpolizei* → *Kripo*.
Lehnwort	Wort, das aus einer anderen Sprache »entliehen« wurde und sich im Laufe der Zeit in Aussprache, Schreibung und Beugung **der deutschen Sprache angepasst** hat, z. B.: *Fenster* (von lateinisch *fenestra*).

Märchen	**Textsorte** mit bestimmten **Merkmalen**, wie z. B. gleicher oder ähnlicher Beginn und Schluss, Gegensatzpaare, magische Zahlen, Fantasiewesen, wiederkehrende Sprüche, Verwandlungen, Zaubereien, das Gute siegt über das Böse. **Volksmärchen** wurden meist mündlich überliefert. Der Autor sowie Zeit und Ort des Entstehens lassen sich nicht mehr eindeutig feststellen. **Kunstmärchen** sind die Schöpfung eines Dichters.
Medien	Mittel zur **Verständigung**, **Information**, **Präsentation**, **Wissensgewinnung**, **Unterhaltung** und Entspannung, wie z. B. Buch, Zeitung, Zeitschrift, Hörfunk, Film und Fernsehen, Computer. Man unterscheidet **Printmedien** (zum Lesen) und **audiovisuelle Medien** (zum Hören und Sehen).
mehrdeutiges Wort	Wort, das mehrere Bedeutungen hat, z. B.: *Hahn* (Tier, Wasserhahn), *Flügel* (Teil eines Vogels oder Flugzeugs, Musikinstrument). Welche der Bedeutungen gemeint ist, wird erst aus dem Textzusammenhang klar.
Meldung	**Journalistische Textsorte**: Kurznachricht, die nur das Nötigste über ein Ereignis, oft nur das Ereignis selbst, bekanntgibt. Nur die **Schlagzeile** ist noch kürzer.
Metapher	→ stilistisches Mittel
Mindmap (engl. *mind* – Gedanken, Gedächtnis; *map* – Landkarte)	**Methode zur Sammlung und logischen Strukturierung von Informationen** zu einem Thema. Ausgehend von dem zentralen Begriff, der in der Mitte steht, werden weiterführende Informationen ringsherum angeordnet. Linien (z. B. Haupt- und Nebenäste) verdeutlichen Beziehungen, z. B. zwischen Ober- und Unterbegriff oder Teil und Ganzem.
Mitteilungen verfassen	Es gibt verschiedene Anlässe und Formen, immer ist zu beachten, an wen und aus welchem Grund bzw. zu welchem Zweck man schreibt. **Offizielle Briefe** bzw. **E-Mails** richten sich an Institutionen oder Unternehmen, z. B. Anträge, Beschwerden, Bewerbungen. Man formuliert sachlich und knapp, aber höflich und achtet auf korrekte Rechtschreibung und Zeichensetzung, wie z. B. die Schreibung der → **Anredepronomen**. Eine **Betreffzeile** enthält kurz den Anlass des Briefes, z. B.: *Bewerbung um einen Praktikumsplatz.* Übliche **Anrede- und Grußformeln** sind: *Sehr geehrte Frau …, Sehr geehrter Herr …, Sehr geehrte Damen und Herren, …* *Mit freundlichen Grüßen / Mit freundlichem Gruß* In Briefen folgt die **persönliche Unterschrift**.
Modalverb	Im Deutschen gibt es **sechs Modalverben**. Sie drücken aus, wie eine Tätigkeit, ein Vorgang, ein Zustand speziell gemeint ist: *wollen* (Absicht): *ich will kommen,* *sollen* (Aufforderung): *er soll kommen,* *dürfen* (Erlaubnis): *er darf kommen,*

	können (Fähigkeit oder Möglichkeit): *er kann kommen,* *müssen* (Notwendigkeit): *er muss kommen,* *mögen* (Wunsch): *er möchte kommen.*
mündliche Kommunikation	Mündliche **Kommunikationssituationen** sind durch unterschiedliche **Bedingungen** geprägt, z.B. durch Zeit, Ort, Thema (Inhalt), beteiligte Personen, Zweck eines Gesprächs. Wichtig für das Gelingen ist die Berücksichtigung von: - **Sachebene** (Inhalt des Gesprächs; Sache, um die es geht), - **Beziehungsebene** (Verhältnis der Gesprächspartner, Verhalten der Sprecher und Zuhörer). Um **Konflikte** zu vermeiden oder zu lösen, sollte man die Gesprächspartner ansehen, sachlich und ruhig auf sie eingehen, ggf. einen Kompromiss vorschlagen. Geeignete sprachliche Mittel sind z.B.: *Das ist zwar richtig, aber ... Ich kann verstehen, dass ... Wir könnten uns einigen, wenn ...* Ein **Small Talk** (engl. *small talk* – Geplauder) ist eine besondere Gesprächsform: lockere, beiläufige Unterhaltung über Alltägliches mit dem Ziel, eine angenehme Atmosphäre zu schaffen (die Beziehungsebene ist entscheidend), z.B.: **A** *Ach, das Wetter ist ja fürchterlich!* 　　　**B** *Oh ja, letztes Jahr war der Herbst ...*
mündliche Sprache	Wird v.a. in der → **mündlichen Kommunikation** oder zur Erzeugung einer bestimmten Wirkung, z.B. in literarischen Texten, verwendet. Im Unterschied zur → schriftlichen Sprache ist sie gekennzeichnet durch: - aufgelockerten Satzbau: kurze oder unvollständige Sätze, z.B.: *Kann sein.* - Gliederungswörter, z.B.: *äh, ne,* - Reaktionsformeln, z.B.: *Na und? Ach wo!*
Nacherzählen	**Wiedergabe** gelesener oder gehörter Geschichten **mit eigenen Worten**. Zur Vorbereitung kann man die Geschichte in Abschnitte einteilen und Stichpunkte zum Inhalt notieren. Besonders zu achten ist auf die zeitliche Abfolge der Handlung, auf die Orte und auf die Gedanken und Gefühle der handelnden Personen/Figuren.
nachgestellte Erläuterung	Einem Beziehungswort (meist → Nomen/Substantiv) **nachgestellte Erklärung**, die durch **Kommas** abgegrenzt wird. Es gibt nachgestellte Erläuterungen: - im gleichen Fall wie das Beziehungswort (Appositionen), z.B.: 　*Sylva, Tochter eines tschechischen Vaters, steht im Mittelpunkt der Handlung.* - die durch besondere Wörter eingeleitet werden, wie *und zwar, unter anderem (u.a.), zum Beispiel (z.B.), besonders, nämlich, vor allem (v.a.), das heißt (d.h.)*, z.B.: *Sylva liebt Sport, besonders das Schwimmen.* - Datumsangaben, die zu einem Wochentag gestellt werden, z.B.: *Die Geburtstagsfeier fand am Mittwoch, dem 16. April(,) statt.*
Nachricht	**Journalistische Textsorte**: Kurze, sachliche Mitteilung über eine allgemein interessierende und nachprüfbare Tatsache.

Nebensatz	Teilsatz eines → **zusammengesetzten Satzes**, der allein meist nicht verständlich ist und durch **Komma** vom → Hauptsatz abgegrenzt wird, z. B.: *Wir packten gleich aus, als wir angekommen waren. Nachdem wir ausgepackt hatten, liefen wir zum See.* Die meisten Nebensätze haben folgende **Merkmale**: ▪ die **finite Verbform** (→ Verb) steht an letzter Stelle, ▪ am Anfang steht ein **Einleitewort**. Nach dem Einleitewort unterscheidet man: ▪ **Konjunktionalsatz**: durch eine unterordnende → Konjunktion eingeleitet, z. B.: *weil, dass, sodass, als, da, nachdem, bevor, seit,* ▪ → **Relativsatz**: durch ein Relativpronomen eingeleitet, z. B.: *der, die, das, welcher, welche, welches,* ▪ **Fragewortsatz**: durch ein Fragewort eingeleitet, z. B.: *wo, wie, was, warum.* **Einteilung der Nebensätze** nach: ▪ Funktion (Satzgliedwert): Gliedsatz (Subjekt-, Objekt-, Adverbialsatz), Gliedteilsatz (Attributsatz), ▪ Stellung zum übergeordneten (Teil-)Satz: Vordersatz, Zwischensatz, Nachsatz, ▪ Art des Einleiteworts: Konjunktional-, Relativ-, Fragewortsatz, ▪ Grad der Abhängigkeit vom übergeordneten (Teil-)Satz: Nebensatz 1., 2., 3., … Grades, z. B.: *Sie wusste nicht, ob ihr Leben, das sie seit einiger Zeit führte, das richtige ist.* (Nebensatz 1: Objektsatz, Nachsatz, Konjunktionalsatz, 1. Grades; Nebensatz 2: Attributsatz, Zwischensatz, Relativsatz, 2. Grades)
Nomen/Substantiv	→ **Deklinierbare Wortart**, die Lebewesen, Gegenstände, Gefühle, Vorstellungen, Vorgänge, Orte und Veranstaltungen bezeichnet. Nomen werden **großgeschrieben**. Sie können Begleiter (Artikel, Possessivpronomen) und → Attribute bei sich haben, an denen man Fall (Kasus), Zahl (Numerus) und Geschlecht (Genus) erkennt, z. B.: *die Wiese, unser Garten.*
Nominalisierung/ Substantivierung	Im Deutschen kann jedes Wort **als Nomen gebraucht** – also nominalisiert/ substantiviert – werden. Es wird dann wie Nomen **großgeschrieben** und kann ebenfalls einen Begleiter und ein Attribut bei sich haben, z. B.: *das Blau, euer lautes Rufen.*
Numerale (Zahlwort)	Wort, das eine Menge oder eine Anzahl angibt. Man unterscheidet: ▪ **bestimmte Numeralien**, z. B.: *eins, zwei, erster,* ▪ **unbestimmte Numeralien**, z. B.: *einige, viele, alle.* Numeralien gehören zu **verschiedenen Wortarten**: ▪ Nomen/Substantiv, z. B.: *eine Million,* ▪ Adjektiv, z. B.: *zwei Schüler, in der sechsten Klasse,* ▪ Adverb, z. B.: *er rief dreimal.*
Numerus (Zahl)	Zahl, in der Nomen/Substantive, Artikel, Adjektive oder Pronomen auftreten können. Es gibt eine Form für den **Singular** (Einzahl) und eine andere Form für den **Plural** (Mehrzahl), z. B.: *(das) Kind – (die) Kinder.*

Objekt	**Satzglied**, das das Prädikat ergänzt. Der Fall des Objekts ist vom Verb oder einer Präposition abhängig. Man unterscheidet: - **Dativobjekt** (Frage: *Wem?*), z. B.: *Sie hilft ihrer Oma.* - **Akkusativobjekt** (Frage: *Wen? Was?*), z. B.: *Er liest ein Buch.* - **Genitivobjekt** (Frage: *Wessen?*), z. B.: *Sie erfreut sich bester Gesundheit.* Genitivobjekte werden selten, meist in der Schriftsprache gebraucht. - **Präpositionalobjekt** (Objekt, dessen Fall von einer **Präposition** bestimmt wird), z. B.: *Sie wartet auf ihn. Über das Buch freute sie sich.*
Parataxe	→ zusammengesetzter Satz
Partizip	**infinite Verbform** (→ Verb)
Partizipgruppe	Konstruktion, in deren Kern ein → Partizip enthalten ist. **Vorangestellte** und **eingeschlossene Partizipgruppen** können durch Komma abgetrennt werden, z. B.: *In Berlin angekommen(,) besuchte Sylva ihren alten Freund Niklas. Er stimmte ihr(,) heftig mit dem Kopf nickend(,) zu.* Nachgestellte **Partizipgruppen** müssen durch Komma abgetrennt werden, z. B.: *Er stimmte ihr zu, heftig mit dem Kopf nickend.* Man kann Fehler vermeiden, indem man bei Partizipgruppen immer ein Komma setzt.
Personifizierung	→ stilistisches Mittel
Prädikat	**Satzglied**, das etwas über das Subjekt aussagt (Satzaussage, Frage: *Was wird ausgesagt?*). **Subjekt** und **Prädikat** bilden den **Satzkern**. Wenn das Prädikat nur aus dem finiten (gebeugten) Verb besteht, nennt man es **einteiliges Prädikat**, z. B.: *(er) liest*. Das **mehrteilige Prädikat** besteht aus der finiten (gebeugten) Verbform und anderen, infiniten (ungebeugten) Verbformen (Partizip II, Infinitiv) oder weiteren Wörtern. Das mehrteilige Prädikat kann andere Satzglieder einrahmen. Dann bildet es einen **prädikativen Rahmen**, z. B.: *Er hat ein Buch gelesen. Trotz der Kälte ging sie ohne Mütze los.*
Präfix (Vorsilbe)	Dem Wortstamm vorangestellter **Wortbaustein**, der nicht selbstständig stehen kann. Wichtige Präfixe sind *be-, er-, ent-, ge-, miss-, ver-, zer-*. Durch das Anfügen von Präfixen entstehen oft neue Wörter mit veränderter Bedeutung (**Ableitung**), z. B.: *fallen* → *gefallen, verfallen, zerfallen, befallen.*
Praktikumsbericht	Dokumentation der Ziele, Aufgaben, des Verlaufs und der Ergebnisse eines Praktikums. Ein **Tagesbericht**, der als Tabelle oder als zusammenhängender Text gestaltet sein kann, enthält den Ablauf und die Ergebnisse eines Arbeitstages. In einem **Abschlussbericht** werden die wichtigsten Erkenntnisse und Erfahrungen aus dem gesamten Praktikum zusammengefasst.
Präposition	**Nicht veränderbare Wortart**, die räumliche, zeitliche oder andere Beziehungen zwischen Wörtern und Wortgruppen ausdrückt, z. B.: *in, aus, bei, mit, nach, vor, hinter, über, zu.*

	Präpositionen stehen meist **vor dem Nomen/Substantiv** und seinen Begleitern und **fordern einen bestimmten Fall**, z. B.: *mit dem Ball* (Dativ), *für den Freund* (Akkusativ), *wegen des Wetters* (Genitiv), *auf dem Tisch* (Wo? → Dativ), *auf den Tisch* (Wohin? → Akkusativ).
Präsentieren	Zuhörer werden über bestimmte Themen, Vorhaben oder Arbeitsergebnisse informiert. Beim **Halten des Vortrags** ist auf freies, langsames und deutliches Sprechen sowie auf Blickkontakt zu den Zuhörern zu achten. Mit → **rhetorischen Fragen** kann man Zuhörer direkt ansprechen. Direkte und indirekte → **Zitate** sowie der Einsatz von → **Medien** dienen der interessanten Gestaltung der Präsentation.
Problemfrage	**Frage**, meist als **Entscheidungsfrage** formuliert (mit Ja oder Nein zu beantworten), die längeres Nachdenken und Abwägen, ggf. eine → **Diskussion** und Meinungsbildung zum Sachverhalt erfordert, z. B.: *Hat die globale Erwärmung Auswirkungen auf unser Klima?*
Pronomen	→ **Deklinierbare Wortart**, die **Stellvertreter** oder **Begleiter** eines Nomens/Substantivs sein kann, z. B.: *die Kinder* → *sie*, *ihr Vater*.
Protokoll	Besondere **Form des Berichts**, mit der kurz und genau informiert oder dokumentiert wird. Im **Verlaufsprotokoll** hält man den Ablauf und die Ergebnisse einer Veranstaltung, Diskussion oder eines Experiments fest. Im **Ergebnisprotokoll** werden nur die Ergebnisse bzw. Beschlüsse notiert.
Quellenangabe, Quellenverzeichnis	Werden Informationen, Materialien, → **Zitate** verwendet, ist immer die Quelle anzugeben, auch wenn Aussagen nur sinngemäß übernommen werden (z. B. in indirekten Zitaten). Um solche sinngemäßen Wiedergaben deutlich zu machen, steht vor der Quellenangabe ein *vgl.* (vergleiche). **Quellenangaben** können verschiedene Formen haben, z. B.: • **vollständig in Klammern** hinter einem Zitat, Bild u. Ä., z. B.: *»Mut ist etwas Sonderbares.« (Nürnberger, Christian: Mutige Menschen für Frieden, Freiheit und Menschenrechte. Stuttgart: Gabriel Verlag, 2008, S. 9.)* • **vollständig als Fußnote** am Seitenende, z. B.: *»Mut ist etwas Sonderbares.«[1]* *[1] Nürnberger, Christian: Mutige Menschen für Frieden, Freiheit und Menschenrechte. Stuttgart: Gabriel Verlag, 2008, S. 9.* • als Kurzangabe und **Verweis** auf das Quellenverzeichnis **in Klammern** hinter dem Zitat, Bild o. Ä. oder **als Fußnote**, z. B.: *»Mut ist etwas Sonderbares.« (Nürnberger, 2008, S. 9.)* *Nürnberger schreibt, dass er keine Heldenverehrung betreiben wolle.[1]* *[1] (Vgl. Nürnberger, 2008, S. 13.)* Am Ende eines Textes steht ein **Quellenverzeichnis** (Literaturverzeichnis), in dem alle verwendeten Quellen vollständig aufgeführt sind. Dabei sind zu unterscheiden: • **Quellenangabe zu einem Buch**: Name, Vorname: Titel. Ort: Verlag, Jahr. Z. B.: *Nürnberger, Christian: Mutige Menschen für Frieden, Freiheit und Menschenrechte. Stuttgart: Gabriel Verlag, 2008.*

		- **Quellenangabe zu einer Zeitung/Zeitschrift**: Name, Vorname: Titel. Aus: Zeitung/Zeitschrift, Nr. bzw. Datum der Ausgabe, Seite/n. Z. B.: *Hirsi Ali, Ayaan: Sie wissen nichts vom Holocaust. Aus: Die Welt, 16.12.2006, S. 9.* - **Internetquellen**: Verfasser (wenn vorhanden): Titel. Online im Internet: Internetadresse [Datum des Abrufs]. Z. B.: *Stiftung Luthergedenkstätten in Sachsen-Anhalt: Von daher bin ich – Martin Luther und Eisleben. Online im Internet: http://www.martinluther.de/de/martin-luthers-geburtshaus/ausstellung.html [11.01.2012].*
Redewendung		**Feste sprachliche Wendung** (Wortgruppe), mit der man etwas besonders anschaulich und einprägsam ausdrückt, z. B.: *auf die Nase fallen, sich den Kopf zerbrechen.*
Relativsatz		Ein **Nebensatz**, der durch ein **Relativpronomen** (*der, die, das, welcher, welche, welches*) **eingeleitet** wird. Das Relativpronomen bezieht sich auf ein Nomen im vorangehenden Hauptsatz (Bezugswort). Relativsätze werden durch **Komma** vom Hauptsatz abgegrenzt, z. B.: *Die Suppe, die wir morgens gekocht hatten, aßen wir zu Mittag.* *Dazu gab es Brot, welches wir selbst gebacken hatten.*
rhetorische Frage		Frage, auf die keine Antwort erwartet wird. Sie dient dazu, eine Aussage besonders zu betonen und Hörer/Leser zum Mitdenken anzuregen, z. B.: *Hat Schiller hier nicht wirklich Mut bewiesen?*
Sachfrage		**Frage**, meist als **W-Frage** formuliert, die entsprechend des jeweiligen Kenntnis- bzw. Informationsstandes beantwortet werden kann/muss, z. B.: *Welche Auswirkungen hat die globale Erwärmung auf unser Klima?*
Sage		**Textsorte** mit bestimmten **Merkmalen**: Sie enthalten einen **wahren historischen Kern** (geschichtliche Begebenheiten, Personen, landschaftliche Eigenheiten, Gebäude und Naturerscheinungen). Sagen wurden über Generationen weitererzählt. Man unterscheidet **Orts-**, **Götter-** und **Heldensagen**.

Satzart		Man unterscheidet drei Satzarten:
		- **Aussagesatz**: Man stellt etwas fest, informiert über etwas.
		  Merkmale: finite (gebeugte) Verbform i. d. R. an zweiter Stelle, Satzschlusszeichen: Punkt, z. B.: *Am Montag kommt eine neue Lehrerin.*
		- **Fragesatz**: Man fragt, erkundigt sich nach etwas.
		  Merkmale: oft durch ein Fragewort eingeleitet (z. B.: *wer, was, wie, wann, wo, warum*) oder finite (gebeugte) Verbform an erster Stelle, Satzschlusszeichen: Fragezeichen, z. B.: *Wann beginnen wir? Kommst du mit?*
		- **Aufforderungssatz**: Man fordert jemanden zum Handeln auf oder drückt Bitten, Wünsche, Hoffnungen aus.
		  Merkmale: finite (gebeugte) Verbform an erster Stelle, Satzschlusszeichen: Ausrufezeichen oder Punkt, z. B.: *Holt bitte frisches Wasser! Sei einfach etwas freundlicher.*

Satzgefüge	→ zusammengesetzter Satz
Satzglied	**Subjekt**, **Prädikat**, **Objekt** und **Adverbialbestimmung** sind Satzglieder. (Das Attribut ist ein Satzgliedteil.) Satzglieder kann man mithilfe der → **Umstellprobe** ermitteln. Durch das Umstellen von Satzgliedern lassen sich auch verschiedene Aussageabsichten verwirklichen, z. B.: *Die Kinder / warten / am Morgen / auf den Bus.* *Am Morgen / warten / ... Auf den Bus / warten ...*
Satzreihe (Satzverbindung)	→ zusammengesetzter Satz
Satzverknüpfung/ Textgestaltung	Um Texte inhaltlich und sprachlich flüssig und verständlich zu gestalten, verwendet man **sprachliche Verknüpfungsmittel**, die oft im **Vorfeld** des Satzes (an erster Satzgliedstelle vor der finiten Verbform) stehen, wie: - → **Adverbien**, z. B.: *Sie fuhr zum See. Dort wollte sie baden.* - → **Pronomen**, z. B.: *Ria fuhr zum See. Sie wollte baden.* - **bedeutungsähnliche Wörter** (→ Synonyme), z. B.: *Ria fuhr zum See. Das Mädchen wollte baden.* - **Wiederholungen**, z. B.: *Ria fuhr zum See. Ria wollte baden.* - **Teil-Ganzes-Beziehungen**, z. B.: *Die Landschaft war herrlich. Der See war klar und kühl.* Auch die Stellung der → **Satzglieder** (besonders die Vorfeldbesetzung) beeinflusst die Satzverknüpfung. Etwas kann wieder aufgegriffen oder hervorgehoben werden, z. B.: *Theo van Gogh fährt mit seinem Rad. Er will in seine Firma. Schwer verletzt bleibt er liegen.* Inhaltlich besonders eng verbundene Sätze werden meist zu → **zusammengesetzten Sätzen**, deren Teilsätze unterschiedlich verknüpft sind, als: - **Parataxe** (Nebenordnung) in einer → **Satzreihe (Satzverbindung)**, z. B.: *Ria fuhr zum See, sie wollte baden. Ria fuhr zum See, denn sie wollte baden. Ria fuhr zum See (,) und Tomi fuhr ins Dorf.* - **Hypotaxe** (Unterordnung) in einem → **Satzgefüge**, z. B.: *Ria fährt zum See, weil sie baden will. Ria fährt immer zu dem See, den sie am liebsten mag, wenn sie baden will.*
Schildern, Schilderung	**Darstellungsweise**, **Textsorte**, bei der Wahrnehmungen, Gedanken, Gefühle und Einstellungen von Personen oder Figuren ausführlich und anschaulich wiedergegeben werden. Man beschreibt z. B. **Sinneswahrnehmungen** (Hören, Sehen, Riechen, Schmecken, Fühlen) genau und verwendet → **direkte Rede**. Geeignete **sprachliche Mittel** sind z. B.: - bildhafte Vergleiche und Bezeichnungen, z. B.: *kalt wie Eis, klettern wie ein Affe, Bruchbude – Hütte – Palast*, - abwechslungsreiche, genaue Bezeichnungen (→ Synonyme), z. B.: *Auto – Wagen – Gefährt*, - treffende Verben und Adjektive, z. B.: *flüstern, glitschiger Untergrund*, - → Personifizierungen, z. B.: *Kälte kroch in meine Zehen.*

Schreibkonferenz	**Texte** werden **gemeinsam** (in Gruppen) **überarbeitet**. Dazu sollte man Arbeitsschritte besprechen und festlegen (z. B. Text lesen; Notizen zu Inhalt, Satzbau, Wortwahl machen und vergleichen; Hinweise und Vorschläge formulieren).
Schreibwerkstatt	Der Spaß am gemeinsamen Schreiben steht im Mittelpunkt. Wie in einer Werkstatt wird **gemeinsam an Texten gearbeitet**. Die einzelnen Arbeitsschritte sind das Werkzeug und die Sprache ist das Material.
schriftliche Sprache	Wird v. a. in der **schriftlichen Kommunikation** verwendet, um verständlich (→ **Standardsprache**), sachlich und präzise darzustellen. Ist gekennzeichnet durch: • genaue Wortwahl, • längere und vollständige Sätze, korrekten Satzbau.
sprachliche Mittel	→ stilistische Mittel
Sprachvarianten	**Erscheinungsformen** unserer Sprache. Man unterscheidet: • → **Dialekte (Mundarten)** • → **Umgangssprache** • → **Standardsprache** • → **mündliche Sprache** • → **schriftliche Sprache** • → **Fachsprache** • **Gruppensprache** (→ **Jugendsprache**)
Sprichwort	Gibt Erfahrungen, Beobachtungen und Einsichten der Menschen in Form eines Satzes besonders anschaulich und einprägsam wieder, z. B.: *Wer andern eine Grube gräbt, fällt selbst hinein.*
Standardsprache	Eine → **Sprachvariante (Sprachvarietät)** des Deutschen, die v. a. in schriftlichen Texten (z. B. Literatur, Zeitungsartikel, Fachtexte, amtliche Mitteilungen), aber auch in bestimmten Sprechsituationen (z. B. Vorträge, Nachrichten) verwendet wird. Sie ist gekennzeichnet durch Wörter, die in allen Regionen des deutschen Sprachgebiets bekannt sind, einen geregelten Satzbau, eine geregelte Schreibung (Rechtschreibung) und eine geregelte Aussprache (nach bestimmten Normen).
Standpunkt	Als **Behauptung (These)** formulierte **Meinung** einer Person oder Personengruppe. Standpunkte sollten durch → **Argumente** belegt bzw. widerlegt werden.
stilistische Mittel	**Sprachliche Mittel** zur wirkungsvollen Satz- und Textgestaltung, wie z. B.: • **Alliteration**: gleicher Anfangsbuchstabe, z. B.: *Ein Singen, Summen und Säuseln …* • **Anapher**: Wiederholung eines Satzanfangs, z. B.: *Ich war nicht müde. Ich war nicht krank. Ich war einfach nur traurig.*

	- **Auflockerung (Verbalstil)**: Verwendung vieler Verben, besonders finiter Verbformen, z. B.: *Damit wir den Stromverbrauch ablesen können, bitten wir sie, einen Termin zu vereinbaren.* - **Aufzählung**, z. B.: *Ein Mann. Ein Land. Ein Leben.* - **Ausruf**, z. B.: *Das ist das schönste Pferd der Welt!* - **Ellipse**: unvollständiger Satz, z. B.: *Was nun?* (statt: *Was machen wir nun?*) *Guten Morgen.* (statt: *Ich wünsche dir/Ihnen einen guten Morgen.*) - **Gegensatz**, z. B.: *Die Sonne schien hell, im Haus war's dunkel.* - **Metapher**: Übertragung eines Ausdrucks mit seiner ursprünglichen Bedeutung auf einen anderen Sachbereich, Grundlage ist ein gemeinsames Bedeutungsmerkmal, z. B.: *Nussschale* (kleines Boot), *Mutter Natur*. - **Parallelismus**: Wiederholung einer Satzkonstruktion, z. B.: *Wann wird es endlich wieder Sommer? Wann wird es endlich wieder warm? Wann wird das Leben wieder Spaß machen?* - **Personifizierung**: Übertragung menschlicher Verhaltensweisen/Eigenschaften auf Unbelebtes, z. B.: *Der Tag verabschiedet sich. Die Sonne lacht.* - **Reim**, z. B.: *Mars macht mobil, bei Arbeit, Sport und Spiel.* - **Übertreibung**, z. B.: *Das ist der schönste Ort der Welt.* - **Wortneuschöpfungen**, z. B.: *Los Wochos! Sachensucher.* - **Wortspiel**, z. B.: *Bemannte Räumfahrt.* - **Verdichtung (Nominalstil)**: häufige Verwendung nominalisierter/substantivierter Verben und von Ableitungen auf *-ung*, z. B.: *Zum Ablesen des Stromverbrauchs bitten wir um Terminvereinbarung.*
Subjekt	**Satzglied**, über das im Satz etwas ausgesagt wird (Satzgegenstand). Es steht i. d. R. im **Nominativ** und kann mithilfe der Fragen *Wer?* oder *Was?* ermittelt werden, z. B.: *Am Abend trafen die Großeltern und mein Bruder ein. Der Schnee begann langsam zu tauen.* **Subjekt** und **Prädikat** bilden den **Satzkern**.
Substantiv, Substantivierung	→ Nomen, → Nominalisierung
Suffix (Nachsilbe)	An den Wortstamm angehängter **Wortbaustein**, der i. d. R. nicht selbstständig stehen kann. Durch das Anfügen von Suffixen entstehen Wortformen und neue Wörter (**Ableitungen**), z. B.: *lernen, lernte, Lerner; Kindheit, kindlich, kindisch.* Typische Suffixe für Nomen/Substantive sind *-heit, -keit, -ung, -nis*, z. B.: *Dunkelheit, Hindernis.* Typische Suffixe für Adjektive sind *-ig, -lich, -isch*, z. B.: *windig, heimlich, himmlisch.*
Synonyme	Zwei oder mehr Wörter mit verschiedener Form (Aussprache, Schreibung), die eine **ähnliche** (selten gleiche) **Bedeutung** haben. Sie bezeichnen denselben Gegenstand, dieselbe Handlung oder Eigenschaft, heben dabei aber oft unterschiedliche Merkmale hervor, z. B.: *Lärm – Krach – Geschrei.*

Textbeschreibung	Darstellung des Inhalts und der Besonderheiten eines Textes. Textbeschreibungen sollten folgende **Bestandteile** aufweisen:<ul><li>Einleitung: Autorin/Autor, Textsorte, Titel, Thema,</li><li>Hauptteil: Inhaltsangabe; bei **literarischen Texten**: Besonderheiten der Handlungs-, Figuren-, Zeit-, Ortsgestaltung, Erzählperspektive und Sprache, besondere Wirkung der Gestaltungsmittel; bei **Sachtexten**: Aufbau (Gliederung, Textbestandteile, Funktion und Anordnung), Besonderheiten des Inhalts (Standpunkte, Hauptaussage, Thesen, Argumente) und der Sprache,</li><li>Schluss: Bewertung von Inhalt und Darstellungsweise, ggf. eigene Meinung (Gedanken, Gefühle) zum Dargestellten, evtl. Leseempfehlung oder weitere Auskünfte zu Autorin/Autor.</li></ul>Jeder Textbeschreibung muss eine genaue Untersuchung des Textes vorangehen.
Umfrage	Mündliche oder schriftliche **Befragung** mithilfe eines **Fragebogens**, um Informationen über Meinungen, Einstellungen, Wissen und Verhalten verschiedener Menschen zu erhalten. Die Fragen sollten möglichst einfach, eindeutig und kurz formuliert sein, sodass die Antworten gut auszuwerten sind. Zur Veranschaulichung der Ergebnisse können Diagramme, Tabellen oder Schaubilder dienen.
Umgangssprache	Eine → **Sprachvariante (Sprachvarietät)** des Deutschen, die in bestimmten Alltagssituationen, z.B. in der Familie, mit Freunden und anderen vertrauten Menschen, v.a. in gesprochener Sprache gebraucht wird, aber auch im privaten Schriftverkehr oder in der Literatur (Figurenrede) vorkommen kann. Merkmale der Umgangssprache sind bestimmte Wörter und Wendungen, aber auch unvollständige Sätze, z.B.: *die große Klappe haben*.
Umstellprobe	Probe zur Ermittlung der → **Satzglieder** eines Satzes: Alle Wörter, die nur zusammenhängend umgestellt werden können, bilden ein Satzglied. Im Aussagesatz kann jedes Satzglied, außer dem Prädikat, die erste Stelle (vor der finiten Verbform) einnehmen. Die finite (gebeugte) Verbform nimmt immer die zweite Stelle ein. Vor der finiten Verbform kann immer nur *ein* Satzglied stehen, z.B.: *Max und Moritz	spielten	den Erwachsenen	häufig	böse Streiche.* *Den Erwachsenen	spielten	…* *Häufig	spielten	…*
unpersönliche Ausdrucksweise	Wenn es **unwichtig** ist, **wer handelt**, wird die unpersönliche Ausdrucksweise verwendet (z.B. in Berichten oder Beschreibungen). Es gibt zwei Formen der unpersönlichen Ausdrucksweise:<ul><li>Verbform im Passiv, z.B.: *Das Wasser wird dazugegeben.*</li><li>man-Form, z.B.: *Man gibt das Wasser dazu.*</li></ul>

Verb	→ **Konjugierbare Wortart**, die **Tätigkeiten**, **Vorgänge** und **Zustände** bezeichnet. Es gibt:
	- **infinite** (ungebeugte) **Verbformen**: **Infinitiv** (z. B. *lesen,*) **Partizip I** (z. B. *lesend*), **Partizip II** (z. B. *gelesen*),
	- **finite** (gebeugte) **Verbformen**: Personalformen, die durch → **Konjugation** entstehen und in Person und Zahl mit dem Subjekt übereinstimmen (z. B.: *ich lese, du gehst*).
	Verben bilden **Zeitformen** (Tempusformen): **Einfache Zeitformen** sind **Präsens** und **Präteritum**, z. B.: *Ich lese gern. Er las gestern ein Buch.* **Zusammengesetzte Zeitformen** sind **Perfekt**, **Plusquamperfekt** und **Futur**, z. B.: *Wir haben viel gelesen. Er hatte viele Bücher mitgebracht. Bald werden wir neue Bücher bestellen müssen.*
	Die meisten Verben haben eine **Aktivform** (Betonung des Handelnden) und eine **Passivform** (Unwichtigkeit des Handelnden, Bildung: Hilfsverb *werden* + Partizip II, z. B.: *(ich) werde getragen, (du) wirst begleitet*).
	Verben bilden **Modusformen** (Formen der Aussageweise):
	- Verbformen im **Indikativ** (Wirklichkeitsform) werden verwendet, um Tatsachen und → **direkte Rede** wiederzugeben, z. B.: *Er arbeitet beim Zirkus. »Ich habe früh damit begonnen«, sagt Dergin.*
	- Verbformen im **Konjunktiv I** werden verwendet, um → **indirekte Rede** wiederzugeben, z. B.: *Er sagt, er arbeite beim Zirkus.*
	- Verbformen im **Konjunktiv II** (Möglichkeitsform) werden verwendet, um Vorstellungen oder Wünsche auszudrücken, z. B.: *Ich wäre so gern ein Filmstar. Ich bliebe gern hier.* Einige Verbformen im Konjunktiv II werden nur noch selten gebraucht, andere stimmen in der Form mit dem Indikativ überein. Man ersetzt sie durch **würde + Infinitiv**, z. B.: *sie log* → *sie löge – sie würde lügen, er fragte* → *er fragte – er würde fragen.*
	Der **Konjunktiv II** oder die **würde-Ersatzform** wird auch zur indirekten Redewiedergabe verwendet, wenn sich Indikativ und Konjunktiv I oder II formal nicht unterscheiden (→ **indirekte Rede**).
	- Verbformen im **Imperativ** werden verwendet, um Aufforderungen, Befehle, Ratschläge oder Empfehlungen auszudrücken, z. B.: *Warte!* (Singular) *Wartet!* (Plural) *Warten Sie!* (Höflichkeitsform)
	Man unterscheidet:
	- das **Vorgangspassiv**, das den Ablauf der Handlung betont,
	- das **Zustandspassiv**, das einen Zustand als Ergebnis einer Handlung benennt.
	Vorgangspassiv **Zustandspassiv** Die Mikros *wurden ausgestellt*. Die Mikros *sind ausgestellt*. ***werden* + Partizip II** ***sein* + Partizip II**
	- Verbformen im **Konjunktiv II** (Möglichkeitsform) verwendet man, um Wünsche, Bedingungen und irreale (unwirkliche) Wünsche, Bedingungen und Vergleiche auszudrücken, z. B.: *Wäre Tanzen ein Schulfach, gäbe es weniger Bewegungsmuffel.*

Merkwissen **211**

	Aufgrund ihrer Formenbildung unterscheidet man: - **starke Verben** (Stammvokal ändert sich, die 1./2. Person Präteritum ist endungslos, das Partizip II endet auf *en*, z. B.: *schwimmen – schwamm – geschwommen*). - **schwache Verben** (Stammvokal ändert sich nicht, die 1./2. Person Präteritum endet auf *te*, das Partizip II endet auf *t*, z. B.: *lachen – lachte – gelacht*.) Zur Bildung der verschiedenen Verbformen, kann man sich an den **Leitformen** (Stammformen) orientieren: **Infinitiv – Präteritum** (1./3. Person Singular) **– Partizip II**, z. B.: *lesen – las – gelesen*.
Verlängerungsprobe	Probe zur Ermittlung der Schreibung eines einsilbigen Wortes. Man verlängert das einsilbige Wort, indem man z. B. folgende Formen bildet: - die Pluralform (z. B.: *Flu■ – Flüsse, Sta■ – Stäbe*), - ein Verb (z. B.: *Ba■ – baden*), - ein Adjektiv (z. B.: *Gol■ – golden, goldig*).
Verwandtschaftsprobe	Probe zur Ermittlung der Schreibung eines Wortes. Man sucht ein stammverwandtes Wort aus der Wortfamilie, z. B.: *mahlen – Mehl – Mühle; Biss – bissig*.
Weglassprobe	Probe, um zu ermitteln, ob ein Attribut weggelassen werden kann, ohne dass der Sinn des Satzes verlorengeht, z. B.: *Ich legte den (verhassten) (grünen) Wisch auf den Schrank (in der Küche) und spürte, wie mein (brodelnd) (heißes) Blut vom Kopf in den Bauch rann.*
Wortart	Wörter lassen sich verschiedenen Wortarten zuordnen. Es gibt - **veränderbare Wortarten**: Nomen/Substantiv (deklinierbar), Verb (konjugierbar), Adjektiv (deklinierbar, komparierbar), Artikel (deklinierbar), Pronomen (deklinierbar), - **nicht veränderbare Wortarten**: Präposition, Adverb, Konjunktion, Interjektion. - Numeralien (Zahlwörter) können zu verschiedenen Wortarten gehören.
Wortbildung	Für die Wortbildung haben sich im Deutschen zwei Formen bewährt: - die → **Ableitung** mithilfe von Präfixen und Suffixen, - die → **Zusammensetzung** (Bestimmungswort + Grundwort). Mithilfe der → **Zerlegeprobe** lassen sich Wörter in ihre Bauteile zerlegen.
Wörterbuch	Wörterbücher oder Lexika (Singular: Lexikon) enthalten meist eine Vielzahl von Informationen und sind so aufgebaut: Die **Stichwörter** stehen in **alphabetischer Reihenfolge**. **Seitenleitwörter** (das erste und letzte Wort einer Seite) helfen bei der Orientierung. Rechtschreibwörterbücher enthalten neben dem **Wörterverzeichnis** oft einen Anhang mit den gültigen **Rechtschreibregelungen**, meist mit K (Kennziffer) oder R (Regel) und einer Nummer gekennzeichnet.
Wortfamilie	Wörter, die einen **gemeinsamen Wortstamm** haben, bilden eine Wortfamilie. Wortfamilien entstehen durch → **Ableitung** und → **Zusammensetzung**, z. B.: *lehren – Lehrer – Lehrbuch – Lehrling – gelehrig …*

Wortfeld	Bedeutungsgleiche oder -ähnliche Wörter (→ **Synonyme**) bilden ein Wortfeld. Wörter eines Wortfeldes lassen sich in **Oberbegriffe** (mit allgemeiner Bedeutung) und **Unterbegriffe** (mit spezieller Bedeutung) einteilen, z. B.: *Pflanze: Baum – Birke, Buche, Fichte, …*
Zerlegeprobe	Probe zur Ermittlung der Schreibung eines Wortes. Man zerlegt Wörter in **Sprechsilben**, um zu erkennen, ob es mit zwei gleichen oder zwei verschiedenen Konsonanten geschrieben wird, z. B.: *es-sen, lis-tig*. Man kann Wörter auch in ihre **Bauteile** zerlegen, um Sicherheit über deren Schreibung zu bekommen, z. B.: *Ver-kauf, du nasch-st*.
Zitat, zitieren	Wiedergabe einer Textstelle in einem anderen Text, z. B. in einer Facharbeit oder einem Vortrag. Ein **direktes Zitat** ist die wörtliche (buchstabengetreue) Wiedergabe einer Textstelle. Zitate stehen in **Anführungszeichen**, Auslassungen sind durch drei Punkte in eckiger Klammer […] zu kennzeichnen. Wichtig ist auch die sinnvolle Einbindung von Zitaten, z. B.: - in einem schriftlichen Text: *Christian Nürnberger beginnt sein Vorwort mit den Worten: »Mut ist etwas Sonderbares. […]« (Nürnberger, 2008, S. 9.) Nürnberger bezeichnet Mut in seinem Vorwort als »etwas Sonderbares«. (Nürnberger, 2008, S. 9.)* - in einem mündlichen Vortrag: *Schiller schrieb 1782 an seinen Freund – ich zitiere – »Ich traf alles noch über meine Wünsche; keine Bedürfnisse ängstigten mich mehr, …« – Ende des Zitats.* (Genauer muss man die Quelle nicht nennen, man muss sie aber notiert haben: *Aus: Friedländer, Paul (Hrsg.): Schiller. Ein Lesebuch für unsere Zeit. Berlin, Weimar: Aufbau, 1983, S. 91.*) Ein **indirektes Zitat** ist die sinngemäße Wiedergabe von Textstellen. Dazu wird meist der → **Konjunktiv I** verwendet, z. B.: *Christian Nürnberger schreibt, er wolle darstellen, dass der Mut der kleinen Leute nicht vergeblich sei. (Vgl. Nürnberger, 2008, S. 13.)* Zu jedem Zitat gehört eine genaue → **Quellenangabe**, ggf. in einem **Quellenverzeichnis**.

zusammengesetzter Satz	Satz, der aus zwei oder mehreren inhaltlich eng miteinander verbundenen **Teilsätzen** besteht. Die Teilsätze werden i. d. R. durch **Komma** voneinander getrennt. Jeder Teilsatz enthält mindestens ein **Subjekt** und ein **Prädikat** (finite Verbform). Man unterscheidet:
	- **Satzgefüge**: Einem → **Hauptsatz** werden ein oder mehrere → **Nebensätze** untergeordnet. Dieses Verhältnis der Unterordnung nennt man **Hypotaxe**. Die inhaltliche Anknüpfung der Nebensätze wird mithilfe von **Einleitewörtern** erreicht:
	  – unterordnende → Konjunktionen, z. B.: *weil, (so)dass, wenn, nachdem;*
	  – → Relativpronomen, z. B.: *der, die, das; welche(-r, -s);*
	  – Fragewörter, z. B.: *wie, wo, warum,* z. B.:
	Wenn die Clowns auftreten, kommt Freude auf. Alle waren begeistert, als die Clowns auftraten, die für viel Unterhaltung sorgten.

	- **Satzreihe/Satzverbindung**: Zwei oder mehrere → **Hauptsätze** werden aneinandergereiht. Dieses Verhältnis der Nebenordnung nennt man **Parataxe**. Sie können unverbunden nebeneinander stehen oder durch nebenordnende → Konjunktionen (und, oder, aber, denn) bzw. → Adverbien (deshalb, dann, trotzdem) verbunden sein, z. B.: *Die Clowns treten auf, die Zuschauer klatschen, dann setzt die Musik ein(,) und der Spaß beginnt.* - **mehrfach zusammengesetzte Sätze**: Mehrere Haupt- und Nebensätze werden neben- und/oder untergeordnet verbunden, z. B.: *Clown Tilo, der auf dem Kopf stand, konnte sich nicht wehren, als Clown Marek ihn umstieß und Clown Fred freute sich darüber.*
Zusammensetzung	Form der **Wortbildung**: Zusammensetzungen bestehen aus **Grund-** und **Bestimmungswort**. Manchmal ist ein **Fugenelement** eingefügt. Das Grundwort bestimmt die Wortart und das Geschlecht der Zusammensetzung, z. B.: wunder|schön, die Mittag|s|zeit. Bei zusammengesetzten Verben gibt es: - **fest zusammengesetzte Verben**, z. B.: *unterrichten – (er) unterrichtet*, - **unfest zusammengesetzte Verben**, z. B.: *teilnehmen – (er) nimmt teil*. Man kann sie durch die **Betonung** unterscheiden: - Betonung auf dem Grundwort → fest zusammengesetzt, - Betonung auf dem Bestimmungswort → unfest zusammengesetzt. Einige Verben bilden in Verbindung mit **durch**, **hinter**, **über**, **unter** und **um** sowohl **feste** als auch **unfeste Zusammensetzungen** mit unterschiedlichen **Bedeutungen**, wie z. B.: *Franz wollte während der Fahrradrallye mit Geschick alle aufgestellten Kegel umfahren und nicht einen einzigen umfahren.*

Lösungen zu den Tests

Texte erschließen (S. 100–101)

2 **1, 2** Hauptüberschrift (Themennennung), Schlagzeile (Hauptinformation), Haupttext (Information, Wertung und Sensibilisierung der Leser), Text mit Zusatzangaben im Kasten (Daten und Fakten), Grafik (statistische Angaben)
3 diskontinuierlicher Text, gut gegliedert, Teiltexte gut abgegrenzt, strukturiertes Textdesign, Hauptüberschrift hervorgehoben, Schlagzeile fett gedruckt
4 Der **Haupttext** beschäftigt sich sachbezogen mit der wirtschaftlichen Dimension der Abfallentsorgung und informiert über deren Wirtschaftswachstum, auch durch die verstärkte Entsorgung von Müll aus dem Ausland. Meinungen zum Sachverhalt werden angeführt.
Die **Schlagzeile** zur Hauptüberschrift kann die inhaltliche Wahrnehmung des Haupttextes beeinflussen, da durch Formulierungen, wie »stinkende Abfallberge« (wenn auch mit positiver Perspektive) und »immer mehr Dreck aus dem Ausland«, bereits ein negatives Gefühl erzeugt wird.
Die **Zahlenangaben** mit ihren sachlichen Erläuterungen verdeutlichen die wirtschaftliche Dimension der Abfallbeseitigung in Deutschland, beziehen sich aber nicht mehr unmittelbar auf das Heranschaffen von Müll aus dem Ausland.
Die **Grafik** bezieht sich auf die Aussage im Haupttext, dass das Duale System Deutschland zu teuer und ineffizient sei.

3

a **1. Abschnitt**: Vergleich der Müllentsorgung vor 30 Jahren und heute (250 000 Menschen erwirtschaften mit Müll einen Umsatz von rund 50 Milliarden Euro)
2. Abschnitt: Zitat des Umweltministers zur Perspektive der Abfallentsorgung, moderne Verbrennungsöfen stoßen kaum noch Schadstoffe aus, anfallende Schlacke wird zu Straßenbelag verarbeitet, aber giftige Verbrennungsrückstände (Entsorgung in Bergwerken)
3. Abschnitt: Sammeln von Verpackungsmüll aus privaten Haushalten muss verbessert werden, da das Duale System Deutschland zu teuer, zu ineffizient ist, Verbrennungs- und Verwertungswirtschaft boomt, immer mehr Müll kommt aus dem Ausland nach Deutschland, seit 2001 Müllimporte bereits um ein Drittel gestiegen, Einfuhr genehmigungspflichtiger und gefährlicher Stoffe nimmt zu
4. Abschnitt: Umweltschützer fordern, Abfälle dort zu entsorgen, wo sie entstehen

b Obwohl die Abfallwirtschaft in Deutschland sich im Vergleich zu früher umwelttechnisch verbessert hat und wirtschaftlich (auch durch Müllimporte aus dem Ausland) bedeutungsvoller geworden ist, ist sie doch problematisch.

c

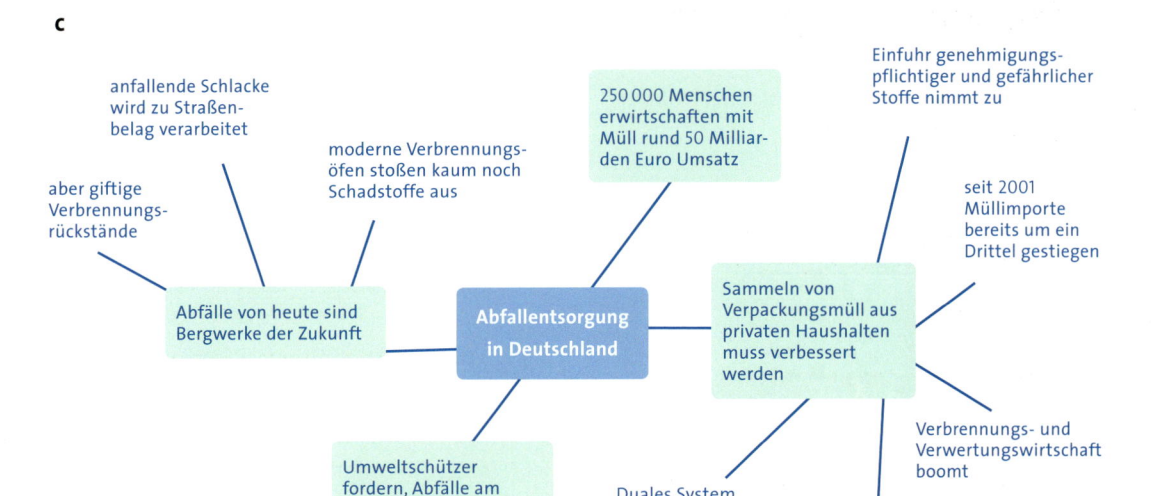

```
                                              Einfuhr genehmigungs-
                                              pflichtiger und gefährlicher
   anfallende Schlacke         250 000 Menschen   Stoffe nimmt zu
   wird zu Straßen-            erwirtschaften mit
   belag verarbeitet           Müll rund 50 Milliar-
                               den Euro Umsatz
                  moderne Verbrennungs-                    seit 2001
aber giftige      öfen stoßen kaum noch                    Müllimporte
Verbrennungs-     Schadstoffe aus                          bereits um ein
rückstände                                                 Drittel gestiegen

                                        Sammeln von
                                        Verpackungsmüll aus
         Abfälle von heute sind         privaten Haushalten
         Bergwerke der Zukunft          muss verbessert
                              Abfallentsorgung  werden
                              in Deutschland
                                                 Verbrennungs- und
                                                 Verwertungswirtschaft
                                                 boomt
              Umweltschützer
              fordern, Abfälle am   Duales System
              Entstehungsort zu     Deutschland
              entsorgen             zu teuer,   immer mehr Müll
                                    zu ineffizient  aus dem Ausland
                                                    nach Deutschland
```

4

a Die Grafik benennt die einzelnen Arten von Haushaltsabfällen mit den dazugehörigen Angaben in Tonnen, die durch das Duale System Deutschland entsorgt werden.

b Die Grafik verdeutlicht, dass das Duale System Deutschland mit einer Vielzahl unterschiedlicher Hausmüllabfälle zu tun hat.

c mögliche Lösung: Den größten Anteil des durch das Duale System Deutschland zu entsorgenden Abfalls nimmt mit 13,7 Mio. t der Hausmüll ein. Den geringsten Umfang nehmen mit 0,1 Mio. t Textilien ein. Der Anteil von Papier, Pappe und Karton ist mit 5,8 Mio. t anteilsmäßig recht hoch.

5

a Die Aussage verdeutlicht, dass das Duale System Deutschland durch die Vielzahl der in der Grafik dargestellten Abfallarten zu ineffizient arbeitet und dadurch zu teuer ist.

b Durch die Aussage werden die in der Grafik sachlich dargestellten Daten gewertet und problematisiert. Ohne diese Aussage hätte man das Entsorgen der vielen unterschiedlichen Abfallarten durch das Duale System Deutschland ohne Einschränkung als Leistung gewertet oder aber nur als Fakt wahrgenommen.

6

a 38,8 Mio. t: Deponie
34,2 Mio. t: Müllverbrennungsanlagen und Industrieheizkraftwerke
22,3 Mio. t: Sortieranlagen
12,3 Mio. t: Kompost
9,7 Mio. t: Schredder
3,8 Mio. t: mechanisch-biologische Abfallbehandlungsanlagen

b Die Angaben im Kasten verdeutlichen, wie aufwändig die Abfalltrennung und der Transport zu den unterschiedlichen Entsorgungseinrichtungen sind. Damit wird die

Aussage der Grafik und des dazugehörigen Textes, dass das Duale System Deutschland zu teuer und ineffizient sei, untermauert.

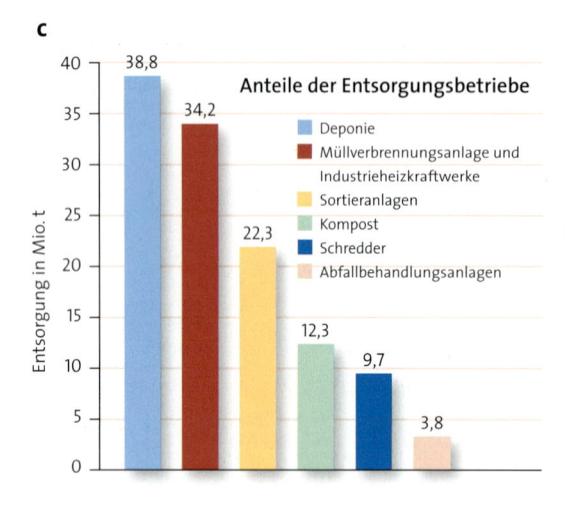

c

Anteile der Entsorgungsbetriebe (Entsorgung in Mio. t):
- Deponie: 38,8
- Müllverbrennungsanlage und Industrieheizkraftwerke: 34,2
- Sortieranlagen: 22,3
- Kompost: 12,3
- Schredder: 9,7
- Abfallbehandlungsanlagen: 3,8

Über Sprache nachdenken (S. 166–167)

2

a 3 Rosa Parks saß an jenem Tag, dem 1. Dezember 1955, zunächst im mittleren Teil des Busses. Als mehrere Weiße einstiegen, verkleinerte der Busfahrer das Schwarzenabteil mit einem Blechschild. Er forderte die dort sitzenden Schwarzen dadurch auf, ihre Plätze zu räumen. Drei Männer gehorchten und rückten nach hinten. Rosa Parks nicht. Der Busfahrer fuhr das schwerste Geschütz auf: Er rief die Polizei, die Rosa Parks verhaftete. Dieser kleine Widerstandsakt war der Beginn einer großen Bewegung, die schließlich zur Abschaffung der Rassentrennung in den USA führte.

b … die Rassentrennung, sogar auf den Bürgersteigen.
… war überall lebendig, z. B. auch in dem Bus, mit dem …
… an jenem Tag, dem 1. Dezember 1955, …

c … war es erlaubt, dort Platz zu nehmen.
… dadurch auf, ihre Plätze zu räumen.

3 Einleitewort, finite Verbform
a) Als sie sitzen blieb, standen Tausende auf b) Konjunktionalsatz, c) Adverbialsatz, d) Vordersatz, NS 1. Grades
a) … in dem Bus, mit dem Rosa Parks immer von der Arbeit heimfuhr, … b) Relativsatz, c) Attributsatz, d) Nachsatz, NS 1. Grades
a) Wenn der hintere Teil so voll war, … b) Konjunktionalsatz, c) Adverbialsatz, d) Vordersatz, NS 1. Grades
a) …, dass keine Stecknadel mehr fallen konnte, … b) Konjunktionalsatz, c) Adverbialsatz, d) Nachsatz, NS 2. Grades
a) …, wenn ein Weißer den Bus betrat und Anspruch auf einen Mittelplatz erhob. b) Konjunktionalsatz, c) Adverbialsatz, d) Nachsatz, NS 1. Grades
a) Als mehrere Weiße einstiegen, … b) Konjunktionalsatz, c) Adverbialsatz, d) Vordersatz, NS 1. Grades
a) … die Polizei, die Rosa Parks verhaftete. b) Relativsatz, c) Attributsatz, d) Nachsatz, NS 1. Grades
a) … Bewegung, die schließlich zur Abschaffung der Rassentrennung in den USA führte. b) Relativsatz, c) Attributsatz, d) Nachsatz, NS 1. Grades

4 Das Recht wurde mit Füßen getreten, der weiße Rassismus war überall lebendig, z. B. auch in dem Bus, mit dem Rosa Parks immer von der Arbeit heimfuhr.
In jedem Bus waren die ersten vier Reihen für die Weißen reserviert und keinem Schwarzen war es erlaubt, dort Platz zu nehmen.

5 **Rosa Parks: Als sie sitzen blieb, standen Tausende auf**
- 50er-Jahre des 20. Jahrhunderts: in den USA Vorherrschen ähnlicher Verhältnisse wie in Südafrika
- überall Rassentrennung, sogar auf den Bürgersteigen
- Zwang: Schwarze müssen überall Platz machen für Weiße
- Verbot von Ehen zwischen Schwarzen und Weißen
- keine Rechte für Schwarze, überall weißer Rassismus, auch im Bus, mit dem Rosa Parks fuhr
- Reservierung der ersten vier Reihen nur für Weiße
- bei Überfüllung des hinteren Teils: Vorrücken der Schwarzen bis zur Mitte
- sofortiges Räumen der Mittelplätze bei Anspruch eines Weißen darauf
- 1. Dezember 1955: Rosa Parks – Sitzplatz zunächst im Mittelteil
- Einstieg mehrerer Weißer
- Verkleinerung des Schwarzenabteils durch den Busfahrer
- Aufforderung an die Schwarzen, die Plätze zu räumen
- Verweigerung der Räumung durch Rosa Parks
- Rufen der Polizei durch den Busfahrer
- Verhaftung von Rosa Parks durch die Polizei
- kleiner Widerstandsakt – Beginn einer großen Bewegung für die Abschaffung der Rassentrennung in den USA

6 **Zustandspassiv**: Ehen … waren verboten (Z. 4); waren die … Reihen … reserviert (Z. 8–9), keinem Schwarzen war es erlaubt (Z. 9)
Vorgangspassiv: das Recht wurde … getreten (Z. 5), Plätze mussten … geräumt werden (Z. 11)

7 **1** ist aufgehoben (Zustandspassiv), Vorgangspassiv: Die Rassentrennung in den USA wurde seit dem »Civil Rights Act« von 1964 offiziell aufgehoben.
2 wurde garantiert (Vorgangspassiv), Zustandspassiv: Mit dem »Voting Rights Act« von 1965 ist der schwarzen Bevölkerung in den USA das Wahlrecht garantiert.

8 mögliche Lösung: Der Busfahrer erklärte, an einer Bushaltestelle seien mehrere Weiße eingestiegen. Daraufhin habe er mit dem Blechschild das Schwarzenabteil verkleinert. Dann habe er die Schwarzen, die dort saßen, aufgefordert, ihre Plätze zu räumen. Drei Männer haben/hätten gehorcht und sind/seien nach hinten gerückt, nur Rosa Parks nicht. Daraufhin habe er das schwerste Geschütz aufgefahren: er habe die Polizei gerufen, die Rosa Parks verhaftet habe.

9 **Adjektive**: ähnliche Verhältnisse, der weiße Rassismus, die ersten vier Reihen, der hintere Teil, diese mittleren Plätze, im mittleren Teil, mehrere Weiße, einer großen Bewegung
Präpositionen: in den USA, in den 50er-Jahren, in Südafrika, auf allen

Gebieten, <u>auf</u> den Bürgersteigen, Ehen <u>zwischen</u> Schwarzen und Weißen, <u>mit</u> Füßen, <u>in</u> dem Bus, <u>mit</u> dem …, <u>von</u> der Arbeit, <u>für</u> die Weißen, <u>bis zur</u> Mitte, <u>auf</u> einen Mittelplatz, <u>an</u> jenem Tag, <u>im</u> mittleren Teil, <u>mit</u> einem Blechschild, <u>nach</u> hinten …

Pronomen: auf <u>allen</u> Gebieten, mit <u>dem</u> Rosa, in <u>jedem</u> Bus, <u>keinem</u> Schwarzen, es, sie (Pl.), <u>diese</u> mittleren Plätze, an <u>jenem</u> Tag, er, <u>ihre</u> Plätze, die Polizei, <u>die</u> …, <u>dieser</u> kleine Widerstandsakt, Bewegung, <u>die</u> …

Richtig schreiben (S. 188–189)

1 **1** dass (Konjunktion) **2** dass (Konjunktion) **3** dass (Konjunktion), das (Artikel) **4** das (Artikel), dass (Konjunktion) **5** das (Artikel) **6** das (Artikel), das (Relativpronomen) **7** Das (Demonstrativpronomen)

2 Wenn man als Raucher für seine Lungen etwas Gutes tun will, so ist es das Beste, mit dem Rauchen aufzuhören. Dass das Aufhören vielen so schwerfällt, liegt daran, dass sie süchtig sind. Der Körper verlangt nach seiner täglichen Portion. Bekommt er diese nicht, dann meldet sich sein Unbehagen. Nach dem Anstecken einer Zigarette hat das Gieren für kurze Zeit ein Ende. Aber bald geht das Ganze von vorne los. Viele wollen deshalb vom Rauchen loskommen. Ihnen und ihrem Umfeld missfällt das Röcheln der Bronchien, die Blässe der Haut, der schlecht riechende Atem, die Leere in der Geldbörse. Unterstützend beim Abgewöhnen wirken Nikotinkaugummis oder Bonbons.

3 mögliche Lösung: in den Alpen bergsteigen – gut kopfrechnen können – einem Angriff standhalten – in den Bergen Ski laufen – ein Geheimnis preisgeben – in der Wohnung staubsaugen / Staub saugen – nach einer Verletzung nicht wehklagen – brustschwimmen üben (aber: das Brustschwimmen üben) – immer noch Maschine schreiben (d. h. mit der Schreibmaschine schreiben) – auf dem Flur nicht wettrennen – das Flugzeug musste notlanden – am Strand sonnenbaden

4 mögliche Lösung: **1** blamieren **2** Bibliothekar **3** Taschenlampenbatterie **4** Chansonsängerin **5** chancenreich **6** chaotisch **7** Charakter **8** Chatter(-in) **9** Engagement **10** Experiment **11** Expeditionsleiter **12** Funktion **13** Bauingenieur **14** Initiator **15** interviewen **16** Journal **17** Organisationskomitee **18** Prüfungskommission **19** Korrektur **20** labyrinthartig **21** Schneelawine **22** Management **23** massieren **24** Silbermedaille **25** Milliardär **26** Passage **27** publikumswirksam **28** qualitativ **29** Redaktion **30** reparieren **31** risikoreich **32** Eisstadion **33** theoretisch

5 Wer auf der <u>Flaniermeile</u> von einem <u>opulenten</u> Frühstück und von einem <u>harmonischen</u> Zusammenleben schwärmt und seinen <u>Gefühlen</u> (oder: Emotionen) mit weiblicher <u>Intuition</u> freien Lauf lässt und Leute bemitleidet, die <u>physisch</u> (oder: körperlich, auch: physisch und psychisch) nicht gut drauf sind und dazu noch auf der Bank ein <u>Defizit</u> (oder: ein Manko) haben, der sollte mal einen Blick ins Wörterbuch werfen, oder?

Quellenverzeichnis

Textquellen

6 Stolz, Rosi: Schaulust und Langeweile. Nach: http://www.lizzynet.de [14.03.2012]. **20** Ziel des Gesprächs. Aus: Industrie- und Handelskammer Frankfurt (Oder) (Hrsg.): Die richtige Azubiwahl. Leitfaden für ein Bewerbungsgespräch mit Ausbildungsplatzbewerbern. 2002, S. 6. **21** Die Dresdner Verkehrsbetriebe AG. Online im Internet: http://www.dvb.de/de/Die-DVB-AG/Unternehmen [Veröffentlichungsjahr: 2010, Abrufdatum: 25.04.2012]. **22** Fachkraft im Fahrbetrieb. Online im Internet: http://www.dvb.de/de/Die-DVB-AG/Beruf-Bildung/Berufsausbildung/Kaufmaennische-Berufe/#fif [25.04.2012]. **25 f.** Abseits des Rampenlichts ... Nach: http://www.welt.de/wissenschaft/umwelt/article13735728/Wildtiere-im-Zirkus-womoeglich-schon-bald-verboten.html [30.01.2012]. **27 f.** Die Bundestierärztekammer ... Aus: Presseinformation der Bundestierärztekammer. Nummer 5/2010 vom 22. April 2010. **55** *Brief* Aus: Friedländer, Paul (Hrsg.): Schiller. Ein Lesebuch für unsere Zeit. Berlin, Weimar: Aufbau, 1983, S. 91. **56** Der Tag begann ... Aus: Lahnstein, Peter: Schillers Leben. München: Paul List, 1981, S. 47 f. Acht Jahre ... Aus: Friedrich Schiller: Sämtliche Werke. Bd. 5. München: Hanser, 1962, S. 855. **75 ff.** Regel ... Aus: Rosoff, Meg: damals, das meer. Aus dem Englischen von Brigitte Jakobeit. Hamburg: Carlsen, 2009, S. 7 ff. **83 ff.** Thoma, Ludwig: Das Sterben. Aus: Pörnbacher, Karl (Hrsg.): Die Literatur im 20. Jahrhundert. In: Bayerische Bibliothek. Bd. 5: München: Süddeutscher Verlag, 1981, S. 186 ff. **87** Hohler, Franz: Die ungleichen Regenwürmer. Aus: Franz Hohler: Der große Zwerg und andere Geschichten. München: Carl Hanser Verlag, 2009, S. 51. **88 f.** Klimawandel. Aus: Europäische Union (Hrsg.): Schülerkalender 2009–2010. Gut informiert, clever entscheiden. © Europäische Gemeinschaften, 2009, S. 80 f. **91** Heutzutage ... Aus: Europäische Union (Hrsg.): Schülerkalender 2009–2010. Gut informiert, clever entscheiden. © Europäische Gemeinschaften, 2009, S. 91. **93** Klimaschutz im Straßenverkehr. Nach: Umweltbundesamt (Hrsg.): Leitfaden Klimaschutz im Stadtverkehr. © 2010 Umweltbundesamt, S. 5 f. **96 f.** *Text 1* Verein zur Förderung der Ökologie im Bildungsbereich e. V., Berliner Projektstelle (Hrsg.): Anleitungen zum SINa-NachhaltigkeitsAudit. Berlin: Druckhaus Galrev, o. J., S. 8. *Text 2* Wissenschaftsgemeinschaft Gottfried Wilhelm Leibniz e. V. (Hrsg.): Der verschwundene Hering und das Geheimnis des Regenmachers. Umweltforschung in der Leibniz-Gemeinschaft – Qualität und Vielfalt. Bonn, 2003. **100** Müll. Nach: Volker Gustedt: Müll. In: Focus, 8/2008, S. 46. **100 f.** *Grafik* Nach Angaben aus: Umwelt. Erhebung über Haushaltsabfälle (bei den öffentlich-rechtlichen Entsorgungsträgern). Ergebnisbericht. © Statistisches Bundesamt, Wiesbaden 2012, S. 3. **104** *Mediensteckbriefe* Nach: Theunert, Helga: Aktuelle Herausforderungen für die Medienpädagogik. Aus: Aus Politik und Zeitgeschichte, 3/2011 (17. Januar 2011), S. 24. **105** Auch im Internetzeitalter ..., *Diagramm* Aus: Feierabend, Sabine, Rathgeb, Thomas: JIM-Studie 2011: Jugend, Information, (Multi-)Media. Basisuntersuchung zum Medienumgang 12- bis 19-Jähriger. Herausgegeben vom Medienpädagogischen Forschungsverbund Südwest. Stuttgart, 2011, S. 23 f. (http://www.mpfs.de) **108** Geld und Quote. Nach: Bundeszentrale für politische Bildung (Hrsg.): Zeitlupe Fernsehen, Nr. 31. Bonn, 1995, S. 13. Einschaltquoten. Aus: http://www.quotenmeter.de [19.01.2012]. **109** *Diagramm* Aus: http://www.ard.de/intern/medien basisdaten/ [19.01.2012]. § 7 Werbegrundsätze ... Aus: Staatsvertrag für Rundfunk und Telemedien (Rundfunkstaatsvertrag – RStV –) (Nicht amtliche Fassung) vom 31.08.1991, in der Fassung des Dreizehnten Staatsvertrages zur Änderung rundfunkrechtlicher Staatsverträge vom 10. März 2010 (vgl. GBl. S. 307), in Kraft getreten am 01.04.2010. S. 12, 13, 38. **110** Trotz der guten Ausstattung ..., *Diagramm* Aus: Feierabend, Sabine, Rathgeb, Thomas: JIM-Studie 2011: Jugend, Information, (Multi-)Media. Basisuntersuchung zum Medienumgang 12- bis 19-Jähriger. Herausgegeben vom Medienpädagogischen Forschungsverbund Südwest. Stuttgart, 2011, S. 23. (http://www.mpfs.de) **125** Der Journalist ... Nach: Nürnberger, Christian: Mutige Menschen für Frieden, Freiheit und Menschenrechte. Stuttgart: Gabriel Verlag, 2008, S. 11 ff. **132** Manchmal ... Nach: ebd., S. 180 f. **138** Am 2. November ... Aus: ebd., S. 17 f. **142** Noch bevor ... Nach: ebd., S. 161. Und er sprach ... Nach: ebd., S. 122 f. **143** Nelson Mandela ... Aus: ebd., S. 106 ff., 114, 121, 127. **144** Am Anfang ... Aus: ebd., S. 12, 188, 191, 137. **147** 1958 ... Nach: ebd., S. 213. **148** Christian Nürnberger ... Nach: ebd., S. 9, 13. **149** Obwohl ... Aus: ebd., S. 74, 101 f., 194. **154** Gefrierschrank-Wetter ... Aus: Leipziger Volkszeitung, 31.01.2012, S. 1. **155** Fallada, Hans: Penne. Aus: H. F.: Damals bei uns daheim. Erlebtes, Erfahrenes und Erfundenes. Reinbek bei Hamburg: Rowohlt Verlag, 1955, S. 43. **163** Brief Nr. 399. Aus: Die Briefe der

Frau Rath Goethe. Gesammelt und herausgegeben von Albert Köster. Leipzig: Insel-Verlag, 1976, S. 571 f.
166 Rosa Parks … Nach: Nürnberger, Christian: Mutige Menschen für Frieden, Freiheit und Menschenrechte. Stuttgart: Gabriel Verlag, 2008, S. 118 ff.   **178** Ulrich, Winfried: Augendreher. Aus: W. U.: Sprachspiele für jüngere Leser und Verfasser von Texten. Aachen: Hahner, 2000, S. 303.   **182** Roth, Eugen: Dassch nit zel. Nach: Das Eugen Roth Buch. München, Wien: Hanser, 1966, S. 11.

Nicht in allen Fallen war es uns möglich, die Rechteinhaber ausfindig zu machen. Berechtigte Ansprüche werden selbstverständlich im Rahmen der üblichen Vereinbarungen abgegolten. Wir bitten um Verständnis.

Bildquellen

6 Bildagentur – online, Berlin **21, 22** Dresdner Verkehrsbetriebe AG, 2010 **23** © Christian Habicht **26** © ernstboese – Fotolia.com **30** Marc Rehbeck für PETA **40** *links* picture-alliance / dpa, Frankfurt a. M. *rechts* picture-alliance / dpa, Frankfurt a. M. **41** *rechts* © Patryk Kosmider – Fotolia.com *links* picture-alliance / Annegret Hilse, Frankfurt a. M. **42** picture-alliance / akg-images, Frankfurt a. M. **45** picture-alliance / akg-images, Frankfurt a. M. **47** © Marcito – Fotolia.com **49** picture-alliance / ZB, Frankfurt a. M. **50** picture-alliance / Arco Images GmbH, Frankfurt a. M. **51** picture-alliance / ZB, Frankfurt a. M. **54** picture-alliance / akg-images, Frankfurt a. M. **56** picture-alliance / akg-images, Frankfurt a. M. **68** Thomas Schulz, Teupitz **75** *Buchcover:* Damals, das Meer. Carlsen Verlag GmbH, Hamburg 2009 **88** © doncarlo – Fotolia.com **97** Marine Stewardship Council International, London **100, 101** © mathisa – Fotolia.com **104** © Siegfried Kuttig, Lüneburg **106** Mit freundlicher Genehmigung: Erstes Deutsches Fernsehen, München **107** Aus: prisma. TV-Programm, Nr. 2/2012. MSG Media-Service-Gesellschaft mbH&Co. KG, 2012, S. 51. **111** Fotex, Hamburg **114** © ullstein-bild-Müller-Stauffenberg, Berlin **115** © Mariusz Foreck / est&ost / JOKER, Bonn **117** picture-alliance / dpa, Frankfurt a. M. **119** picture-alliance / Jazz Archiv, Frankfurt a. M. **120** © Belle Kinoise **121** Thomas Schulz, Teupitz **125** *Buchcover:* Mutige Menschen. Thienemann Verlag, Stuttgart 2008 **126** picture-alliance / Sven Simon, Frankfurt a. M. **127** picture-alliance / EPA, Frankfurt a. M. **128** picture-alliance / dpa, Frankfurt a. M. **129** picture-alliance / dpa, Frankfurt a. M. **130** picture-alliance / dpa, Frankfurt a. M. **131** picture-alliance / Mary Evans, Frankfurt a. M. **135** picture-alliance, Frankfurt a. M. **138** picture-alliance / dpa, Frankfurt a. M. **140** picture-alliance / dpa, Frankfurt a. M. **142** picture-alliance / dpa, Frankfurt a. M. **143** picture-alliance / Graeme Williams **146** picture-alliance / akg-images, Frankfurt a. M. **147** picture-alliance / dpa, Frankfurt a. M. **149** picture-alliance / Florian Monheim, Frankfurt a. M. **151** picture-alliance / DUMONT Bildarchiv, Frankfurt a. M. **154** © peppi18 – Fotolia.com **164** picture-alliance / dpa, Frankfurt a. M. **166** akg-images / Paul Almasy, Berlin **170** © Stefan Schnurr – Fotolia.com **171** © ehrenberg-bilder – Fotolia.com

Sachregister

A

Abkürzung 59
Adjektiv 122
Adverb 116, 122, 140
Adverbialbestimmung 116
Adverbialsatz 133
Aktiv 119
aktives Zuhören 59
Analyse epischer Texte 78
Anapher 141
Anfrage 62
Anführungszeichen 148
Apposition → nachgestellte
 Erläuterung
Argument 14, 25, 27, 32
 Autoritätsargument 27
 Faktenargument 27
 Wertargument 27
Artikel 122
Artikelprobe 124
Attributsatz 133
Auflockern 145, 147
Aufzählung 125
Autoritätsargument 27

B

Bedeutungsprobe 178, 181
Begleitwörter 174
Bericht über Exkursionen 46
Beschreiben historischer
 Vorgänge 43
Betonungsprobe 178
Bewerbung 65, 67, 69
 B. per E-Mail 69
 Bewerbungsschreiben 67
 tabellarischer Lebenslauf
 67, 68
Bewertung der Äußerungen
 anderer 116
Beziehungsebene 9
Brief, offizieller 60

C

Charakterisieren von Figuren 79

D

Dankschreiben 63
Datumsangabe
 → nachgestellte Erläuterung
Demonstrativpronomen 122
Dialekt 161
direkte Rede 113
diskontinuierlicher Text 92, 95
Diskussionsbeitrag 14, 16
 D. zu einer Problemfrage 14
 D. zu einer Sachfrage 16

E

E-Mail 60, 69
Einleitewort 134, 140
Ellipse 141
Entschuldigungsschreiben 61
Ergebnisprotokoll 17
Erläuterung, nachgestellte 125
Erörterung (schriftliche) 25, 31
 Arten von Argumenten 27
 Gliederung einer E. 28, 30
 lineare (steigernde) E. 25
 kontroverse (dialektische) E.
 25, 28
 Überarbeiten einer E. 32
Ersatzprobe 124
Erweiterungsprobe 124
Erzählung 33, 34
Exzerpt 102

F

Facharbeit 70, 73, 74
 Gliederung einer F. 72
Fachbegriffe, -wortschatz
 43, 46, 160, 161
Faktenargument 27
Figuren charakterisieren 79
flektierbare Wortart
 → veränderbare Wortart
Frage, rhetorische 57
Frageprobe 124
Fremdwort 183, 184, 186, 187

G

Geschichten
   G. umschreiben 33
   G. weiterschreiben 33
Getrennt- und Zusammen-
   schreibung 178, 181
Gliederung
   G. einer Erörterung 28, 30
   G. einer Facharbeit 72
Gliedsatz 133
Gliedteilsatz 133
grammatische Probe 123, 124
Großschreibung 174
Gruppensprache 161

H

Handout 58
Hauptsatz 125
Hypotaxe (Unterordnung) 140

I

Imperativ 112
Indefinitpronomen 122
Indikativ 112
indirekte Rede 113
   Bewertung der Äußerungen
   anderer 116
Infinitivgruppe 125
Informationen recherchieren 71
Inhaltsangabe zu literarischen
   Texten 80
Inhaltsverzeichnis 72, 73
Interjektion 122
Interrogativpronomen 122
Interpretation literarischer Texte
   86, 87

J

Jugendsprache 161

K

Kommasetzung 137, 170
   Überblick über K. 137
Kommunikation
   mündliche K. 8, 156
   schriftliche K. 156
Konflikte vermeiden 11

Konjunktion 122, 140, 158
Konjunktiv I 112, 113
Konjunktiv II 112, 113, 116
Konspekt 103
kontroverse (dialektische)
   Erörterung 25, 28
kreatives Schreiben 41

L

lineare (steigernde) Erörterung 25

M

Medien 104
mehrdeutige Wörter 153
Metapher 141
Mitschreiben 59
Mittel, sprachliche 34
   M. in der Erzählung 34, 35
   M. der Satzverknüpfung 139
Modalverb 116
Moderator(-in) 12
Modusformen 112, 113
   Imperativ 112
   Indikativ 112, 113
   Konjunktiv I 112, 113
   Konjunktiv II 112, 113, 116
Mundart → Dialekt
mündliche Kommunikation
   8, 156

N

nachgestellte Erläuterung 125
Nebenordnung (Parataxe) 140
Nebensatz 132, 133, 134, 158
   Funktion 133, 134
   Stellung 134
   Art des Einleitewortes 134
   Grad der Abhängigkeit 134
nicht veränderbare (nicht flektier-
   bare) Wortart 122
Nomen 122
Nominalstil 145

O

Objektsatz 133
offizieller Brief 60
   Anfrage 62
   Dankschreiben 63
   Entschuldigungsschreiben 61

P

Parallelismus 141
Parataxe (Nebenordnung) 140
Partizipgruppe 125
Passiv 119
   Vorgangspassiv 119
   Zustandspassiv 119
Personalpronomen 122
Personifizierung 141
Possessivpronomen 122
Präposition 122
Präsentation 55, 57, 58, 59
Probe, grammatische 123, 124
Problemfrage 10
   Diskussionsbeitrag zu
   einer P. 14
Pronomen 122
   Demonstrativpronomen 122
   Interrogativpronomen 122
   Indefinitpronomen 122
   Personalpronomen 122
   Possessivpronomen 122
   Reflexivpronomen 122
   Relativpronomen 122
Protokoll
   Ergebnisprotokoll 17
   P. einer Exkursion 52
Prüfungssituation 18, 19

Q

Quellenangabe 148, 150
Quellenverzeichnis 73, 150

R

Recherchieren 71
Rechtschreibprogramme 169, 170

Rede
   direkte R. 113
   indirekte R. 113, 116
Reflexivpronomen 122
Relativpronomen 122
rhetorische Frage 57

S

Sachebene 9
Sachfrage 10
   Diskussionsbeitrag zu
   einer S. 16
Sachtexte 89
Satz- und Textgestaltungsmittel 43
Satzgliedstellung 139
Satzverknüpfung 91, 139
Schildern 38, 39
Schreibkonferenz 32
schriftliche Kommunikation 156
Small Talk 13
Sprache
   mündliche S. 156, 157, 161
   schriftliche S. 156, 157, 161
sprachliche Mittel 34
   s. M. in der Erzählung 34, 35
   s. M. der Satzverknüpfung 139
Sprachvariante (Sprachvarietät) 161
Standardsprache 161
Standpunkt 14, 25
Subjektsatz 133
Substantiv → Nomen
Suffix 174

T

Text
   diskontinuierlicher T. 92, 95
Textbeschreibung
   T. zu literarischen Texten 81, 82
   T. zu Sachtexten 98
Textinhalte vergleichen 96

Ü

Überarbeiten einer Erörterung 32
übertragene Bedeutung 178, 181
Umformungsprobe 124

Umgangssprache **161**
Umschreiben von Geschichten **33**
Umstellprobe **124**
Unterordnung (Hypotaxe) **140**

V
veränderbare (flektierbare) Wortart **122**
Verb
  Aktiv **119**
  Vollverb **122**
  Hilfsverb **122**
  Modalverb **116, 122**
  Modusformen **112, 113**
  Passiv **119**
Verbalstil **145**
Verdichten **145**
Vergleichen von Textinhalten **96**
Verlängerungsprobe **124**
Verwandtschaftsprobe **124**
Vorfeld **139**
Vorgangspassiv **119**
Vorstellungsgespräch **20, 21, 23**

W
Weglassprobe **124**
Weiterschreiben von Geschichten **33**
Wertargument **27**
Wiederaufnahme **91**
Wiedergeben von Eindrücken → Schildern
Wortart (Überblick) **122**
  nicht veränderbare (nicht flektierbare) W. **122**
  veränderbare (flektierbare) W. **122**
wörtliche Rede → direkte Rede

Z
Zeitgestaltung **35**
Zerlegeprobe **124**
Zitat, Zitieren **55, 148, 150**
  direktes Z. **55, 148, 150**
  indirektes Z. **55, 148, 150**
Zuhören, aktives **59**
Zustandspassiv **119**